"十三五"国家重点图书出版规划项目
2017年主题出版重点出版物

复兴之路
中国改革开放40年回顾与展望丛书

筑牢文化自信之基
中国文化体制改革40年

蔡 武 ◎ 主编

南方出版传媒
广东经济出版社
— 广州 —

图书在版编目（CIP）数据

筑牢文化自信之基：中国文化体制改革40年/蔡武主编.—广州：广东经济出版社，2017.9
ISBN 978-7-5454-5804-6

Ⅰ.①筑… Ⅱ.①蔡… Ⅲ.①文化事业-体制改革-研究-中国 Ⅳ.①G12

中国版本图书馆CIP数据核字（2017）第236496号

出 版 人：姚丹林
责任编辑：林祎珊　张麒翔
责任技编：许伟斌

Zhulao Wenhuazixin Zhi Ji
Zhongguo Wenhua Tizhi Gaige 40 Nian

出版发行	广东经济出版社（广州市环市东路水荫路11号11~12楼）
经销	全国新华书店
印刷	中华商务联合印刷（广东）有限公司 （深圳市龙岗区平湖镇春湖工业区中商大厦）
开本	787毫米×1092毫米　1/16
印张	20　2插页
字数	311 000字
版次	2017年9月第1版
印次	2017年9月第1次
书号	ISBN 978-7-5454-5804-6
定价	52.00元

如发现印装质量问题，影响阅读，请与承印厂联系调换。
发行部地址：广州市环市东路水荫路11号11楼
电话：（020）38306055　37601950　邮政编码：510075
邮购地址：广州市环市东路水荫路11号11楼
电话：（020）37601980　营销网址：http://www.gebook.com
广东经济出版社新浪官方微博：http://e.weibo.com/gebook
广东经济出版社常年法律顾问：何剑桥律师
·版权所有　翻印必究·

复兴之路——中国改革开放40年回顾与展望丛书

编委会
EDITORIAL BOARD

编委会主任

魏礼群

编委会副主任

张卓元　迟福林

编　　委

（按姓氏汉语拼音排序）

蔡　武　曹远征　常修泽
迟福林　贾　康　李晓西
隆国强　宋洪远　宋晓梧
王　珺　魏礼群　张卓元
郑新立

总序
PREFACE

坚定不移推进改革开放
实现中华民族伟大复兴

实现中华民族伟大复兴，是中华民族近代以来最伟大的梦想。这个梦想，凝聚了几代中国人的夙愿，体现了中华民族和中国人民的整体利益，是每一个中华儿女的共同期盼。为了实现中华民族伟大复兴的中国梦，中国共产党人进行了长期不懈的奋斗和极为艰辛的探索。经过深刻总结历史经验，科学认识中国国情，顺应时代发展潮流，终于找到了一条正确道路。这条道路，就是中国特色社会主义道路，而改革开放则是中国特色社会主义道路最鲜明的特征。

1978年底，中国共产党召开具有重大历史意义的十一届三中全会，开启了改革开放的伟大征程。改革开放是我们党在新的时代条件下带领人民进行的新的伟大革命，目的就是要解放和发展生产力，加快推进国家现代化；就是要推动我国社会主义制度的自我完善和发展，赋予社会主义新的生机活力；就是要在坚持和发展中国特色社会主义的伟大事业中，实现国家富强、人民幸福、民族振兴。回顾改革开放的历史进程，我们党和人民锐意推进改革，从农村到城市、从经济领域到其他各个领域，成功实现了从高度集中的计划经济体制到充满活力的社会主义市场经济体制的伟大历史性转变；我们不断扩大对外开放，从建立经济特区到开放沿海、沿江、沿边、内陆地区，再到加入世界贸易组织、主动参与经济全球化和提出"一带一路"倡议，从大规模"引进来"到大踏步"走出去"，成功实现了从封闭半封闭到全方位开放的伟大历史性转变。我们在深化经济体制改革的同时，不断深化政治体制、行政体制、文化体制、社会体制、生态文明体制改革和党的建设制度改革，在推进国家治理体系和治理能力现代化方面不断迈出新的步伐。

改革开放以来，我国经济社会发展创造了人类史上的伟大奇迹，经济总量连续跃上几个大台阶，综合国力大幅提升，全国人民总体上过上小康生活，城乡面貌焕然一新。同时，我国政治建设、文化建设、社会建设、生态文明建设等各领域各方面都取得了举世公认的巨大成就，中国的国际地位越来越高，影响力越来越大。现在，我们比历史上任何时期都更接近中华民族伟大复兴的目标。实践充分证明，改革开放是当代中国一切发展进步的动力之源，是全国人民大踏步赶上时代潮流的重要法宝，是坚持和发展中国特色社会主义的必由之路，是实现国家现代化和中华民族伟大复兴中国梦的关键抉择。

习近平总书记指出："改革开放只有进行时，没有完成时。没有改革开放，就没有中国的今天，也就没有中国的明天。"这是对我国改革开放以来走过道路的深刻总结，也是实现未来更加美好目标的根本遵循。无论过去、现在和将来，坚持和发展中国特色社会主义都必须坚定不移地依靠改革开放。具有重大历史意义的中国共产党第十九次全国代表大会即将隆重召开，这是在全面建成小康社会决胜阶段召开的一次十分重要的大会。当前，我国不仅处于全面建成小康社会、实现第一个百年奋斗目标的决胜阶段，还处于为实现第二个百年奋斗目标，即建成社会主义现代化强国奠定基础的关键时期。我们必须按照习近平总书记治国理政新理念新思想新战略，在已经取得历史性成就的基础上，不忘初心，继往开来，坚定不移地推进改革开放的伟大事业，为我国未来发展开辟更为广阔的前景，继续沿着中华民族伟大复兴的康庄大道奋勇前进。

2018年，我国将迎来改革开放40周年。为此，广东经济出版社、中国（海南）改革发展研究院联袂策划并组织出版"复兴之路——中国改革开放40年回顾与展望丛书",献礼党的十九大,献礼我国改革开放40周年。这套丛书共13本,分别针对行政体制改革、计划投资体制改革、现代市场体系建设、所有制结构改革、农村改革、财税体制改革、金融体制改革、对外开放、社会体制改革、文化体制改革、环保体制改革等重点领域,从不同角度客观记录我国改革开放40年的历史进程,并展望改革开放的未来趋势。

这套丛书的主编和作者大多是相关领域知名的专家学者,也是我国改革开放的亲历者、见证者,这套丛书集结了他们长期亲历和研究我国改革开放的重要成果,凝聚了他们对改革开放伟大事业的一腔热情。广东经济出版社对这套丛书的出版给予了全力支持;作为以直谏中国改革为己任的改革智库,中国(海南)改革发展研究院为此书的策划、出版作出了重要贡献。作为编委会主任,我对为这套丛书付出艰辛努力的各位编委会成员、作者,对出版社的领导、编辑表示由衷的感谢!

这套丛书跨越多个领域,力图客观地反映改革开放伟大历程中的理论探索与实践经验,意义重大且任务艰巨,难免有不足之处,欢迎读者批评指正。

魏礼群

2017年7月

主编的话 /1

第一章　文化体制改革 40 年的基本历程和主要成就 /1
　　第一节　文化体制改革的基本历程 /1
　　第二节　文化体制改革的主要成就 /14

第二章　文化单位改革 /33
　　第一节　文化单位改革的重要意义 /33
　　第二节　文化单位改革的基本历程 /35
　　第三节　2003—2012 年文化单位改革的重要探索 /39
　　第四节　党的十八大以来文化单位改革的新探索 /61
　　第五节　对文化单位改革的展望 /72

第三章　发展文化产业 /76
　　第一节　发展文化产业的重要意义 /76
　　第二节　文化产业发展的基本历程 /79
　　第三节　文化产业发展的主要成效 /86
　　第四节　文化产业发展前瞻 /95

第四章　文化市场体系改革 /106
　　第一节　建立健全现代文化市场体系的重要意义 /106

第二节 建立健全现代文化市场体系的基本历程 /108

第三节 建立健全现代文化市场体系的主要成就 /111

第四节 对建立健全现代文化市场体系的展望 /120

第五章 文化行政体制改革 /126

第一节 文化行政体制改革的重要意义 /126

第二节 文化行政体制改革的基本历程 /128

第三节 文化行政体制改革的重要举措及其成果 /134

第四节 文化行政体制改革展望 /142

第六章 公共文化服务体系改革 /147

第一节 在改革中发展公共文化服务体系的重要意义 /147

第二节 公共文化服务体系改革发展的基本历程 /149

第三节 改革公共文化服务体系的主要举措和成就 /155

第四节 公共文化服务体系建设展望 /167

第七章 文化产品创作生产引导体系改革 /179

第一节 加强对文化产品创作生产的引导的重要意义 /179

第二节 文化产品创作生产引导体系改革的基本历程和主要成就 /181

第三节 文化产品创作生产引导体系改革的前景 /193

第八章 中华优秀传统文化传承发展体系改革 /199

第一节 在改革创新中传承发展中华优秀传统文化的重要意义 /199

第二节 传承发展中华优秀传统文化的基本历程 /203

第三节 传承发展中华优秀传统文化的主要成就 /212

第四节 对传承发展中华优秀传统文化的展望 /227

第九章　推动中华文化"走出去" /236

第一节　推动中华文化"走出去"的重要意义 /236

第二节　推动中华文化"走出去"的基本历程 /239

第三节　2003—2012年推动中华文化"走出去"的主要成就 /242

第四节　党的十八大以来中华文化"走出去"的新发展 /252

第五节　对推动中华文化"走出去"的展望 /254

第十章　文化体制改革的启示与展望 /260

第一节　文化体制改革实践形成的理论成果 /260

第二节　文化体制改革展望 /274

主要参考文献 /301

后记 /302

主编的话

在不断深化改革中筑牢文化自信之基
——对文化体制改革40年的回顾

蔡 武

在不断深化改革中筑牢文化自信之基,是编写本书的主旨,也是本书谋篇布局的主线。

文化自信,是一个国家、一个民族、一个政党对自身文化价值的充分肯定,对自身文化生命力的坚定信念。党的十八大以来,习近平总书记多次将"文化自信"与坚持和发展中国特色社会主义联系起来加以论述。2013年8月19日,在全国宣传思想工作会议上,他指出,"中华民族创造了源远流长的中华文化,中华民族也一定能够创造出中华文化新的辉煌""独特的文化传统,独特的历史命运,独特的基本国情,注定了我们必然要走适合自己特点的发展道路"。2014年全国两会期间,在参加贵州团审议时,他提出:"我们要坚定理论自信、道路自信、制度自信,最根本的还要加一个文化自信。"在我的印象中,这是习近平总书记第一次论及"四个自信"。同年10月15日,在文艺工作座谈会上,总书记再次强调:"增强文化自觉和文化自信,是坚定道路自信、理论自信、制度自信的题中应有之义。"2016年5月17日,他在哲学社会科学工作座谈会上指出:"我们说要坚定中国特色社会主义道路自信、理论自信、制度自信,说到底是要坚定文化自信。"同年7月1日,在庆祝中国共产党成立95周年大会上,他正式提出了"四个自信"。总书记说,"坚持不忘初心、继续前进,就要坚持中国特色社会主义道路自信、理论自信、制度自信、文化自信,坚持党的基本路线不动摇,不断把中国特色社会主义伟大事业推向前进""当今世界,要说哪个政党、哪个国家、哪个民族能够自信的话，那中国共产党、中华人民共和国、中华民族是最有理由自信的"。我体会，这些重要论述，既深刻揭示了文化在中国特色社会主义伟大事业中的地位和使命，又充分肯定了中国特色社会主义文化建设取得的历史性成就，同时，进一步指明了文化改革发展的前进方向，对繁荣发展中国特色社会主义文化具有十分重大的意义。

中国特色社会主义文化自信是和不断深化改革紧紧相连的。新时期最鲜明的特点是改革开放。近40年来，伴随经济社会的巨大变革和快速发展，文化领域也一路闯关夺隘，突破一个个理论和实践的禁区，不断焕发新的生机，不断书写新的奇迹，以自身的创造和进步显著提高了全民族素质，显著增强了国家文化软实力，为坚持和发展中国特色社会主义提供了强大的精神力量，走出了一条具有鲜明的科学性、民族性、时代性、开放性的发展道路。党的十七届六中全会将这条道路命名为"中国特色社会主义文化发展道路"，同时提出了"建设社会主义文化强国"的宏伟目标。党的十八大以后，习近平总书记强调要坚持走中国特色社会主义文化发展道路，深化文化体制改革，深入开展社会主义核心价值观学习教育，广泛开展理想信念教育，大力弘扬民族精神和时代精神，推动文化事业全面繁荣、文化产业快速发展，更加深化了我们对中国特色社会主义文化发展道路的理性认识。

百尺高台，起于基石。检视文化自信之基，"不忘本来""人民主体地位""价值观引领""文化生产力"和"扩大开放"是最重要的础石。

我们的自信首先源自始终坚持不忘本来，不断滋养民族文化生机活力。正如习近平总书记所指出"中华优秀传统文化是我们最深厚的文化软实力，也是中国特色社会主义植根的文化沃土"，中华文化独一无二的理念、智慧、气度、神韵，增添了中国人民和中华民族内心深处的自信和自豪。中国共产党是中华优秀传统文化的忠实继承者、弘扬者和建设者，在领导人民进行革命、建设、改革的伟大实践中，自觉肩负起传承发展中华优秀传统文化的历史责任。在文化体制改革进程中，党和政府坚持推进创造性转化、创新性发展，用民族优秀文化滋养民族生命力、激发民族创造力、铸造民族凝聚力，针对不同文化遗产类别开展抢救性保护、整体性保护、生产性保护，促进中华民族最基本的文化基因与当代文化相适应、与现代社会相协调。神州大地上，有利于传承发展中华优秀传统文化的体制机制日益完善。新时期弘扬中华优秀传统文化的实践，回答了文化自信之根脉何处寻的问题。

我们的自信源自始终坚持人民的主体地位，不断增强文化凝聚力。我国的社会主义性质决定了文化建设必须始终坚持以人民为中心的工作导向，发挥人民的主体作用，做到文化发展为了人民、文化发展依靠人民、文化发展成果由人民共享。在文化体制改革进程中，党和政府强调以人为本，相信群众，依靠群众，要尊重人民群众的首创精神，充分调动人民群众的主动性和创造性，要让文化改革发展成果惠及全体人民，要保障人民的文化权益、提高全社会的文化生活质量。在实际工作中，我们深入实施重点文化惠民工程，推动文化资源向基层、农村、贫困地区倾斜，努力实现公共文化服务标准化、均等化、社会化和数字化，让文化的阳光普照人民大众。同时，充分注意汇民心、聚民力，着力促进文化共建共享。这些措施使"以文化人"深入群众的日常生活，显著增强了文化建设的凝聚力，厚植了文化自信的群众基础。新时期文化"人民"的实践，回答了文化自信之谁居主体地位的问题。

我们的自信源自始终坚持价值观引领，不断巩固全党全国人民团结奋斗的共同思想基础。任何一种文化都有凝结其中的"魂"，即凝结在文化之中、决定着文化质的规定和方向的最深层次的要素，这就是价值观。价值观承载着一个民族、一个国家的精神追求，体现着一个社会评判是非曲直的价值标准。在文化体制改革进程中，党和政府充分发挥文化在培育、弘扬社会主义核心价值观的重要功能，着力创新引导方式、增强引导效果，促进文化产品创作生产始终把社会效益放在首位、努力实现社会效益和经济效益的有机统一，引领文化发展在正确的轨道上前行，全体人民对社会主义核心价值观的认同日益增强。新时期推进价值观引领的实践，回答了文化自信之正确方向何以确保的问题。

我们的自信源自始终坚持解放和发展文化生产力，不断推进文化治理体系创新。"生产力"是马克思唯物史观的基石，正是有了科学的生产力观，才使马克思透过纷繁复杂的社会现象，深刻揭示了人类社会的发展规律。改革开放以来，在对市场化、信息化、全球化深入发展的适应性变革中，当代中国文化深度融入社会生产力发展之中，也使自身的生产力特征不断昭显。党的十六届四中全会在党的正式文献中首次提出"深化文化体制改革，解放和发展文化生产力"的时代命题，揭示文化是社会发展最终决定力量的组成部分，拓展了人们对文化的认识视域：在社会主义市场经济条件下，文化既具有意识形态属性，又具有产业属性；既是推动经济社会发展的重要手段，又是社会文明进步的重要目标；既是凝聚人心的精神纽带，又直接关系民生幸福；既直接贡献于经济增长，又在提升经济发展质量中发挥着重要作用。对文化属性认识的深化，确立了公益性文化事业、经营性文化产业两翼齐飞，激活微观主体活力，同时努力破除不适应文化生产力发展的宏观管理体制的文化体制改革思路，使文化领域治理体系创新呈现新面貌。在不断深化改革的实践中，我国文化事业和文化产业的整体规模和实力不断壮大，文化发挥作用的范围和深度不断扩展。新时期解放和发展文化生产力的实践，回答了文化自信之根本动力何在的问题。

我们的自信源自始终坚持深化对外开放，不断增强中华文化国际影响力。在全球化不断深入发展的条件下，任何一种文化都不可能孤立存在，都需要从同其他文化的交流互鉴中汲取养分。从历史经验看，中国文化之所以能够历经沧桑而不衰，就在于其具有博采众长、兼收并蓄的传统和海纳百川、有容乃大的气度。从美学角度看，正如费孝通先生所说"各美其美，美人之美，美美与共，天下大同"，人们要懂得欣赏自己创造的美，还要包容地欣赏别人创造的美，这样将各自之美和别人之美集聚在一起，就会实现理想中的大同美。在文化体制改革过程中，党和政府将世界人民了解中国的热情和愿望与中华文化"走出去"紧密结合起来，积极扩大各种形式的对外文化交流与合作，努力构建以民族文化为主体，吸收外来有益文化的对外文化开放格局，在竞争和合作中彰显了中华文化的独特魅力和崭新生机。新时期文化领域对外开放的实践，回答了文化自信之当有何种胸怀的问题。

古人论中国画技法，曾说："用笔有简易而意全者，有巧密而精细者。"前者乃指"写意"，即以简练概括之笔触绘出物象的意态神韵。要在一本二三十万字的书稿中描绘好文化体制改革40年的波澜壮阔，"写意"当是上选。据此考虑，本书以交代大背景、勾勒大走势、指出大方向为己任，较少涉及细节。在具体安排上，以

第一章概述文化体制改革的历程和成就,向读者展示文化体制改革的总体样貌;以第二、三、四、五章分别讲述文化单位改革、文化产业发展、文化市场体系改革、文化行政体制改革的概况,揭示文化生产力是筑牢文化自信之基的根本动力;以第六章讲述公共文化服务体系改革概况,兼顾介绍文化共建共享情况,揭示筑牢文化自信之基须坚持以人民为利益主体;以第七章讲述文化创作生产引导体系改革的概况,揭示筑牢文化自信之基必须始终坚持文化发展的正确方向;以第八章讲述中华优秀传统文化保护、传承和发展的概况,揭示筑牢文化自信之基必须坚持不忘本来;以第九章讲述推动中华文化"走出去"的概况,兼顾介绍中外文化交流合作情况,揭示筑牢文化自信之基须具有开放包容的胸怀;以第十章概述文化体制改革40年的理论启示,同时阐述继续深化文化体制改革的重大现实意义和工作走向。中间八章无不写到体制机制创新,但又各有侧重——第二、三、四、五章侧重介绍体制创新,第六、七、八、九章侧重介绍机制创新和方法创新。之所以把侧重介绍体制创新的内容放在前面,是因为体制创新具有根本性,体制创新做好了,才能为机制创新和方法创新创造条件、提供环境,为落实一系列重要的文化建设理念开辟道路。要特别加以说明的是,本书基本素材多来自主流媒体的报道,上述章节中,对于2003—2012年文化体制改革工作的描述,由于2012年全国文化体制改革工作表彰大会前后媒体曾报道大量事例和数据,成为本书"写意"中的墨色浓重处。党的十八大后文化体制改革继续深入推进,媒体也作了不少报道,提供了较为丰富的研究线索,对这一时期文化体制改革的介绍,是本书的又一着墨重点。

"一切历史都是当代史"。总结、研究文化体制改革的历史,是为了更好地面向未来。一位观察者曾指出,在强调坚定文化自信的同时,我们不能不面对现实社会思潮的复杂局面。比如,马克思主义的指导理论面临着多样化社会思潮的挑战,社会主义核心价值观面临着如何在社会主义市场经济土壤上培育和弘扬的挑战,中华优秀传统文化面临着人们的生存和生活方式发生巨大改变的挑战等。战胜这些挑战还需要走较长的路程,还需要充分做好进行具有许多新的历史特点的伟大斗争的精神准备和能力准备。越是面临各种干扰,越是处在某些胶着状态,越需要"乱云飞渡仍从容"的定力。在这种情况下，帮助关心文化体制改革和从事文化体制改革的人们检视走过的路、坚定前行的决心，在不断深化改革中更加坚定我们的文化自信，正是我们编写此书的初心所在。

2017 年 8 月

第一章
文化体制改革 40 年的基本历程和主要成就

1978 年，党的十一届三中全会胜利召开，中国进入了社会主义发展的新的历史时期。新时期最鲜明的特点是改革开放。40 年来，我国成功实现了从高度集中的计划经济体制到充满活力的社会主义市场经济体制的伟大转折，成功实现了从封闭半封闭到全方位的开放，进行了中华人民共和国成立以来我们党历史上最为波澜壮阔和最具有深远意义的历史性变革。40 年来，改革春潮在中国大地上汹涌澎湃，文化改革发展与我国经济、政治、社会改革发展一路相伴，经过初步探索、扩大探索、全面展开和持续深化等四个阶段，取得丰硕的理论和实践成果，逐步探索出一条中国特色社会主义文化繁荣发展之路。

第一节
文化体制改革的基本历程

文化体制改革 40 年，大致可分为初步探索、扩大探索、全面展开和持续深化四个阶段。

一、初步探索阶段：解放思想，拨乱反正，文化体制改革迎来破冰期（1978—1991 年）

1978 年，在党的十一届三中全会召开前，邓小平同志在中共中央工作会议上作了《解放思想，实事求是，团结一致向前看》的重要讲话。同年 12 月，全会召开，会议重新确立了解放思想、实事求是的思想路线，标志着中国社会主义现代化建设进入改革开放新的历史时期。从此，党和国家工作的重心实现了从"以阶级斗争为纲"到"以经济建设为中心"的历史性的转折。文化领域拨乱反正，正本清源，彻底否定"文革"的错误路线，[①] 挣脱"两个凡是"的精神枷锁，大胆解放思想，积极改革开放，投身到新时期的文化实践活动中，文化领域万马齐喑的沉闷局面迅速得到改变。

1. 文化艺术领域的改革探索

1978 年，经中共中央批准，文化部决定恢复所属艺术表演团体原来的建制和名称，中国京剧团恢复为中国京剧院，中国话剧团恢复为中国青年艺术剧院、中国儿童艺术剧院和中央实验话剧院，中国歌舞团恢复为中央歌舞团、中央民族乐团和东方歌舞团，中国歌剧团、中国舞剧团恢复为中国歌剧舞剧院、中央歌剧院。随着党的各项工作的拨乱反正，文化事业出现了复苏与空前的繁荣。1980 年以后，一些艺术院团参照农村经济体制改革的思路，进行了"承包责任制"的改革尝试。1983 年，国务院开始有计划有步骤地部署文化体制改革，即在艺术表演团体行政隶属关系不变、所有制性质不变、福利待遇基本不变的前提下，扩大单位创作经营自主权，拉开分配档次，并使其承担部分经营责任风险。到 1984 年底，许多省市在地县级剧团中实行承包经营责任制，省级和中央的团体有少数进行了试点。1985 年 4 月，中共中央办公厅（在本书中以下简称"中办"）、国务院办公厅（在本书中以下简称"国办"）转发文化部《关于艺术表演团体的改革意见》，针对大中城市艺术表演团体布局结构不合理，院团人浮于事、机构重叠，活力不强，领导体制和管理机制不适应艺术发展规律等问题，进行改革部署。各地贯彻落实该意见精神，开展了以精减人员特别是安置富余人员、在较大范围内推广承包经营责任制为主要内容的改革。1988 年 9 月，国务院批转《文化部关于加快和深化艺术表演团体体制改革的意见》，提出：艺术表演团体应当是独立的社会主义艺术生产的经营实体，允许发展多种所有制形式和经营方式，使艺术表演团体能够依法自主地进行

[①] 蔡武：《高扬伟大的时代精神开创中国美术事业新局面——在全国美术工作会议上的讲话》，《美术观察》，2013 年第 5 期。

业务活动和经营活动，自觉地完善内部的经营机制和竞争机制，增强自我更新和自我发展的能力；艺术表演人员应当以演出活动为其主要收入来源，并允许合理流动；要建立和健全符合艺术劳动特殊规律的劳动人事制度和劳动报酬制度，充分调动艺术表演人员的艺术创造积极性和竞争意识。[①]

延伸阅读

改革的目的和指导方针[②]

（1）长期以来，我国大多数艺术表演团体实行的是由国家统包统管的体制。这种体制在一定时期内起过积极的作用。但随着经济和政治体制改革的深入，这种体制已不适应我国艺术表演事业的进一步发展，其主要问题是：管理权高度集中于国家，艺术表演团体在业务活动和经营活动中缺乏必要的自主权；在分配关系上存在着严重的平均主义，阻碍艺术表演团体和艺术表演人员优胜劣汰的竞争；在人事制度上没有形成艺术表演人员的皮动制和淘汰制，使冗员不断增多，国家拨给艺术表演团体的事业经费只能主要用于养人，而不能用于发展事业；艺术表演团体的布局不够合理，对有些重复设置的、艺术力量薄弱的、不受观众欢迎的艺术表演团体，往往很难进行调整；政府文化主管部门经常苦于处理艺术表演团体的具体事务，不能更好地履行政府职能，不能从宏观上对艺术表演团体的业务活动和经营活动进行指导、规划、协调、服务和监督。

1985年中办、国办转发了文化部《关于艺术表演团体的改革意见》（中办发〔1985〕20号）后，各地普遍进行了承包经营责任制等形式的艺术表演团体体制改革试验。这些试验冲击了统包统管的旧体制，为建立和发展充满活力的新体制提供了有益的经验。但是，艺术表演团体体制改革的步子迈得还不快，许多关系还没有理顺，配套政策还不健全和没有落实，各种思想阻力还很大，预期的目标还远远没有达到。

（2）加快和深化艺术表演团体体制改革的目的是，进一步调动社会各方面兴办艺

---

① 韩永进：《中国文化体制改革32年历史叙事与理论反思》，中国艺术研究院博士论文，2010年6月30日。
② 《国务院批转文化部关于加快和深化艺术表演团体体制改革意见的通知》，法务在线网。

术表演事业的积极性，为艺术家提供更加广阔的活动天地，增强艺术表演团体的生机和活力，提高艺术表演人员的积极性和创造性，促进艺术表演团体和艺术表演人员优胜劣汰的竞争，促使优秀的艺术作品和艺术人才大量涌现，满足广大群众多方面、多层次的文化生活需要，为物质文明和社会主义精神文明建设服务。

（3）根据上述目的，加快和深化艺术表演团体体制改革，在指导方针上需要明确以下几点：

①坚持把社会效益作为艺术表演团体体制改革的最高标准，处理好社会效益和经济效益的关系，力求实现社会效益和经济效益的统一，努力提高创作和演出的数量和质量，不断丰富广大群众的文化生活，为物质文明和社会主义精神文明建设做出贡献。

②艺术表演团体应当是独立的社会主义艺术生产的经营实体，允许发展多种所有制形式和经营方式，使艺术表演团体能够依法自主地进行业务活动和经营活动，自觉地完善内部的经营机制和竞争机制，提升自我更新和自我发展的能力。

③艺术表演人员应当以演出活动为其主要收入来源，并允许合理流动。要建立和健全符合艺术劳动特殊规律的劳动人事制度和劳动报酬制度，充分调动艺术表演人员的艺术创造积极性和竞争意识，使他们的艺术个性和艺术才能获得全面发展。

④政府文化主管部门和有关部门对艺术表演团体实行间接管理，尽量下放和放宽在业务上、人事上、财务上的管理权限，使艺术表演团体在业务活动和经营活动中有更多的自主权。

2. 出版发行领域的改革探索

在出版工作方面，1979年12月，国家出版局在长沙召开了全国出版工作座谈会，对地方出版社尽快扭转"文革"造成的"书荒"局面提出要求。1983年，《中共中央 国务院关于加强出版工作的决定》下发。1988年中宣部和新闻出版署联合发布《关于当前出版社改革的若干意见》。

在发行工作方面，1988年，中宣部和新闻出版署联合发布了《关于当前图书发行体制改革的若干意见》。这一阶段，对发行领域提出的任务是要在全国构建以新华书店为主体，多种经济成分、多条流通渠道、多种购销形式、少流转环节的图书发行网。

3. 广播电影电视领域的改革探索

1983年，中央下发《中共中央关于批转广播电视部党组〈关于广播电视工作的汇报提纲〉的通知》，提出实行"四级办广播、四级办电视、四级混合覆盖"。此后10多年里，以行政区划为范围的许多地市县广播电台、电视台相继兴建，各级广播电视由此得到快速发展。1985年，电影制片厂实行企业化管理，自主经营、自负盈亏。

二、扩大探索阶段：建立社会主义市场经济体制，为文化体制改革注入强大的推动力（1992—2002年）

1992年初，邓小平同志视察南方并发表重要谈话，提出改革开放胆子要大一些，看准了就要大胆地试、大胆地闯，提出了判断改革开放的标准是"三个有利于"，进一步解放了人们思想，加快了包括文化领域在内的社会各领域改革发展步伐。

1992年10月，党的十四大召开，江泽民同志在大会政治报告中提出我国经济体制改革的目标是建立社会主义市场经济。中国改革开放进入从计划经济向市场经济转型的新阶段。党的十四大提出，"积极推进文化体制改革，完善文化事业的有关经济政策"。1996年10月，党的十四届六中全会作出了《中共中央关于加强社会主义精神文明建设若干重要问题的决议》，强调"改革文化体制是文化事业繁荣和发展的根本出路"，提出要积极培育和完善文化市场，一手抓繁荣，一手抓管理，深化文化体制改革，增强文化事业的活力。发展社会主义市场经济极大地激发了全社会的文化创造活力，文化领域经营活动得到较快发展。许多经营性文化事业单位进行了企业注册，开始尝试企业化管理，文化产品和服务的社会生产属性逐步显现。1997年1月，《中共中央关于进一步做好文艺工作的若干意见》就深化文艺体制改革作出专门部署，指出文艺体制改革既要促进文艺生产面向市场，又不能听任市场的自发选择。改革的基本目标是，建立起符合精神文明建设要求，遵循文艺发展内在规律，发挥市场机制积极作用的充满活力的社会主义文艺体制。[①] 文件就文艺院团改革、贯彻《电影管理条例》、改革电视艺术管理体制等方面提出了重点

---

① 韩永进：《中国文化体制改革32年历史叙事与理论反思》，中国艺术研究院博士论文，2010年6月30日。

任务。

1997年9月，党的十五大召开，提出"要深化文化体制改革，落实和完善文化经济政策"，对推动文化改革发展作出明确部署。2000年10月，党的十五届五中全会通过了《中共中央关于制定国民经济和社会发展第十个五年计划的建议》，要求完善文化产业政策，加强文化市场建设和管理，推动有关文化产业发展。这是在党的中央全会文件中第一次使用"文化产业"概念，是一次重大的思想解放和文化理念的突破。长期以来，我们将文化领域定位于意识形态，文化管理按照意识形态管理方式进行。文化产业概念的提出，对于深化文化体制改革产生了重大影响。此后，宣传思想文化领域出台了一系列推动文化产业发展的政策和举措。

2001年，中办、国办转发了《中共中央宣传部 国家广电总局 新闻出版总署关于深化新闻出版广播影视业改革的若干意见》，提出了深化新闻出版广播影视业改革的任务。文件下发以后，改革力度进一步加大，主要表现在：加强宏观管理，加快法规制度建设；转换经营机制，推进集团化建设和企业化经营；调整产业结构，大力治散治滥；实施精品战略，促进精神文化产品繁荣发展；整合流通和传输网络，培育和规范文化市场；扩大对外开放，加强中外文化交流。

电影领域的改革历程，是文化领域在此阶段适应由计划经济向市场经济体制转变所经历变革的缩影。1993年以后，广电部《关于当前深化电影行业机制改革的若干意见》等文件相继出台，影片统一由中影公司发行的计划管理模式被逐步打破。1995年，进口片开始参与国内电影市场竞争。1996年7月，全国电影制片厂成建制划属广电部门管理，国家建立影视互济资金，电影制片业可从3%的电视广告纯收入中得到资助。1998年1月，推动制片业改革，打破了只允许国有资本的所有制格局，制片权限进一步放开。从1998年开始，实施了"国家2131工程"，农村电影开始探索"政府扶持与市场开发相结合"的发展道路。2001年12月，国务院修订了《电影管理条例》，电影制片、发行、放映领域的准入门槛逐步降低，电影投资主体多元化的格局初步形成。①

---

① 翁旸：《由国有电影企业上市看电影体制变革中的"国家队"》，《当代电影》，2016年第11期。

三、全面展开阶段：中央制定总体方案，按照路线图、时间表和任务书推进文化体制改革（2003—2012年）

2002年，党的十六大报告强调要"根据社会主义精神文明建设的特点和规律，适应社会主义市场经济发展的要求，推进文化体制改革"，要求"抓紧制定文化体制改革的总体方案"。改革自此逐步进入了根据路线图、时间表和任务书全面推进的十年。这十年的文化体制改革由点到面、由易到难、由浅入深，大体可以分为以下四个阶段。①

第一阶段：从2003年初到2005年12月，主要是周密部署、开展试点。

2003年6月，全国文化体制改革试点工作会议在北京召开。会议按照党的十六大关于深化文化体制改革的要求，研究部署文化体制改革试点工作，突出强调了文化建设的重要性，明确了文化体制改革的方针原则和目标任务。同年7月，中办和国办转发了《中共中央宣传部　文化部　国家广电总局　新闻出版总署关于文化体制改革试点工作的意见》，正式确定北京、上海、广东、浙江、重庆、深圳、沈阳、西安、丽江九地为文化体制改革综合性试点地区，山东大众报业集团、国家图书馆、中国电影集团公司等35家单位为改革试点单位。12月，《国务院办公厅关于印发文化体制改革试点中支持文化产业发展和经营性文化事业单位转制为企业的两个规定的通知》（国办发〔2003〕105号）印发，为文化体制改革试点提供了强有力的政策保障。历经两年多的探索实践，试点工作取得明显成效，为全面推进改革提供了典型示范、积累了成功经验、奠定了工作基础。例如，中国对外演出公司和中国对外艺术展览中心转企改制组建为中国对外文化集团公司，这是文化系统经国务院批准建立的第一家大型国有文化企业。

2004年8月，中办、国办转发中宣部等7部门《关于在文化体制改革综合试点地区建立文化市场综合执法机构的意见》，明确提出将改革试点地区地市以下原文化、广播影视、新闻出版部门实行"三局合一"，调整归并执法机构，组建按属地管理的文化市场综合执法机构。北京、上海、广东等九个综合性试点地区，多数如

---

① 蔡武：《我国文化体制改革的历史进程及理论创新》，《中共党史研究》，2014年第10期。

期完成新闻出版和广电系统的"局社分开""局台分开",文化行政管理部门职责更加明确,"越位""缺位"问题得到很大程度的解决,政策调整、市场监管、社会管理和公共服务能力明显提升。

这一轮文化体制改革,在市场准入制度创新方面的力度之大前所未有。2004年4月,来自山东淄博的一家民营企业——山东世纪天鸿书业有限公司,首次同时获得"出版物国内总发行权"和"全国性连锁经营权许可",以此为标志,民营书业开始享受与国有新华书店完全平等的政策空间和竞争平台。同年10月,国家广电总局、商务部联合发布《电影企业经营资格准入暂行规定》,第一次提出社会力量可以成立电影制片公司和电影技术公司。2005年,《国务院关于非公有资本进入文化产业的若干决定》以及文化部等5部门联合制定的《关于文化领域引进外资的若干意见》,进一步规定了非公有资本和外资进入文化领域的范围和原则,引导非公有资本进入文化产业。在国家有关政策的支持下,非公有资本投资文化领域发展迅速。

第二阶段:从2005年12月到2010年7月,主要是扩大试点、稳步推动。

在总结试点经验的基础上,2006年初,《中共中央 国务院关于深化文化体制改革的若干意见》颁布实施,这是深化文化体制改革的重要纲领性文件。该意见在总结前一阶段试点经验的基础上,就文化体制改革的指导思想、原则要求、目标任务作了全面的阐述,细致阐述了文化事业单位改革、文化企业改革、文化领域结构调整、现代文化市场体系培育和健全宏观管理体制、加强文化体制改革工作领导的具体思路。2006年3月,中央召开全国文化体制改革工作会议,要求努力在"重塑文化市场主体""完善市场体系""改善宏观管理""加快转变政府职能"四个关键环节上实现新突破。文化体制改革在稳步推进的基础上,走上逐步推进的新征程。此后,改革目标任务不断细化,政策环境日益优化,在重点领域和关键环节取得新的进展。

2006年9月,中办、国办印发我国第一个国家级文化建设中长期规划——《国家"十一五"时期文化发展规划纲要》,把文化发展纳入国家发展的总体战略加以统筹规划,进一步推动了文化体制改革发展进程。一方面明确提出了建设实用、便捷、高效的公共文化服务网络的要求,另一方面明确提出了优化文化产业布局和结构、转变文化产业增长方式、培育文化市场主体等目标要求,进一步指明了加强文化建设、深化文化体制改革的方向。

2007年10月,党的十七大提出了"推动社会主义文化大发展大繁荣"的目标要求,并强调"在时代的高起点上推动文化内容形式、传播手段创新,解放和发展文化生产力,是繁荣文化的必由之路",明确提出"坚持把发展公益性文化事业作为保障人民基本文化权益的主要途径""大力发展文化产业,实施重大文化产业项目带动战略""运用高新技术创新文化生产方式,培育新的文化业态,加快构建传输快捷、覆盖广泛的文化传播体系"等改革的具体要求。

中央有关部门积极支持经营性文化事业单位转企改制,通过制定和完善相关优惠政策,帮助弥补改革成本,并且"扶上马,送一程",促进其面向市场,成为真正合格的新型文化市场主体。2008年,《国务院办公厅关于印发文化体制改革中经营性文化事业单位转制为企业和支持文化企业发展两个规定的通知》(国办发〔2008〕114号),进一步完善了相关扶持政策。2009年,国务院常务会议审议通过《文化产业振兴规划》,这是我国第一部文化产业专项规划,标志着文化产业上升为国家战略性产业。2010年4月,中宣部等9部门联合推出《关于金融支持文化产业振兴和发展繁荣的指导意见》,一批亮点突出、示范效应明显的项目得到银行贷款支持,涉及金额136亿元。重点领域的改革政策也相继出台。《中共中央办公厅 国务院办公厅关于深化中央各部门各单位出版社体制改革的意见》明确相关措施,大力推动中央各部门各单位出版社体制改革。中宣部、文化部联合印发《关于深化国有文艺演出院团体制改革的若干意见》,明确了国有文艺院团改革的路线图和时间表。

第三阶段:从2010年7月到2011年10月,主要是加快推进、全面开展,部分领域基本完成改革任务。

2010年7月,胡锦涛同志在十七届中央政治局第二十二次集体学习时发表重要讲话,明确提出"三加快一加强"的文化改革发展总体布局,强调要加快文化体制改革创新,加快构建公共文化服务体系,加快发展文化产业,加强对文化产品创作生产的引导。8月,全国文化体制改革工作会议在青岛召开,总结前一阶段全面推进文化体制改革的情况，明确了深化文化体制改革特别是促进文化发展方式转变的要求。10月，党的十七届五中全会通过《中共中央关于制定国民经济和社会发展第十二个五年规划的建议》，明确提出"十二五"时期要基本建成公共文化服务体系，推动文化产业成为国民经济支柱性产业。在具体内容上，该建议从加快推进文化管理体制改革、深入推进经营性文化单位转企改制、完善现代文化市场体系、建立健全国有文化资产管理体制和运行机制、加快完善版权法律政策体系等几个方面对下一阶段的文化体制改革作出了部署。2011年4月底至5月初，全国文化体制改革工作会议在合肥召开，强调要按照国家"十二五"时期经济社会发展总体部署，牢牢把握科学发展主题和加快转变经济发展方式主线，着力破除制约文化发展的体制机制障碍，转变文化发展方式。会议表彰了84个改革工作先进地区，对深化文化体制改革、加快文化事业文化产业发展作了全面部署。

在这一阶段，改革大力度推进、全方位展开、纵深化拓展，部分领域基本完成改革任务，重点难点取得重大突破。国有文艺院团改革取得突破性进展。中宣部、文化部与相关省（区、市）宣传文化部门进行了深度沟通，坚持实事求是，从实际出发，确定了"转企一批、合并一批、划转一批、撤销一批、保留一批"的改革路径。2011年5月，《中共中央宣传部　文化部关于加快国有文艺院团体制改革的通知》下发，进一步明确改革的路线图、时间表和任务书，推动各地加大改革力度、加快改革进度。同时，多措并举确保转制院团"早改早受益"。各地也紧密结合实际，制定了许多切实有效、更加优惠的措施。截至2011年底，全国各地承担改革任务的2102家国有文艺院团中，已完成和正在完成转制、撤销和划转的院团达1176家，还有300家院团确定改革路径。文化市场综合执法改革基本完成；全国地市级机构组建率达到99%，县区级机构组建率达到90%；省级文化市场管理工作领导小组组建率达到93%。公益性文化事业单位内部机制改革不断深化，普遍实行了全员聘用制和岗位责任制，干部职工的积极性和创造性得到进一步发挥，公共文化服务能力明显提高。

第四阶段：从2011年10月党的十七届六中全会召开到2012年全国文化体制改革工作表彰大会召开，主要是攻坚克难、完成阶段性改革任务。

2011年10月,党的十七届六中全会召开,会议通过的《中共中央关于深化文化体制改革推动社会主义文化大发展大繁荣若干重大问题的决定》,深刻阐述了推动文化改革发展的重要性和紧迫性,明确了推进文化改革发展的指导思想、目标任务、重要方针,提出了推进文化改革发展的重大举措。这是第一次以中央全会的形式就文化改革发展的重大问题作出决定,也是我国历史上第一次提出建设社会主义文化强国的宏伟目标和战略任务。随后,各地区各部门兴起文化改革发展热潮。

这个阶段,基本完成中央确定的文化体制改革阶段性任务。出版、发行、电影、电视剧、广电传输和一般国有文艺院团、非时政类报刊出版单位等经营性文化单位转企改制全面完成,重塑了一大批合格的市场主体。国有或国有控股文化企业的实力、活力、竞争力大大增强,成为文化领域战略投资者和文化市场主导力量。推进副省级以下城市组建文化市场综合执法机构并整合文化、广电、新闻出版等有关行政管理部门,全面完成文化市场综合执法改革任务。积极推进政企、政事分开和管办分离,探索建立新型国有文化资产管理体制,文化行政部门与文化企事业单位的关系逐步理顺。初步建立覆盖城乡的公共文化服务体系,完成广播电视村村通、乡镇和社区综合文化站、文化信息资源共享、农村电影放映、农家书屋等五大重点文化惠民工程阶段性目标任务,推进基层公共文化建设共建共享,除遗址类外的公共博物馆、纪念馆、美术馆和全国爱国主义教育示范基地等陆续向社会免费开放。积极推动图书馆、博物馆、文化馆(站)等公益性文化事业单位改革,省级党报发行机构基本完成剥离转制,绝大部分地区电台电视台完成合并,制播分离也取得了重要进展。不断壮大文化产业整体规模和实力,涌现出一批总资产和总收入接近或超过百亿元的大型国有或国有控股文化企业,加快培育资本、产权、人才、信息、技术等文化要素市场,统一开放、竞争有序的现代文化市场体系建设取得阶段性成果。着力加强对文化产品创作生产的引导,推动精品力作不断涌现。着力构建全方位多层次宽领域的文化"走出去"格局,加大对文化出口重点企业和项目的扶持力度,打造一批国家级、国际化、综合性的文化博览交易平台,中国(深圳)国际文化产业博览交易会出口成交额逐步增长,我国文化产品和服务出口规模不断扩大。2012年9月26日,全国文化体制改革工作表彰大会在北京人民大会堂召开，32个全国文化体制改革工作先进地区、296个先进单位和198名先进个人代表受到表彰。

四、持续深化阶段：注重系统性、整体性和协同性，文化体制改革全面深化（2013年以来）

党的十八大以来，以习近平同志为核心的党中央提出一系列治国理政新理念新思想新战略，为深化文化体制改革指明方向、提供遵循。在2013年召开的全国宣传思想工作会议上，习近平总书记突出强调要在继续大胆推进改革、推动文化事业全面繁荣和文化产业快速发展、建设社会主义文化强国的同时，把握好意识形态属性和产业属性、社会效益和经济效益的关系，始终坚持社会主义先进文化前进方向，始终把社会效益放在首位。无论改什么、怎么改，导向不能改，阵地不能丢。各地各有关部门认真贯彻中央决策部署，推动文化体制改革在新的起点上开拓前行、全面深化、攻坚破难，释放出强劲正能量，有力促进了文化事业全面繁荣、文化产业健康持续发展、优秀传统文化广为弘扬，文化建设呈现出新气象、新面貌、新格局。

1. 坚定把牢导向，全面贯彻落实习近平总书记系列重要讲话精神

以习近平总书记关于繁荣发展社会主义文化的重要论述为统领，牢固树立和落实创新、协调、绿色、开放、共享的发展理念，强化和落实主体责任，确保党始终掌握文化改革发展的领导权、主导权。紧紧围绕弘扬和践行社会主义核心价值观、建设社会主义文化强国，把全面深化改革共性要求和文化体制改革特殊要求结合起来，加强顶层设计，体现文化例外原则。中央深改组审议通过了《深化文化体制改革实施方案》，出台了繁荣发展社会主义文艺、推动社会效益和经济效益相统一、开展特殊管理股试点、推动媒体融合发展、加强中国特色新型智库建设、支持地方戏曲传承发展、发展对外文化贸易等一系列具有标志性、引领性的指导性文件，把坚持正确的改革方向、社会主义先进文化的前进方向和以人民为中心的工作导向要求落实到文化建设的方方面面，激发了广大文化工作者和全社会的文化创新创造热情，为做好党和国家各项工作提供了强大的价值引导力、文化凝聚力和精神推动力。

2. 抓住关键环节，构建两个效益相统一的体制机制

明确改革的路线图、时间表和任务书，把具有四梁八柱性质的改革举措牢牢抓在手上，狠抓工作台账落实。完善文化宏观管理体制，理顺内外宣传和互联网管理体制，完成中央和省级新闻出版广电机构整合，推动政府职能转变。探索建立党委和政府监管有机结合、宣传部门有效主导的国有文化资产管理模式，推动管人管事管资产管导向相统一，多数省份确定了国有文化资产管理机构。深化文化事业单位改革，推动党报党刊、电台电视台等强化内部运行管理，实行采编与经营两分开。推动传统新闻出版广电业与新兴媒介多层面融合、全媒体发展，初步形成一批新型主流媒体。健全坚持正确舆论导向的体制机制，规范传播秩序。强化网络治理，开展"净网""剑网"等专项行动，网络空间日渐清朗。加快文化企业股份制改造，探索建立有文化特色的现代企业制度，选择部分新闻出版传媒企业探索实行特殊管理股制度。文化领域立法明显加快。

3. 聚焦短板发力，推动基本公共文化服务标准化、均等化

着眼全面实现文化小康，加强总体规划，出台构建现代公共文化服务体系的意见，鼓励各地参照国家指导标准制定实施地方标准，推动公共文化建设全面提速，初步建成有用、适用、综合、配套的公共文化服务网络。把公共文化建设与脱贫攻坚结合起来，编制实施贫困地区公共文化建设专项规划，精准施策、扶志扶智，启动百县万村综合文化服务中心示范工程。深入推进重点文化惠民工程，全面完成广播电视村村通工程盲村覆盖任务，建成乡镇综合文化站数万个。出台基层综合性文化服务中心建设指导意见，推动宣传文化、党员教育、科学普及、体育健身等设施共建共享。创新公共文化服务运行机制，推动政府和社会资本合作，做好向社会力量购买公共文化服务工作，提高社会化专业化水平。

4. 推动内容与形式创新，繁荣文化产品创作生产

全面贯彻落实习近平总书记在文艺工作座谈会上和在中国文联十大、中国作协九大开幕式上的重要讲话精神，高扬以人民为中心的创作导向，广泛开展"深入生活、扎根人民"的主题实践活动，文艺创作体裁题材、形式手段日益丰富，文学、艺术、电影、电视等各个艺术门类百花竞放、异彩纷呈。以重点文化产品创作生产

工程为抓手,加强规划指导,抓好"中国梦"和爱国主义主题文艺创作,推出大批精品力作。繁荣儿童文学创作出版。鼓励和引导网络文学、音乐、动漫等有序发展,推动传统文艺与网络文艺创新性融合。进一步加大文艺评论工作力度,进一步深化全国性文艺评奖制度改革。实施中华文化传承工程,推动创造性转化、创新性发展,做好典籍选编、品读导读、品牌专栏等工作。出台扶持优惠政策,振兴地方戏曲,延续中华文脉和民族文化基因。

5. 发挥市场积极作用,推动文化产业结构优化升级

主动适应经济发展新常态,转变文化发展方式,文化产业加速转型提挡,规模化、集约化、专业化水平显著提高。鼓励和引导非公有资本有序进入文化领域,推动大众创业、万众创新,专、精、特、新的小微企业"铺天盖地"。深入实施国家文化科技创新工程,新型文化业态蓬勃发展,文化与相关产业融合更加紧密。加强现代文化市场体系建设,文化产品和要素市场繁荣发展,文化消费日益扩大。

6. 讲好中国故事,推动中华文化"走出去"

统筹政府推动、民间参与、市场运作,创新对外话语体系和表达方式,对外传播的辐射力、文化交流的亲和力、文化贸易的竞争力显著增强。结合"一带一路"倡议,深化中外人文交流合作,"感知中国""中国文化年""欢乐春节"等品牌活动影响日益扩大,成效明显,"丝绸之路影视桥""丝路书香"工程深入推进。启动国家高端智库建设试点,加强与国外智库的合作交流。加强国际传播能力建设,发展合作传播,中央主要媒体的国际新闻信息原创率、首发率、落地率显著提高。鼓励各种所有制企业参与文化"走出去",加强文化出口平台和渠道建设,拓展国际营销网络,扩大海外优质资产规模,对外文化贸易和投资加快发展。

第二节
文化体制改革的主要成就

文化体制改革40年,取得了丰硕的理论和实践成果,主要体现在以下四个

方面。

一、促进了观念转变，推动了思想解放，创新、丰富和发展了中国特色社会主义文化理论

经过40年改革实践探索，我们深化了对文化发展规律的认识，逐步形成了与我国政治、经济、社会、生态文明相协调，与中国特色社会主义道路、理论、制度相适应的新的文化发展理念。

1. 对文化本身的认识得到极大深化

40年来，人们已学会从多个视角观察文化的属性、地位和作用。

通过改革实践，人们认识到文化是民族凝聚力和创造力的重要源泉。文化是一个民族的集体记忆，是民族文化身份和独特个性的象征，是培育民族精神的土壤，是人们赖以栖息的精神家园。正因如此，它是一个国家和民族赖以存在和发展的根基，更是一个民族凝聚力和创新力的不竭源泉。

通过改革实践，人们认识到文化是经济社会发展的不竭动力。一定的文化是一定历史条件下经济、政治的反映，又反过来给经济、政治以能动的影响。进步、科学的文化能够给社会发展提供精神动力，提高整个社会的文明程度，并能启迪思考，推动创新，引领社会进步。文化也直接参与经济价值的创造，这是因为在市场经济条件下，文化产品本身就是商品，能够直接带来经济效益，拉动GDP增长。

通过改革实践，人们认识到文化是满足人民精神文化需求的重要途径。文化是人类文明的结晶，也是人类生存的一种形态。精神文化需求是人区别于动物的关键所在，是人的内在的、普遍的、基本的需求，是人生幸福快乐的重要标志。文化如水，润物无声，能够启迪心灵、愉悦身心、陶冶情操、增进知识，从而满足人们的精神文化需求，丰富人们的精神世界，提升人的素养，最终实现人的全面发展。

通过改革实践，人们认识到文化是国家的名片，是综合国力的重要标志。文化代表着一个国家和民族的文明程度、发展水平，既是综合国力的重要组成部分，也是综合国力的体现。没有文化的积极引领，没有人民精神世界的极大丰富，没有全民族精神力量的充分发挥，一个国家、一个民族不可能屹立于世界民族之林，在国

际舞台上处于不败之地。

2. 对文化发展规律的认识得到极大深化

除上述对文化地位和作用的认识之外，对文化发展规律认识的深化主要表现为以下七个方面：

一是在文化发展方向上，明确要牢牢把握社会主义先进文化前进方向，培育和践行社会主义核心价值观，发展面向现代化、面向世界、面向未来的，民族的科学的大众的社会主义文化。要大力发展先进文化，支持健康有益文化，努力改造落后文化，坚决抵制腐朽文化。

二是在文化发展目的上，明确要坚持以人为本，满足人民群众日益增长的精神文化需求，保障人民基本文化权益，丰富人民精神文化生活。

三是在文化发展动力上，明确要坚持改革创新和科技进步，破除制约文化发展的体制性障碍，不断解放和发展文化生产力。

四是在文化发展思路上，明确要一手抓公益性文化事业，一手抓经营性文化产业；一手努力构建覆盖城乡，惠及全民的公共文化服务体系，一手壮大文化产业、繁荣社会主义文化市场；一手抓繁荣，一手抓管理，推动文化全面协调健康发展。

五是在文化发展格局上，明确要积极吸引民营资本、海外资本参与文化建设，形成以公有制为主体、多种所有制共同发展的文化产业格局，以民族文化为主体、吸收外来有益文化的文化对外开放格局。

六是在文化发展战略上，明确要提升国家文化软实力，提高全民族的思想道德素质和科学文化素质，促进人的全面发展，实施文化"走出去"战略，增强中华文化的国际影响力。

七是在文化发展领导力量和依靠力量上，明确要始终坚持党对文化工作的领导，充分发挥人民群众在文化建设中的主体作用，最大限度地发挥广大文化工作者的积极性、主动性和创造性。

3. "文化自信"上升为"四个自信"之一

文化自信是一个民族、一个国家以及一个政党对自身文化价值的充分肯定和积极践行，并对其文化的生命力持有的坚定信心。党的十八大以来，习近平总书记曾在多个场合谈到文化自信。在2014年2月24日的中央政治局第十三次集体学习中，习近平总书记提出要"增强文化自信和价值观自信"。之后的两年间，习近平总书记又对此有过多次论述："增强文化自觉和文化自信，是坚定道路自信、理论自信、制度自信的题中应有之义""中国有坚定的道路自信、理论自信、制度自信，其本质是建立在5000多年文明传承基础上的文化自信""我们要坚定中国特色社会主义道路自信、理论自信、制度自信，说到底是要坚持文化自信"。[1] 2016年7月1日，在庆祝中国共产党成立95周年大会的讲话上，习近平总书记对文化自信特别加以阐释，指出"文化自信，是更基础、更广泛、更深厚的自信"。文化自信成为继道路自信、理论自信和制度自信之后，中国特色社会主义的"第四个自信"。

舆论普遍认为，习近平总书记提倡的"文化自信"有其深厚根基，是可以真正践行的。因为，我们有优秀传统文化的底蕴，也有在中国革命、建设、改革的伟大实践过程中孕育的革命文化和社会主义先进文化。这种在优秀传统文化基础上的继承和发展，夯实了我们文化建设的根基，奠定了我们文化自信的强大底气。

我们的底气来自博大精深的优秀传统文化。它能"增强做中国人的骨气和底气"，是我们最深厚的文化软实力，是我们文化发展的母体，积淀着中华民族最深沉的精神追求。诸如"自强不息"的奋斗精神，"精忠报国"的爱国情怀，"天下兴亡，匹夫有责"的担当意识，"舍生取义"的牺牲精神，"革故鼎新"的创新思想，"扶危济困"的公德意识，"国而忘家，公而忘私"的价值理念等，一直是中华民族奋发进取的精神动力。

我们的底气来自鲜明独特、奋发向上的革命文化。从井冈山精神、长征精神、延安精神、西柏坡精神，到雷锋精神、大庆精神、"两弹一星"精神，再到航天精神、北京奥运精神、抗震救灾精神，这些富有时代特征、民族特色的宝贵财富，脱胎于中华民族优秀文化传统，同时又在新形势下不断进行着再生再造、凝聚升华，从而为我们在新的历史条件下推进文化建设奠定了坚实基础。

我们的底气来自承前启后、继往开来的社会主义先进文化。社会主义先进文化

---

[1] 赵银平：《文化自信——习近平提出的时代课题》，引自网页：http://news.xinhuanet.com/politics/2016-08/05/c_1119330939.htm。

的明显特征是中国特色社会主义的共同理想、以爱国主义为核心的民族精神和以改革创新为核心的时代精神,以及社会主义荣辱观。在短短几十年的社会主义实践中,我们创造了中国道路、中国模式、中国奇迹,这已充分说明社会主义先进文化是一种有生命力的文化,是一种体现人类文明发展进步方向的文化。

我们的底气来自于中华文化所具有的恢宏气度。中华文化具有开放包容、海纳百川的宏大气象和融合、吸收其他文明营养的强大能力。自汉唐以降,正是在与各种外来文化的交流、交融中,中华文化自身的特质愈加鲜明,内蕴愈加丰富,形态、样式更加多彩,生命力更加旺盛,在多样性世界文明百花园中大放异彩。在和平与发展时代和改革开放大潮中,面对全球化和世界各种思想文化激荡的浪潮,中华文化以"和而不同"的理念从容应对,彰显中华民族"各美其美、美人之美、美美与共、天下大同"的文明观、文化观,越来越多的中国理念、中国倡议上升为国际共识,"人类命运共同体"理念在国际社会赢得越来越多的认同与赞赏。

我们的文化自信,不仅来自于文化的积淀、传承与借鉴、创新、发展,更来自于当今中国特色社会主义的蓬勃生机,来自于实现中国梦的光明前景。改革开放40年以来,我们取得了举世瞩目的成就。国家兴旺,文化必然兴盛,特别是党的十八大以来,我们党把建设社会主义文化强国摆到更加突出的位置,中华文化正迎来一个繁荣发展的黄金期。

延伸阅读

坚持中国特色社会主义道路自信、理论自信、制度自信、文化自信①

习近平

坚持不忘初心、继续前进,就要坚持中国特色社会主义道路自信、理论自信、制度自信、文化自信,坚持党的基本路线不动摇,不断把中国特色社会主义伟大事业推

---

① 习近平:《在庆祝中国共产党成立95周年大会上的讲话》,《人民日报》,2016年7月2日。

向前进。

方向决定道路，道路决定命运。中国特色社会主义不是从天上掉下来的，是党和人民历尽千辛万苦、付出巨大代价取得的根本成就。中国特色社会主义，既是我们必须不断推进的伟大事业，又是我们开辟未来的根本保证。

全党要坚定道路自信、理论自信、制度自信、文化自信。当今世界，要说哪个政党、哪个国家、哪个民族能够自信的话，那中国共产党、中华人民共和国、中华民族是最有理由自信的。有了"自信人生二百年，会当水击三千里"的勇气，我们就能毫无畏惧面对一切困难和挑战，就能坚定不移开辟新天地、创造新奇迹。

我们要坚信，中国特色社会主义道路是实现社会主义现代化的必由之路，是创造人民美好生活的必由之路。我们要坚信，中国特色社会主义理论体系是指导党和人民沿着中国特色社会主义道路实现中华民族伟大复兴的正确理论，是立于时代前沿、与时俱进的科学理论。我们要坚信，中国特色社会主义制度是当代中国发展进步的根本制度保障，是具有鲜明中国特色、明显制度优势、强大自我完善能力的先进制度。

文化自信，是更基础、更广泛、更深厚的自信。在5000多年文明发展中孕育的中华优秀传统文化，在党和人民伟大斗争中孕育的革命文化和社会主义先进文化，积淀着中华民族最深层的精神追求，代表着中华民族独特的精神标识。我们要弘扬社会主义核心价值观，弘扬以爱国主义为核心的民族精神和以改革创新为核心的时代精神，不断增强全党全国各族人民的精神力量。

全党同志必须牢记，我们要建设的是中国特色社会主义，而不是其他什么主义。历史没有终结，也不可能被终结。中国特色社会主义是不是好，要看事实，要看中国人民的判断，而不是看那些戴着有色眼镜的人的主观臆断。中国共产党人和中国人民完全有信心为人类对更好社会制度的探索提供中国方案。

邓小平同志曾经语重心长地说："基本路线要管一百年，动摇不得。只有坚持这条路线，人民才会相信你，拥护你。谁要改变三中全会以来的路线、方针、政策，老百姓不答应，谁就会被打倒。"党的基本路线是国家的生命线、人民的幸福线，我们要坚持把以经济建设为中心作为兴国之要、把四项基本原则作为立国之本、把改革开放作为强国之路，不能有丝毫动摇。

二、丰富了广大人民群众的精神文化生活，促进了人的全面发展

1. 文化产品和服务的数量日益丰富、质量不断提升

文化体制改革的深入持续推进，激发了各类主体的活力和创造力，极大丰富了

社会文化生活,在满足人们文化基本需求和多样化需求、引领社会风尚、整合社会意识中发挥了重要作用。"十二五"期间,全国公共图书馆累计流通人次达到24.20亿,全国群众文化机构共组织文艺活动385.5万场次,国有艺术表演团体演出840万场。各类阅读APP推动阅读移动电子化,出版物互联网发行拓展了销售渠道,演出线上售票,新闻、阅读、音乐等应用与微信、微博、视频等平台互联互通,实现了文化鉴赏和消费便利化、即时化。

2. 对文化产品创作生产的引导得到加强

在深化艺术创作领域改革中,党和政府鲜明地提出了坚持以人民为中心的创作导向,坚持以社会主义核心价值观引领艺术创作生产,鼓励作家、艺术家深入生活、扎根基层,为人民、为时代讴歌,促进了文化产品创作生产的持续健康发展。

3. 人民群众日益成为文化的实践者、创造者和享有者

随着改革开放的深入、市场经济的发展和社会治理方式的改变,文化工作环境日益宽松,全社会参与文化建设的积极性空前高涨,创作主体、内容、形式、理念、方法等都发生了新的变化。最显著的特征之一是,从事文化艺术的创作主体出现了从单一转为多元、从精英转为大众的趋势,无论是国办与民办、事业与企业、集体与个人,"创客"无处不有,创意无处不在。文学、戏剧、电影、电视剧、音乐、舞蹈、美术、摄影、书法、曲艺、杂技以及民间文艺等繁花似锦,产生了一批优秀的艺术创作者和群众喜闻乐见的作品,涌现出网络作家、动漫设计、节目制作人等各类新兴艺术从业者。各种流派、各种风格、各种题材、各种体裁充分展示了发展空间。

三、初步建立了与社会主义市场经济体制相适应、与社会主义精神文明建设规律相符合的文化体制机制和文化发展格局

1. 以公有制为主体、多种所有制共同参与的文化产业格局逐步形成

文化体制改革按照区分公益性文化事业和经营性文化产业的总体思路,把国有文化单位"一分为二",一部分作为公益性文化单位继续保留事业单位性质,绝大部分经营性文化单位转制为企业。2015年国有文化企业发展报告显示,2014年,国有文化企业共有13313户,从业人员达130万,资产总额达26488.9亿元,利润

总额1122.5亿元。在企业数量增加的同时,企业的平均资产规模在稳步扩张,户均资产约达20亿元。与此同时,我国民营文化企业发展迅猛,企业数占国内文化企业总数一半以上,产值约占国内文化产业总产值的45%。

2. 统一开放、竞争有序的现代文化市场体系初步建立

通过积极发展现代文化产品流通组织形式,形成了一批规模大、实力强、覆盖广的出版、发行、广播电视网络传输、电视发行放映、电影院线、演出票务连锁、剧院联盟等集约化程度高的企业,打破了条块分割、城乡分割的市场格局。通过完善政策,扩大文化产业投融资渠道,以资本为纽带兼并重组,提升资本运作能力,打造了一批有影响力的文化企业集团。资源的重组,促进了生产要素的合理流动,逐步打破行业垄断、条块分割、城乡分离的局面,有力推动了现代文化市场的建设。

3. 宏观管理不断改善

改革开放以来,社会主义市场经济体制逐步确立,一路推动着政府角色转换和职能转变。党的十六大提出,要深化文化宏观管理体制改革。党的十八届三中全会明确提出全面深化改革的目标之一是推进国家治理体系和治理能力现代化。经过多年的宏观管理体制改革,文化领域党委领导、政府管理、行业自律、企事业单位依法运营的体制机制正在逐步确立。各级文化行政部门大幅度减少对微观运行主体的干预,着力营造公平的市场竞争环境,提供必需的公共文化服务,切实加强宏观管理。

4. 以民族文化为主体、吸收外来有益文化的文化对外开放格局形成

通过着力构建现代对外文化传播体系,加强国际话语体系建设,努力打造融通中外的新概念、新范畴、新表述,形成富有吸引力和感染力的中国话语,讲好中国故事、传播好中国声音、阐释好中国特色。[①] 积极配合我国外交战略,将中国文化的理念、价值向世界进行传播,倡导构建和谐世界理念,坚持不同文化、文明之间相互尊重、相互理解、相互学习和借鉴,在国际文化事务中积极参与规则的制定,卓有成效地与各国开展了深入广泛、多渠道、多层次的文化交流项目。加强对外文

---

① 舒刚:《文化体制改革的看点和亮点》,《时事报告》,2013年第12期。

化贸易，国家对外文化贸易基地、海外文化贸易促进中心、境外文化贸易合作区建设取得新进展。制定了国家文化贸易和产品出口目录，鼓励文化企业和文化产品"走出去"。加大对重点出口文化企业和项目的扶持，一批外向型文化企业在海外落地经营。在推动文化开放的过程中，坚持文化例外原则，增强国家文化安全意识，捍卫国家文化安全。通过体制机制创新，逐步形成了政府主导、社会参与、全方位多层次多渠道的文化"走出去"格局。

四、积累了进一步推进文化体制改革的经验，坚定了不断深化文化体制改革的信念

文化体制改革40年的实践，为在新的形势下深入推进文化改革发展积累了宝贵经验。概括起来，主要有以下几个方面。

1. 必须坚持和改进党对文化工作的领导，不断提高推进文化改革发展的科学化水平

改革力度大小、成效如何，关键在于组织领导。党中央、国务院高度重视、坚强领导，为文化体制改革指明了方向，是改革顺利推进、不断取得重要进展的根本保证。各级党委、政府认真贯彻落实中央总体部署，紧密结合宣传文化工作实际，精心指导、审慎决策、统筹安排、持续推动，党委宣传部门负责协调指导，行政主管部门具体组织实施，各有关部门密切配合，推动了文化改革发展中一系列重大问题和实际困难的解决。正是各级党委政府和有关部门特别是各级党委把文化建设摆在全局工作的重要位置，深入研究意识形态和宣传文化工作的新情况、新特点，及时研究文化改革发展重大问题，不断完善领导体制和工作机制，党才牢牢把握了文化改革发展的主导权，形成了推进文化改革发展的强大合力，使文化体制改革始终沿着正确的方向顺利推进。

2. 必须坚持以马克思主义为指导，充分体现社会主义核心价值观要求，自觉把社会效益放在首位，努力实现社会效益与经济效益的有机统一

文化体制改革的目标是繁荣发展社会主义先进文化。在社会主义市场经济条件下，文化既具有意识形态属性，也具有一般商品属性、产业属性，文化的繁荣发展

既离不开市场也不能完全依靠市场。这就决定了文化领域改革发展有着与经济领域改革发展不同的特殊性和复杂性,决定了无论文化体制改革进展到什么阶段,文化事业、文化产业发展到什么程度,都必须始终坚持以马克思主义为指导,牢牢把握社会主义先进文化的前进方向,把导向的要求贯穿于文化改革、发展和管理的各个方面、各个环节,切实做到凝魂聚气、强基固本;都必须全面贯彻为人民服务、为社会主义服务的方向和百花齐放、百家争鸣的方针,坚持贴近实际、贴近生活、贴近群众,大力发展先进文化,支持健康有益文化,努力改造落后文化,坚决抵制腐朽文化;都必须正确处理文化产品意识形态属性和商品属性的关系、社会效益和经济效益的关系,自觉践行社会主义核心价值观,不断提高文化产品的质量,充分发挥文化引领风尚、教育人民、服务社会、推动发展的作用。

3. 必须坚持以人为本,尊重人民群众的主体地位,充分调动广大文化工作者的积极性,激发全社会的文化创造活力

改革的根本力量在于群众,办法和经验来自基层。职工群众对改革的态度如何、积极性高不高,直接关系到改革的进展和成效。文化体制改革之所以能顺利推进,一个重要方面就是坚持走群众路线,得到了广大职工群众的拥护和支持。事实证明,只要紧紧依靠群众,就没有解决不了的问题,没有克服不了的困难。深化文化体制改革,必须始终坚持以人为本,以满足人民群众精神文化需求为出发点和落脚点,做到文化发展为了人民、文化发展依靠人民、文化发展成果由人民共享,努力促进人的全面发展。充分尊重群众的主体地位和首创精神,尊重职工群众的知情权、参与权,切实维护职工群众的合法权益,使改革获得最广泛、最可靠的群众基础和力量源泉。

4. 必须坚持一手抓公益性文化事业、一手抓经营性文化产业,既保障好人民基本文化权益,又努力满足群众多样化、多层次、多方面精神文化需求

一手抓公益性文化事业,一手抓经营性文化产业,做到两手抓、两加强,是社会主义市场经济条件下推进文化体制改革的基本思路。长期以来,制约文化发展的体制弊端的一个重要表现,就是公益性文化事业和经营性文化产业的性质相混淆,事业的职能和企业的功能相混淆。深化文化体制改革,重要任务之一就是要着力解

决这个体制弊端。公益性文化事业的根本任务是为人民群众提供基本的公共文化服务，努力构建覆盖全社会的比较完备的公共文化服务体系，普及文化知识，传播先进文化，提供精神食粮，体现人文关怀，不断满足人民群众最基本的文化需求。发展公益性文化事业，必须坚持以政府为主导，鼓励社会参与，在改革中贯彻增加投入、转换机制、增强活力、改善服务的方针，切实提高服务群众的能力和水平，最大限度地发挥公益性文化事业的社会效益。经营性文化产业的根本任务是繁荣文化市场，满足人民群众多方面、多层次、多样性的精神文化需求。发展经营性文化产业，必须充分发挥市场在文化资源配置中的积极作用，坚持以市场为导向，在改革中贯彻创新体制、转换机制、面向市场、壮大实力的方针，调动社会力量发展文化产业，在市场竞争中发展壮大。文化事业和文化产业相互区别、功能不同，但又相互联系、相互促进，统一于繁荣社会主义先进文化的伟大事业。

5. 必须坚定不移地推进改革，持之以恒地深化改革，努力使文化发展始终保持蓬勃生机和旺盛活力

文化体制改革是一个不懈探索、不断实践的过程。文化体制改革的实践充分证明，哪里有改革的新思路新举措，哪里就有发展的新局面新成效。只有不断解放思想、勇于探索、敢于碰硬、敢于突破，才能在文化发展方面不断迈出新步伐。从长远来讲，改革是一个永恒的主题，不可能一劳永逸。必须认真学习领会中央精神，自觉地把思想认识从不符合文化科学发展的思想观念和思维定式的桎梏中解放出来，从不符合文化科学发展的做法和规定的限制中解放出来，从不符合文化科学发展的传统体制的束缚中解放出来，敢于突破陈规陋习，勇于用改革的办法破解难题，只要有利于社会主义文化繁荣发展，什么办法好、什么政策管用，就用什么办法、就采取什么政策。必须不断增强改革创新的自觉性和坚定性，推进观念创新、体制创新、机制创新、内容创新、形式创新、传播手段创新、业态创新、科技创新，永不僵化、永不停滞，使文化发展始终保持旺盛生机和活力。

6. 必须坚持区别对待、分类指导、循序渐进、逐步推开，确保文化改革发展符合实际、收到实效

文化体制改革是文化领域一场广泛而深刻的变革，不同行业、不同单位情况千

差万别,各地经济社会发展状况很不平衡,情况复杂,涉及面广,政治性、政策性强。必须按照区别对待、分类指导、循序渐进、逐步推开的方针,根据不同情况,实行不同的改革思路和政策,看准了的率先改、坚决改、改到位,看不准的先看一看、试一试。在文化体制改革历程中,中央应充分考虑不同地区经济文化发展的不平衡性,推动条件较好的地区先行探索,在不断总结试点地区成功经验的基础上,将改革逐步向面上推开。① 从具体单位改革来讲,科学界定文化单位性质和功能,对不同领域、不同单位提出不同的改革要求。公共博物馆、纪念馆、美术馆、文化馆、图书馆等公益性文化单位,保留事业体制,深化内部改革;出版社、新华书店、电影制片厂、电视剧制作中心、电影放映单位、一般艺术院团、重点新闻网站、非时政类报刊社等经营性文化单位以及主流媒体中可剥离的经营部分,逐步转制为企业。推动经营性文化单位转企改制,首先从市场发育良好和竞争比较充分的省新华书店、地方出版社和电影制作发行单位入手,推动其率先转企改制、积累经验。在此基础上,再逐步明确中央各部门各单位出版社、非时政类报刊社、一般国有文艺院团、新闻网站等的改革要求和时间进度,全面推开改革。同时,不搞"一刀切",允许人民、盲文、藏学、民族出版社,民族地区市县新华书店,代表国家水准和民族特色的少数文艺院团等保留事业体制,确保了整个改革工作积极稳妥推进。

7. 必须坚持把改革的力度、发展的速度与管理的完善程度统一起来,在改革发展中强化管理,以科学有效的管理保障改革、促进繁荣

文化的改革、发展与管理相辅相成、相互促进。推动社会主义文化大发展大繁荣,必须始终坚持一手抓改革发展、一手抓加强管理,在深化文化体制改革、促进文化发展繁荣的过程中不断改进和创新管理,通过科学有效的管理促进文化发展繁荣,努力建立和完善中国特色社会主义文化管理体制。着力创新管理理念,强化服务意识,寓管理于服务之中。在恰当运用思想教育手段的同时,更加注重依法管理为主,综合运用法律、经济、行政、科技等手段,推进管理工作的法制化、规范

---

① 中宣部文化体制改革和发展办公室:《我国文化体制改革的实践与探索》,《中国机构改革与管理》,2011年第4期。

化、制度化、科学化，有效解决在管理上存在的突出问题。按照谁主管谁负责和属地管理原则，坚持管理中心下移，完善工作机制，真正把管理职责落到实处。坚持用改革的办法解决管理中出现的问题，向体制要秩序。在对外开放中坚持以我为主、为我所用，做到既放得开又管得住。

这些经验是文化体制改革40年实践的深刻启示，也是拓展中国特色社会主义文化发展道路的重要遵循，必须倍加珍惜、长期坚持，并在实践中不断丰富和发展，努力使中国特色社会主义文化发展道路越走越宽广。

延伸阅读

激发文化创造活力　向着社会主义文化强国迈进
——党的十八大以来文化体制改革成果述评[①]

党的十八大以来，在以习近平同志为核心的党中央坚强领导下，按照中央全面深化改革的总体部署，宣传文化战线高举改革旗帜、聚焦"四梁八柱"、锐意攻坚克难，推动文化体制改革在新的起点上纵深拓展，取得一批开拓性、引领性、标志性的制度创新成果，文化体制改革主体框架基本确立，进一步激发了文化创新创造活力，进一步促进了文化事业和文化产业发展繁荣，进一步增强了人民群众的文化获得感和幸福感。

一、以习近平总书记重要讲话精神为引领，牢握改革正确方向、明确改革主体框架

在推进治国理政进程中，习近平总书记高度重视文化建设，将其纳入"五位一体"总体布局和"四个全面"战略布局进行部署，就文化改革发展的一系列重大问题作出深刻阐述。

——文化自信，是更基础、更广泛、更深厚的自信，是更基本、更深沉、更持久的力量；

---

① 周玮：《激发文化创造活力 向着社会主义文化强国迈进——党的十八大以来文化体制改革成果述评》，《中国文化报》，2017年7月24日第1版。

——坚持不忘本来、吸收外来、面向未来，在继承中转化，在学习中超越；

——加强对中华优秀传统文化的挖掘和阐发，实现中华文化的创造性转化和创新性发展；

——紧紧围绕建设社会主义核心价值体系、建设社会主义文化强国，完善文化管理体制和文化生产经营机制，建立健全现代公共文化服务体系、现代文化市场体系来做好工作，以此推动社会主义文化大发展大繁荣；

——把握好意识形态属性和产业属性、社会效益和经济效益的关系，始终坚持社会主义先进文化前进方向，始终把社会效益放在首位。无论改什么、怎么改，导向不能改，阵地不能丢；

……

习近平总书记重要论述，体现了我们党对中国特色社会主义文化建设规律的深刻把握，丰富和发展了马克思主义文化理论，是党中央治国理政新理念新思想新战略的重要组成部分，为深化文化体制改革指明了方向、提供了遵循。

宣传文化部门深入学习贯彻习近平总书记重要讲话精神，加强科学谋划、细化制度设计，切实把讲话要求转化为改革的目标思路和任务举措。制定《深化文化体制改革实施方案》，编制《国家"十三五"时期文化发展改革规划纲要》，出台"两个效益"相统一、媒体融合发展、特殊管理股试点、新闻单位采编播管人事管理制度改革、采编和经营两分开、文艺评奖改革、构建现代公共文化服务体系、实施中华优秀传统文化传承发展工程、国际传播能力建设等40多个改革文件，细化了改革的路线图、时间表、任务书，搭建起文化制度体系的"梁"和"柱"。在此基础上，建立任务台账、加强督察问效，重点任务进展一月一反馈、一季一督察，跟踪效果、及时整改，确保各项改革任务落地生根。截至目前，党的十八届三中、四中、五中、六中全会确定的104项文化体制改革任务已完成97项，其余7项正在抓紧推进之中。

二、始终把社会效益放在首位，建立健全确保社会效益和经济效益相统一的体制机制

正确处理社会效益和经济效益的关系，是社会主义市场经济条件下文化建设必须始终把握好的重大问题。一条主线贯穿改革全过程——充分考虑文化特点和功能定位，统筹文化宏观管理体制与微观运行机制改革，努力构建坚持把社会效益放在首位、社会效益和经济效益相统一的体制机制。

——中办、国办印发《关于推动国有文化企业把社会效益放在首位、实现社会效益和经济效益相统一的指导意见》，明确提出"社会效益指标考核权重应占50%以上"、"探索建立党委和政府监管有机结合、宣传部门有效主导"的国有文化资产管理体制等重大举措,将"两个效益"相统一的原则要求转化为具体制度设计。同时,分类推进国有文化企业改革,积极开展国有控股上市文化公司股权激励试点、国有文化企业职业经理人制度试点,探索建立健全有文化特色的现代企业制度。

为确保既活得好又走得正,中南传媒集团公司出台专门考核办法,对直接涉及内容生产单位的考核,突出强调社会效益、减轻经济指标要求。中国出版集团制定了坚持正确导向、履行国家使命、做大文化影响与加强制度队伍建设等社会效益考核的"四个一级指标",做强做响主题出版,营业收入、总资产、净资产突破百亿大关,实现了社会效益和经济效益的双丰收。

——探索可量化、可操作的社会效益考核指标。北京、上海、安徽、福建、湖北、云南、陕西等7个省市和部分在京出版社,分领域开展社会效益评价考核试点工作。作为试点省份之一的安徽省,不断创新"双效"业绩考核机制,从坚持正确导向、文化创作生产、公共文化服务和社会责任等方面,明确社会效益指标考核内容,坚持正确导向指标不设分值,出现严重问题实行"一票否决",文化企业负责人薪酬与社会效益同升同降。

——制定《关于实施网络内容建设工程的意见》,把理论传播、新闻传播、文化传播全面覆盖到网上,规范引导网络文化健康发展,最大限度地激发网络空间正能量。探索实行特殊管理股制度,在互联网新闻信息服务、网络视听、网络出版等领域开展试点,形成法律框架下互联网传媒企业导向管理的基础性制度安排。

——制定《关于印发文化体制改革中经营性文化事业单位转制为企业和进一步支持文化企业发展两个规定的通知》等系列政策文件,目前,综合性、专门性文件30多个,涉及文化体制改革综合配套政策及电影、戏曲、出版、书店、动漫、小微企业、对外文化贸易等方面,构建了有利于"两个效益"相统一的文化经济政策框架。

文化立法步伐加快,新制定颁布了《中华人民共和国网络安全法》(以下简称《网络安全法》)《中华人民共和国电影产业促进法》(以下简称《电影产业促进法》)《中华人民共和国公共文化服务保障法》(以下简称《公共文化服务保障法》),我国文化领域法律从原来的4部增加到7部。

三、把握媒体发展新趋势,构建坚持正确导向、适应融合发展的媒体传播格局

积极适应媒体格局深刻调整、舆论生态深刻变化的新形势,坚持党管媒体原则,尊重新闻传播规律,创新方法手段,加快构建现代传播体系,提高新闻舆论传播力、引导力、影响力、公信力。

——制定《关于推动传统媒体和新兴媒体融合发展的指导意见》,以"中央厨房"建设为龙头推动媒体深度融合,一批新型主流媒体和媒体集团涌现。人民日报社加快完善"中央厨房"机制,改造策采编发流程,强化业态技术创新,打造全媒人才队伍,推进深度融合成效显著。截至2016年12月,人民日报、新华社、中央电视台"央视影音"客户端下载量分别达到1.5亿、1.8亿、5.5亿,网上传播力影响力明显提升。

——深化新闻媒体内部改革,制定《关于严格实行新闻媒体采编和经营分开的通知》,规范采编和经营两分开,严禁将经营活动与新闻报道挂钩。开展打击新闻敲诈和假新闻专项行动,规范新闻从业人员职务行为信息管理,清理整顿中央新闻单位驻地方机构,撤并驻地方机构1181个,清退违规人员1435人。新华通讯社全面实现国内分社采编、经营两分开,彻底解决采编、经营"交叉"问题,进一步提高了新闻报道质量。

——坚持依法依规管网治网,推动形成良好网络舆论生态。《网络安全法》《关于加强网络信息保护的决定》《关于促进移动互联网健康有序发展的意见》等法律及文件出台,互联网管理的基础性法律法规和规章制度不断完善。

落实"两个所有"要求,强化"两微一端"管理,加大网络空间治理力度。2016年以来,清理网上色情低俗庸俗信息1800余万条、虚假和谣言信息900余万条、涉侵权盗版有害信息370余万条,网络空间更清朗、底色更明亮。

四、激发文化创新活力,文化产业持续健康发展

先来看一组数字:从2012年到2016年,文化产业增加值由1.81万亿元增加到3.03万亿元,首次突破3万亿元;占GDP的比重从3.48%提高到4.07%,首次突破4%。在整体经济下行压力较大的背景下,文化产业保持两位数的增长速度,展现了蓬勃的生机与活力。

十八大以来,各地和有关部门适应经济发展新常态,着眼供给侧用劲发力,积极构建现代文化市场体系和文化产业体系,提高文化产业发展的质量和效益,努力推动文化产业成为国民经济支柱性产业。

——完善文化产品创作生产扶持引导机制。出台《电影产业促进法》《关于支持电影发展若干经济政策的通知》《关于支持戏曲传承发展若干政策的通知》等法律及政策性文件,改进国家艺术基金、国家出版基金、电影精品专项资金、文化产业发展专项资金等运行机制,加大对优秀产品的引导扶持力度。制定《关于全国性文艺评奖制度改革的意见》,将全国性节庆活动中文艺评奖压缩87.5%、常设全国性文艺评奖压缩75.4%,文艺评奖的权威性和引导力大大提高。

改革释放创新活力,优秀作品不断涌现,《筑梦路上》《海棠依旧》《焦裕禄》《长征》《湄公河行动》《三八线》等影视作品叫好叫座。2016年,全国电影票房492.83亿元、比2012年增长137%,其中国产影片票房287.47亿元、占总票房的58.33%,票房过亿元的影片86部、其中国产影片45部。

——发展壮大文化市场主体。推动国有文化企业跨地区跨行业跨所有制兼并重组,加快培育实力、竞争力强的骨干文化企业。从2017年第九届"文化企业30强"整体情况看,规模实力、市场竞争力和盈利能力不断增强,主营收入3515亿元、净资产4318亿元、净利润381亿元,与2012年的相比,分别增长了120%、155%、69%。

推动大众创业、万众创新,专、精、特、新的小微文化企业"铺天盖地"。根据工商总局数据,截至2017年6月底,全国文化及相关产业企业数量超过322万户,同比增长22.4%,比全国企业数量平均增速高出3.1个百分点。

——深化文化投融资体制改革。推动文化资源与多层次资本市场有效对接,更好发挥资本平台促进文化企业发展的乘数效应。截至2017年4月底,沪深两市文化上市公司达103家,约占A股上市公司总数的3.21%,形成特色鲜明的"文化板块"。全国中小企业股份转让系统启动以来,挂牌的文化企业有690家,约占新三板挂牌企业总数的6.2%。

——培育文化产业发展新动能。对接"互联网+"战略,实施"文化+"行动,推动文化与科技、教育、信息、旅游、体育、建筑设计及相关制造业等深度融合。2016年,以"互联网+"为主要形式的文化信息传输服务业营业收入同比增长超过30%,全国备案上线的网络电影5556部,40家主要网络文学网站推出作品1454.8万种。

扩大和引导文化消费,支持大中城市建设文化娱乐综合体,支持艺术街区、特色书店和小剧场等建设,鼓励有条件的地方适当补贴居民文化消费。截至今年6月份,全国银幕总数达到4.5万块,已经超过美国和加拿大总和,跃居世界第一。

五、补齐文化短板,促进基本公共文化服务标准化均等化

贵州建设多彩贵州"广电云"农村覆盖工程,推进广电云向行政村延伸覆盖;探索"按需制单、百姓点单",河南省焦作市实施"百姓文化超市"惠民工程,"超市化"供应、"订单式"配送精准惠民;推进基层文化资源整合,实现"一站式"服务,全国形成了安徽农民文化乐园、浙江农村文化礼堂、山东文化大院、广西"五个一"村级公共服务中心等各具特点的建设模式……

五年来,各地各有关部门坚持政府主导、社会参与、重心下移、共建共享,加快构建现代公共文化服务体系，补齐短板、提高效能，打通公共文化服务"最后一公里"。

——中办、国办印发《关于加快构建现代公共文化服务体系的意见》，首次把标准化均等化作为重要制度设计和工作抓手，确定了14个小类22条基本公共文化服务具体标准；颁布《公共文化服务保障法》，首次以法律形式规范和界定了各级政府及有关部门在公共文化服务中的责任和义务，将公共文化建设纳入法治化、规范化轨道。

——制定《关于推进基层综合性文化服务中心建设的指导意见》，把乡镇和村级的党员教育、科学普及、普法教育、体育健身等设施资源整合起来，把各类重点文化惠民工程整合起来，建设基层综合性文化服务中心，推动基层文化资源互联互通、共建共享。

——制定《"十三五"时期贫困地区公共文化服务体系建设规划纲要》，反弹琵琶、精准扶贫，用绣花的精准功夫，把资金、资源更多向贫困地区倾斜，助推贫困地区与全国同步实现文化小康。

有关部门统筹安排财政资金，实施百县万村综合文化中心工程，在集中连片特殊困难地区县和国家扶贫开发工作重点县扶持建设1万个村综合文化服务中心；2016年，又启动贫困地区民族自治县、边境县村综合文化服务中心覆盖工程，推动贫困地区民族自治县、边境县村级文化中心建设的全覆盖。

六、加快走出去步伐，努力讲好中国故事、提升中华文化国际影响力

与意大利足球俱乐部合作，让"欢乐春节"走进意甲联赛绿茵场；美国将"欢乐春节"办进高校；法国首次举办电视"春晚"……2017年"欢乐春节"在全球140多个国家和地区的500多个城市举办了2000余场活动，海外受众达2.8亿人次。

十八大以来，先后印发《关于进一步加强和改进中华文化走出去工作的指导意见》《关于加快发展对外文化贸易的意见》《关于加强"一带一路"软力量建设的指导意见》等文件，统筹对外文化交流、文化传播和文化贸易，讲好中国故事，传播好中国声音，文化走出去力度空前加大。

——加强对外话语体系建设，紧扣中国梦宣传阐释，用鲜活故事生动阐释中国发展道路的深刻内涵和独特优势。《习近平谈治国理政》以22个语种、25个版本在海内外发行625万册，中国理念、中国制度、中国方案得到越来越多国家和地区的理解和认可。

——拓展对外文化交流，用好中医药、中国美食、中国园林、中国功夫等文化名片，打造对外交流品牌，增进中华文化亲和力、感染力。截至2016年底，我国已和

"一带一路"沿线的60多个国家全部签订了政府间文化交流合作协定；已在140个国家建立了511所孔子学院、1073个孔子课堂，建成海外中国文化中心30个、中国馆14个。

——加强国际传播能力建设，打造外宣旗舰媒体，中国国际电视台（中国环球电视网）成功启播。人民日报社实现主要英文社交媒体平台全覆盖，脸书公共账号粉丝量达3000万、推特粉丝260万；近五年新华社稿件在世界主要通讯社互引统计中位居榜首；中央电视台海外整频道用户达4亿户，分布在全球168个国家和地区。

——推进对外文化贸易，扩大我国文化产品和服务在国际市场的份额和竞争力。2016年，我国文化产品出口额786.7亿美元，文化体育和娱乐业对外直接投资39.2亿美元，较2012年增长18.6倍；图书版权输出1万种，输出和引进品种比例由2012年的1∶1.9提高到2016年的1∶1.6。

一个国家、一个民族的强盛，总是以文化兴盛为引领和支撑。伴随文化体制改革的不断深化，中华文化必将绽放更加绚烂的光彩、创造更加伟大的辉煌，为实现"两个一百年"奋斗目标和中华民族伟大复兴中国梦提供强大的价值引领力、文化凝聚力和精神推动力。

第二章
文化单位改革

　　文化单位改革是我国整体改革事业的重要组成部分。改革开放以来，文化单位改革大体经历了改革的提出与初步实践阶段（1978—1991年）、稳步推进阶段（1992—2001年）、全面突破阶段（2002—2012年）和深化探索阶段（2013年至今）四个时期。改革在多个细分领域取得重要进展，形成了"区别对待、分类指导""循序渐进、逐步推开""严格标准、讲究程序"等操作经验。面对新形势新要求，文化单位改革将突出呈现注重社会主义核心价值观建设、注重体制机制创新、注重提高现代公共文化服务供给能力、注重提高市场适应能力、注重提高国际竞争力等特点。

第一节
文化单位改革的重要意义

　　文化单位作为我国社会主义文化建设的重要力量，为促进我国文化事业发展、满足人民群众基本文化需求作出了重要贡献。但随着我国经济社会持续快速发展和人民群众精神文化需求日益增长，一些文化单位的不适应逐渐显现出来，运行机制还停留在"计划经济"时代，功能定位不清，内部机制不活，服务质量不高，严重影响了文化单位功能作用的有效发挥。深化文化单位改革势在必行。

一、深化文化单位改革是适应经济社会发展、不断满足人民群众日益增长的文化需求的需要

我国经济建设取得了举世瞩目的伟大成就,人民生活水平、综合国力、国际地位大幅提升,各项社会事业也取得明显进展。但要看到,包括文化在内的各项社会事业发展总体上相对滞后,公共文化服务供给总量不足、质量效率不高,是我们发展中的一条"短板"。特别是随着经济社会的进一步发展,人民群众需求结构不断升级,居民消费逐步由生存型、温饱型向小康型、享受型转变,人民精神文化需求呈"井喷"之势迅速增长,文化产业领域已成为我国少数几个总供给不能满足总需求的领域之一。这迫切要求我们加快推进文化体制改革,创新公益性文化单位和经营性文化单位的体制机制,大力发展文化事业和文化产业,既最大限度地保障人民基本文化权益,又最大限度地满足人们日益增长的精神文化需求。

二、深化文化单位改革是进一步理顺政府与企事业单位关系、加快推进文化宏观管理体制改革的需要

满足群众基本文化需求,保障人民基本文化权益是政府义不容辞的职责。在原有体制下,经营性文化产业和公益性文化事业混为一体,政府包揽所有文化建设,造成应该由政府保障的公益性文化单位常常由于经费不足,挤占公共文化资源去搞本单位创收,难以履行公共文化服务职责。深化文化单位改革,重要目标之一就是理顺政府与企事业单位之间的关系,推进政企分开、政事分开,把政府不该管、管不好的微观事务交给企事业单位。同时,进一步强化政府的公共服务职能,把更多的精力和资源投到公益性文化事业发展上。

三、深化文化单位改革是更好地参与国际文化市场竞争、提升中华文化走出去水平的需要

当今世界,越来越多的国家和地区借助文化交流和文化贸易,参与国际文化市场竞争,向外输出价值观念和生活方式。在传统体制下,我国国有文化单位大多是事业体制,没有独立的文化市场法人地位,在运用国际通行规则参与国际文化市场竞争方面受到各种限制。一方面,我国缺乏能够同跨国集团相抗衡的骨干文化企业，文化产业的国际竞争力不强，文化产品和服务的进出口逆差较为严重。另一方面，以政府和事业单位为主体推进国际文化贸易，往往容易招来意识形态方面的"审视"，受到各种抵制。面对更加开放的内外部环境，壮大国内文化市场，推动中华文化走出去，必须培育合格文化市场主体，促进文化企业做大做强做优，在激烈的国际竞争中赢得市场、占据主动。

第二节
文化单位改革的基本历程

我国新时期的文化单位改革，始于1978年，至今已经走过了近40年的历程，大体经历了四个发展阶段。

一、文化单位改革的提出和初步实践阶段（1978—1991年）

1978年12月中国共产党召开十一届三中全会后，随着党的工作重心的转移和拨乱反正的顺利实现，文化体制改革也提上日程，主要是改变传统计划经济体制下高度集中的文化管理体制，实现"以阶级斗争为纲"的文化范式向"以经济建设为中心"的新范式的转向。1979年10月，邓小平代表党中央在中国文学艺术工作者第四次代表大会上的祝辞，提出了新时期我国文学艺术事业发展的一系列指导方针，为文化体制改革指明了前进的方向。1980年2月召开的全国文化厅局长会议认为："艺术表演团体的体制和管理制度方面的问题很多，严重地影响了表演艺术的发展和提高，需要进行合理的改革"。会议明确提出要"坚决地有步骤地改革文化事业体制，改革经营管理制度"。1983年国务院《政府工作报告》提出："文艺体制需要有领导有步骤地进行改革。改革是为了促进社会主义文艺的繁荣，提高作家艺术家的思想艺术素质，提高作品的思想艺术质量。"[①] 改革在各级党委、政府的

[①] 韩永进：《新的文化发展观》，文化艺术出版社，2006年版，第141页。

领导下，呈现积极稳妥展开的态势。

二、文化单位改革的稳步推进阶段（1992—2001年）

1992年邓小平同志南方谈话的发表和党的十四大的召开，标志着我国改革开放和现代化建设进入了一个新阶段。深化改革，扩大开放，发展社会主义市场经济，既为文化发展奠定了基础、注入了活力，同时也促进了文化体制改革。1996年党的十四届六中全会通过的《中共中央关于加强社会主义精神文明建设若干重要问题的决议》，提出了文化体制改革的任务和一系列方针。该决议认为"改革文化体制是文化事业繁荣和发展的根本出路""改革的目的在于增强文化事业的活力，充分调动文化工作者的积极性，多出优秀作品，多出优秀人才"。[①] 特别值得注意的是，2000年10月，党的十五届五中全会通过的《中共中央关于制定国民经济和社会发展第十个五年计划的建议》，第一次在党的中央文件中正式使用了"文化产业"这一概念。[②] 党关于文化属性问题的认识从过去只是强调文化是党和国家"事业"的一部分，到承认文化除了意识形态属性外，还有产业属性，这对深化文化单位改革产生了决定性的影响。

1994年，财政部、文化部对中央直属艺术院团的拨款方式进行改革，实行演出场次补贴制。这项措施促进了符合艺术规律的人员流动机制和人才竞争机制的形成，取得了显著成效。

为了应对加入WTO（世界贸易组织）后即将面临的国际文化市场竞争，2001年8月24日，中办、国办转发了《中共中央宣传部　国家广电总局　新闻出版总署关于深化新闻出版广播影视业改革的若干意见》，对新闻出版广播影视业的改革作出全面部署，提出要积极推进文化产业集团化建设，组建一批主业突出、品牌名优、综合能力强的大型文化集团，实行多媒体兼营、跨地区经营，以此为突破口，

---

① 《中共中央关于加强社会主义精神文明建设若干重要问题的决议》，人民出版社，1996年版，第18页。

② 《中共中央关于制定国民经济和社会发展第十个五年计划的建议（2000年10月11日中国共产党第十五届中央委员会第五次全体会议通过）》，《人民日报》，2000年10月19日。

加大市场整合力度，调整产业结构，提高文化企事业的竞争力。到 2002 年初，我国共组建了包括中国广电集团和中国出版集团在内的文化集团 72 家。①

三、文化单位改革全面突破阶段（2003—2012 年）

党的十六大以后，我国文化单位改革的步伐明显加快，文化单位改革的目的、意义、主要任务和实施重点更加明确。文化单位改革的理论创新取得重大成果，文化单位改革实践取得重大突破。

党的十六大第一次将文化领域分成文化事业和文化产业，明确了文化单位改革的方向、目标和任务；② 2003 年党的十六届三中全会在进一步指出文化体制改革的总目标——按照社会主义精神文明建设的特点和规律，适应社会主义市场经济发展的要求，逐步建立党委领导、政府管理、行业自律、企事业单位依法运营的文化管理体制的同时，分别提出了发展文化事业和文化产业的目标和任务。次年召开的党的十六届四中全会通过了《中共中央关于加强党的执政能力建设的决定》，第一次在中央正式文件中提出"深化文化体制改革，解放和发展文化生产力"这一重要命题。2005 年，党的十六届五中全会强调要构建公共文化服务体系、积极发展文化事业，要大力发展文化产业，创造更多更好适应人民群众需求的优秀文化产品。2006 年 9 月 13 日，《国家"十一五"时期文化发展规划纲要》确定了未来五年文化发展的指导思想、方针原则和目标任务，③ 明确了国家重点扶持发展的影视制作业、出版业、发行业、印刷复制业、广告业、演艺业、娱乐业、文化会展业、数字内容和动漫产业等九大文化门类。2007 年党的十七大提出"文化软实力"这一概念，明确把"激发全民族文化创造活力，提高国家文化软实力"作为重要的文化发展战略，将文化建设提升到国家战略高度。④ 此后，中央制定下发《文化产业振

---

① 胡惠林：《文化产业发展的中国道路》，上海人民出版社，2004 年版，第 25 页。
② 游祥斌，毋世扬：《文化事业单位的改革历程、理论经验和问题》，《中国行政管理》，2011 年第 4 期。
③ 宋蒙：《从"文化例外"看当前深化文化体制改革中的几个问题》，《东南大学学报（哲学社会科学版）》，2009（1）。
④ 胡锦涛：《高举中国特色社会主义伟大旗帜为夺取全面建设小康社会新胜利而奋斗：在中国共产党第十七次全国代表大会上的报告》，2007 年 10 月 15 日。

兴规划》,《中共中央办公厅　国务院办公厅关于转发〈中央宣传部关于党的十六大以来文化体制改革及文化事业文化产业发展情况和下一步工作意见〉的通知》《国务院办公厅关于印发文化体制改革中经营性文化事业单位转制为企业和支持文化企业发展两个规定的通知》《中共中央办公厅　国务院办公厅关于深化中央各部门各单位出版社体制改革的意见》《国务院办公厅关于促进电影产业繁荣发展的指导意见》等重要文件先后制定下发,并组织开展大规模督查,进一步加大了对改革的推动力度。各有关部门先后就国有文艺院团、国有电影院线、广播电视制播分离、有线电视网络整合、重点新闻网站改革,以及鼓励文化出口、支持文化产业发展等下发专门意见,加大支持力度,改革目标任务不断细化、政策环境日益优化。2011年10月,党的十七届六中全会通过的《中共中央关于深化文化体制改革推动社会主义文化大发展大繁荣若干重大问题的决定》,进一步强调要大力发展公益性文化事业、保障人民基本文化权益,要加快发展文化产业、推动文化产业成为国民经济支柱性产业,要深化改革开放、加快构建有利于文化繁荣发展的体制机制。文件下发后,文化单位改革步伐进一步加快。

四、文化单位改革深化探索阶段（2013年以来）

2013年8月19日,习近平总书记在全国宣传思想工作会议上强调,要在继续大胆推进改革、推动文化事业全面繁荣和文化产业快速发展、建设社会主义文化强国的同时,把握好意识形态属性和产业属性、社会效益和经济效益的关系,始终坚持社会主义先进文化前进方向,始终把社会效益放在首位。这为新形势下深化文化体制改革指明了前进方向、提供了根本遵循。2014年2月,《深化文化体制改革实施方案》正式出台,这是中央全面深化改革领导小组审议通过的第一个专项小组改革方案。该实施方案明确了改革的指导思想、目标思路、主要任务和政策保障,为今后一个时期的文化改革发展规划了路线图、确立了时间表、布置了任务书。深化国有文化单位改革被列入"两个关键环节"之一。随后,《关于推动国有文化企业把社会效益放在首位、实现社会效益和经济效益相统一的指导意见》《关于推动传统媒体与新兴媒体融合发展的指导意见》等一批重要的推动国有文化单位改革的文件陆续制定下发。此外，围绕重点难点问题，新闻出版传媒领域特殊管理股试点、公共博物馆等建立理事会制度试点、国有控股上市文化企业股权激励试点等改革试点稳妥有序开展。

第三节
2003—2012 年文化单位改革的重要探索

党的十六大提出，要按照政事分开原则，改革事业单位管理体制。党的十七大要求进一步深化事业单位的分类改革。作为事业单位改革的重要组成部分，党中央高度重视文化事业单位改革，在推进文化体制改革过程中，对深化文化事业单位改革作出一系列重要部署。2005 年《中共中央 国务院关于深化文化体制改革的若干意见》对文化事业单位改革作出专门部署，要求根据现有文化事业单位的性质和功能，区别对待、分类指导，明确不同的改革要求。有关部门从总体着手，把文化事业单位区分为公益性和经营性两大类。公益性文化事业单位如公共博物馆、纪念馆、美术馆、文化馆、图书馆等，保留事业体制，以政府为主导，以公共财政为支撑，深化内部改革。经营性文化事业单位，以市场为主导，发挥市场在文化资源配置中的积极作用，其中出版社、新华书店、电影制片厂、电影放映单位、一般文艺院团、重点新闻网站、非时政类报刊社等逐步转制为企业；党报党刊推动发行体制改革，将发行等经营性资产剥离转制；电台电视台推动制播分离，将电视剧制作等经营性资产剥离转制，打造独立的电视剧内容提供商。有关单位改革工作开展的具体情况如下。

一、图书馆、博物馆、文化馆等公益性文化事业单位的改革

1. 深化内部劳动人事、收入分配和社会保障制度改革

劳动人事、收入分配和社会保障制度是激发单位内在活力、提高单位服务水平

的重要保障。各地各有关部门出台一系列指导文件和配套政策，推动文化事业单位深化内部机制改革。2003年，中组部、中宣部、人事部、文化部联合出台《关于深化文化事业单位人事制度改革的实施意见》，提出对主要依靠政府财政保障的图书资料、群众文化、文物、博物等公益性文化事业单位，要按照"精简、高效"的原则，加强机构编制管理，控制人员总量规模，科学合理地设定岗位，搞活内部用人机制。2007年，人事部分别与文化部、国家广电总局出台《关于文化事业单位岗位设置管理的指导意见》《关于广播影视事业单位岗位设置管理的指导意见》等，对分属不同系统的事业单位岗位设置作出明确规定。2011年，《国务院办公厅关于深化事业单位工作人员收入分配制度改革的意见》《事业单位职业年金试行办法》等9个分类推进事业单位改革的配套文件印发，对进一步深化文化事业单位劳动人事、收入分配和社会保障制度改革提供了遵循。各级图书馆、博物馆、文化馆等事业单位按照要求，积极稳妥地推进内部劳动人事、收入分配和社会保障"三项制度"改革。在劳动人事制度改革方面，以转换用人机制和搞活用人制度为核心，以健全聘用制度和岗位管理制度为重点，杜绝事业单位和行政机关混岗，逐步实现由身份管理向岗位管理转变，由国家用人向单位用人转变，建立权责清晰、分类科学、机制灵活、监管有力的人事管理制度。在收入分配制度改革方面，以完善工资分配激励约束机制为核心，在执行国家统一工资制度和工资政策的基础上，实行绩效工资制，按岗定酬、按任务定酬、按业绩定酬，加强监管，合理调节收入分配，特别是对特殊岗位和高、精、尖专业人才采用更为灵活的分配办法，建立健全符合文化事业单位特点、体现岗位绩效和分级分类管理要求的工作人员收入分配制度。在社会保障制度改革方面，推进职工依法参加基本养老、基本医疗、失业、工伤等社会保险，建立多渠道、多层次、社会化的社会保险体系，基本养老保险实行社会统筹和个人账户相结合，养老保险费由单位和个人共同负担，个人缴费全部记入个人账户，有效保障职工的合法权益。截至2011年底，全国各级文化馆、博物馆、图书馆基本完成内部"三项制度"改革，管理水平和服务效率显著提高。

2. 拓展服务领域、创新服务方式

各级图书馆、博物馆、文化馆等文化事业单位在深化内部机制改革的基础上，以群众需求为导向，积极创新服务方式、不断拓展服务领域，服务质量显著提高。

在拓展服务领域、创新服务方式方面，采取的措施主要有：一是实行定点服务与流动服务相结合，有条件的城市图书馆采用通借通还等现代服务方式，推动公共文化服务向社区和农村延伸；二是建立健全公共文化设施服务公示制度，公开服务时间、内容和程序，在窗口接待、场所引导、资料提供以及内容讲解等方面，创造良好的服务环境，进一步增强公共文化服务机构的吸引力；三是促进数字和网络技术在公共文化服务领域的应用，各地公共文化服务机构建成了一批网上图书馆、网上博物馆、网上剧场和群众文化活动远程指导网络，促进公共文化资源的共享利用。

各级图书馆、博物馆、文化馆等单位主动适应人民群众多方面、多层次、多样化的文化需求，充分挖掘和利用现有资源优势，进行了各具特色的服务创新。重庆市打破过去文博行业条块分割、各自为战的局面，以红岩革命纪念馆和歌乐山革命纪念馆为核心，整合和联线各区县和周边地区的革命文化资源，成立红岩联线，实现资源共享、优势互补，为革命文化资源的深度开发利用提供了崭新的平台。国家博物馆为应对免费开放的新情况，不断改进在窗口接待、内容讲解等方面的服务，有计划地进行专职讲解员的选拔和培训工作，建立起了专职讲解队伍。吉林省以省图书馆为龙头，成立吉林省图书馆联盟，推动公共、高校、科研三大图书馆系统打破行业壁垒，合作开放、服务基层，使图书资源优势互补、充分利用，实现了图书借阅服务从"有啥看啥"到"看啥有啥"的飞跃和提升。截至2011年底，21所高校图书馆与26所公共图书馆结成共建单位。

3. 完善事业单位绩效考评制度

各地各有关部门加强公共文化服务指标体系和绩效考核办法的研究，制定了各类公共文化服务绩效考核体系，明确了各类公共文化服务的标准和规范。文化部制定完善了省级、市级、县级公共图书馆和文化馆的评估标准、定级必备条件，国家文物局制定了全国博物馆评估标准和办法，考核内容涉及办馆条件、基础业务、公众服务等方方面面，定期对全国县级以上公共图书馆、文化馆、博物馆进行全面评估。上海市制定了包括资源指标、管理指标、服务指标、绩效指标和可持续发展等指标在内的社区文化活动中心运行绩效评估指标体系，在此基础上委托第三方对社区文化活动中心开展绩效评估，强化上级部门、同行专家和服务对象在绩效评价体系中的作用，从而达到以绩效考评制度改革促管理、出效益的初衷。

二、一般时政类报刊社、公益性出版社、代表民族特色和国家水准的文艺院团的改革

1. 科学界定保留事业体制的一般时政类报刊社、公益性出版社、代表民族特色和国家水准的文艺院团的范围

中央有关部门按照区别对待、分类指导原则，根据不同单位的性质和特点，科学界定保留事业体制的一般时政类报刊社、公益性出版社、代表民族特色和国家水准的文艺院团等单位范围。一般时政类报刊社包括党报、党刊和其他以刊登时政新闻为主的报刊出版单位。公益性出版社指少数承担政治性、公益性出版任务，肩负重要思想文化阵地建设、社会舆论引导和公共文化服务职责的出版单位，目前包括人民出版社、中国盲文出版社、民族出版社、中国藏学出版社，以及符合资质的以少数民族文字、宗教事务出版为主业的出版单位。代表民族特色和国家水准的文艺院团主要包括国家重点扶持的京剧和昆曲院团，作为独立法人的交响乐团、芭蕾舞团、歌剧团、民乐团，地方代表性戏曲院团，民族地区服务世居少数民族的文艺院团，列入非物质文化遗产的文艺院团等。这些院团需要开展经营演出，但目前还不具备完全走向市场的条件，需要保留事业体制。2011年5月，《中共中央宣传部文化部关于加快国有文艺院团体制改革的通知》制定出台，公布了全国保留事业单位性质的131家地方国有文艺院团名单。同时，鼓励条件成熟、已列入名单的院团转企改制，明确今后原则上不再新设或恢复事业单位性质的文艺院团。

2. 推动一般时政类报刊社、公益性出版社、代表民族特色和国家水准的文艺院团积极面向市场、面向群众、转换机制、增强活力

一般时政类报刊社、公益性出版社在坚持党管媒体、党管干部、确保正确舆论导向的前提下，按照企业化管理的要求加快改革创新，在面向群众、面向市场的过程中不断发展壮大。人民日报社着眼于建设国际一流媒体，既遵循新闻传播规律，又按照市场发展要求，将报纸由16版扩至24版，将国内外记者站统一改建为分

社，新设立新闻协调部统筹报社新闻报道，新设立技术部整合报社技术力量，进一步理顺报社的新闻生产和管理机制，报纸的影响力、传播力显著提升。同时，大力发展人民网、即刻搜索等新媒体，积极促进报网融合，一个集报纸、刊物、网站于一体，平面、立体、移动兼具的现代传播体系已初步形成。人民出版社坚持以向广大人民群众提供高质量的公益性产品和服务为目标，大力调整出版方向，优化出版布局，加大公共产品服务力度，先后出版《中国政府白皮书》系列、《理论热点面对面》系列等，每年为党和国家大局服务的政治类公益性读物占出书品种的一半，取得了良好的社会效益和经济效益。民族出版社坚持为少数民族和民族地区服务的宗旨，加大民族图书选题策划和民族文字整合出版力度，把出版的重心向民族文字转移，同时打破常规出版模式，多方协调汉文样稿与多民族语言的翻译工作，不断缩短各类少数民族语言的政治读物与汉文图书的出版时间，把党的方针、政策在最短的时间内传达给少数民族读者。

保留事业体制的国有文艺院团积极推动内部企业化管理改革，不断完善面向市场、面向观众的剧目生产经营机制，发展活力和竞争力显著增强。中央芭蕾舞团实行全员聘任制、全员年薪制，转变传统考核办法，采取专家与观众共同参与的开放性考核形式，将考核结果作为演员续聘、解聘或调整岗位、升降级、职称评聘、选拔培养的依据。中国儿童艺术剧院创新分配机制、实行分类管理，对管理人员、艺术专业人员、营销人员、特殊高端人才实行有区别的分配办法，根据岗位责任、工作数量和质量确定管理津贴、专业技术津贴、奖励金等，进一步向业绩和贡献倾斜，体现"多劳多得，少劳少得，不劳不得"的原则，充分调动广大演职员的创作和演出积极性。中国国家交响乐团将北京音乐厅转制为剧院管理有限公司，组建全国音乐厅院线联盟，并建立了符合交响乐团职业特点和规律的现代化管理体系。中国国家话剧院遵循"注重市场需求、坚持主流定位、兼顾叫好叫座"的剧目创作原则，创作演出了《四世同堂》《简·爱》《向上走、向下走》《红玫瑰与白玫瑰》《都市囧人》等一批观众喜闻乐见的主流戏剧作品；同时，建立"国家话剧院北京演出院线"，形成"长时段、多剧目、多场次、多场点"的国话演出新模式，演出收入一路攀升，2011年度剧院演出总收入已达到2124万元。

三、重点新闻媒体的改革

1. 推进党报党刊发行体制改革

各级党报党刊将发行业务从事业体制中剥离出来，组建独立的报业经营公司，进行市场化运作，负责党报党刊发行、物流配送等业务。据2010年的调查数据显示，全国有19家党报尝试实行自办发行、邮发或委托其他发行单位相结合的发行方式，其中16家组建了报社独资或合资的报刊发行公司。湖南日报报业集团2007年成立湖南日报发行有限公司，建成延伸到县的信息处理平台，搭建起覆盖全省14个市州、123个县市区、2100多个乡镇（街道）的三级发行网络，实现了客户、物流、征订等各个环节的无缝对接，显著提高了湖南日报的投递时效、市场覆盖率。北京青年报社成立小红帽发行股份有限公司，建立先进的综合信息管理系统，精心策划各类读者活动，成为报刊发行领域的知名品牌。辽沈晚报社成立红马甲发行公司，不断提高发行服务水平，精心打造发行品牌，有效提高了报刊的产品附加值，提升了读者的忠诚度。

同时，各级党报党刊在完善营销网络的基础上，推动新组建的发行公司以资源、资本、业务为纽带，积极与邮政部门、出版物发行企业或物流企业开展战略合作，整合区域内的图书、音像、报刊等出版物的发行、配送、快运、快递等市场流通资源，进一步扩大了党报党刊的覆盖范围，取得了良好的社会效益和经济效益。天津日报社以自己的品牌和报刊发行权吸引一些大企业出资，联合成立每日新传媒发展有限公司，组建报刊连锁发行销售网络，不仅结束了10年发行亏损的局面，安置了2000多名下岗职工，更重要的是使《天津日报》以及代理发行的《人民日报》等党报党刊走进了600多个"天津日报新报亭"、400多家超市便利店、200多个社区和高校，变单纯机关和国有单位订阅为订阅与市场零售并举，扩大了党报的社会影响。

2. 推进电视剧等制播分离

制播分离改革的政治性、政策性很强。有关部门明确指出，制播分离是节目的制播分离，而频道频率是国家专有资源，决不能搞公司化、企业化，电台电视台不得借改革之名，擅自增设频道频率，擅自调整频道频率，擅自以频道频率资源搞合办、承包、出租等违规合资合作。电台电视台所属的节目制作企业，可以吸收社会资本合作经营，但电台电视台必须确保控股权、重大事项决策权、资产配置控制权、主要领导干部任免权。严禁境外资本以任何形式进入节目制作公司。制播分离形式主要有两种：一种是按照"先台内、后社会"的办法，组建电台电视台节目制作公司；一种是采取委托制作、联合制作、社会招标采购等形式，引入市场机制。

各级电台电视台从转企改制条件比较成熟的电视剧制作机构入手，在把好播出关的前提下，纷纷将电视剧制作机构从电视台分离出来，组建面向市场的影视节目制作公司，取得了显著成效。同时，严格按照要求，始终坚持正确舆论导向，没有因推进制播分离而放松管理，确保电台电视台牢牢掌握节目内容的策划权、编辑权、审查权和播出权，确保节目内容积极健康向上。2009年3月，天津电视台电视剧制作中心、数字频道、少儿频道、体育频道、节目购销中心和电台相声频道、交通频道，完成制播分离改革，组建了面向市场的节目制作公司，进一步提升了天津影视产业的实力和竞争力。2009年10月，上海市撤销文广新闻传媒集团，撤销上海电视台、上海人民广播电台、上海东方电视台、上海东方广播电台，合并组建上海广播电视台；将政策允许的影视剧、动画、少儿、综艺、体育、生活、科技等类节目制作业务进行分离，同可经营性资产合并组建上海东方传媒集团有限公司。成为上海广播电视台台属、台控、台管的控股企业集团公司。改革后的上海广播电视台改变了以往自制自播模式，建立了面向多主体、多渠道的节目订购采购、择优播出机制，公信力、传播力和影响力进一步提高。

通过实施电视剧制播分离改革，完善管理和运行机制，进一步理顺了制作机构与播出平台的关系，推动了影视节目制作市场主体的建立，制作机构的生机与活力进一步焕发，内容生产能力不断提升，节目数量快速增长，为影视产业健康发展奠定了良好基础。到2011年底，我国电视剧产量达到14942集，位列全球第一。影视佳作不断涌现，社会效益显著增强，以《亮剑》《闯关东》《五星红旗迎风飘扬》等为代表的优秀电视剧不断涌现。

3. 推进电台电视台合并

各地、各有关部门按照上级领导机关要求，积极稳妥地推进广播电台、电视台两台合并。2009年12月,辽宁省撤销辽宁人民广播电台、辽宁电视台、辽宁教育电视台,合并组建了辽宁广播电视台,彻底打破了原有的管理体制,有效整合了频率、频道资源,延伸了产业链,提升了舆论引导能力。2010年6月,北京市整合原北京北广传媒集团、北京人民广播电台、北京电视台,新成立北京广播电视台,业务范围涵盖广播电视的采编、制作、播放、传输以及新媒体开发等全部领域,形成了较为完整的产业链。

四、推动国有出版发行单位转企改制

1. 推进出版物发行领域改革

2003年10月出台的《新闻出版体制改革试点工作实施方案》,确定新华发行集团、江苏新华发行集团等6家发行单位先行试点,并在两年内顺利完成了试点任务。2006年7月下发的《新闻出版总署关于深化出版发行体制改革工作实施方案》,抓住推动股份制改造,鼓励上市和跨地区重组,大力发展连锁经营、物流配送、电子商务等关键环节,有计划、有步骤地在全国推开发行体制改革,重塑市场主体。截至2008年,全国有改革任务的省级国有新华书店系统全面完成转企改制工作,其中,北京、陕西等20多个省、自治区和直辖市成立了发行集团,实行集团化经营。

出版物发行体制改革在打破行政区划,实行跨地区、跨行业整合及业务重组方面取得突破,催生出一大批增长快、后劲足的具有成熟管理理念和经营模式的文化市场主体,初步形成以大中城市为主、周边城镇配套、向广大农村辐射的发行服务新格局,并在打破行政区划、实行跨地区、跨行业整合及业务重组方面取得突破。江苏凤凰新华书业股份有限公司同海南新华书店实现战略重组,成为国内第一家跨地区业务整合的发行企业;辽宁出版集团北方出版物配送有限公司与内蒙古新华发行集团股份有限公司签订连锁经营协议,实现跨区域配送;① 四川新华文轩出版传媒股份有限公司上市后,以股权收购方式整合出版发行资源,重组四川出版集团出

---

① 《我国国有经营性文化事业单位转企改制成效综述》,引自网页:http://news.china.com.cn/shanghui/2012-09/25/content_ 26624088.htm。

版业务。上海新华传媒、四川新华文轩、安徽皖新传媒等多家企业成功上市,充分利用资本市场,推动跨越式发展,改变了传统出版企业的发展模式。

2. 推进各省区市出版社、高等院校出版社改革

2003年出台的《新闻出版体制改革试点工作实施方案》,确定了多家省区市出版社先行试点。随后,针对高等院校出版社改革工作,专门下发了《关于高等院校出版社体制改革试点工作的若干意见》等文件,选择基础较好的高等院校出版社先行转企改制。经过一年多时间的积极推进,顺利完成了试点任务,为改革向纵深推进提供了宝贵经验。

2005—2009年,是全面深入推进各省区市出版社和高等院校出版社改革的攻坚时期。新闻出版总署会同有关部门陆续出台了《新闻出版总署关于深化出版发行体制改革工作实施方案》《高等院校出版体制改革工作实施方案》《关于进一步推进新闻出版体制改革的指导意见》《关于下发音像(电子)出版业体制改革实施方案的通知》《关于加快推进经营性图书、音像和电子出版单位转制工作的通知》等文件,明确了各省区市和高等学校等经营性出版社转制的"路线图"和"时间表"。

为推进高等院校出版社改革,在中央文化体制改革工作领导小组的统一领导和推动下,新闻出版总署和教育部建立了联席会议制度,明确任务职责,定期沟通情况,研究解决问题,并分成三个批次推进高校出版社转制工作。第一批确定了清华大学出版社、北京师范大学出版社等18家高等院校出版社作为改革试点,先行进行转企改制,积累改革经验;第二批在总结第一批改革经验的基础上,扩大试点范围,继续选择具备改革条件、发展态势良好、改革意愿强烈的高等院校出版社进行转企改制;第三批则将全部高等院校出版社纳入转企改制范围,全面推开。

在推进各省区市出版社改革过程中,采取了科学规划、加强指导、落实属地责任的方式,召开专题会议进行部署,科学指导各省区市制订改革工作方案,成立专门改革工作领导小组具体负责指导各省区市出版社改革工作。同时,加强指导督促检查,由有关部门领导亲自带领督查组,对全国各省区市进行督促检查,及时掌握情况、研究问题,对改革进度落后的地区适时通报,并注意逐一跟进面对面指导。截至2009年底,268家地方出版社、100多家高等院校出版社全面完成了转企改制

任务，其所属的音像电子出版社和报刊社也随出版社一并进行了转企改制。

3. 推进中央各部门各单位出版社改革

中央各部门各单位出版社在我国出版业具有举足轻重的地位，是出版改革的重点和难点。在全面完成出版物发行单位、各省区市出版社和高等院校出版社转企改制任务后，中央各部门各单位出版社体制改革攻坚战启动了。

2009年4月，《中共中央办公厅 国务院办公厅关于深化中央各部门各单位出版社体制改革的意见》下发，明确除人民出版社、民族出版社、中国盲文出版社、中国藏学出版社保留事业体制外，中央各部门各单位所属的其他148家出版社，按照"做强做优一批、整合重组一批、停办退出一批"的要求，全部转制为企业，于2010年底前完成转企改制任务。中央专门成立了由中宣部、新闻出版总署牵头，中纪委、中组部、中央编办、中央直属机关工委、中央国家机关工委、财政部、人社部、审计署、国家税务总局、国家工商总局等部门为成员单位的中央各部门各单位出版社体制改革工作领导小组，下设办公室，负责具体工作。2009年5月，召开了由148家中央各部门各单位出版社及其主管部门参加的中央各部门各单位出版社体制改革工作会议，对体制改革工作进行了全面的动员和部署，并下发《中央各部门各单位出版社体制改革工作实施方案》，明确148家中央各部门各单位出版社分两批完成体制改革任务，其中第一批101家、第二批47家。

会后，中央各部门各单位出版社体制改革工作领导小组办公室下发或推动下发《中央各部门各单位出版社转制工作基本规程》《关于中央各部门各单位转制出版社办理法人登记有关问题的通知》《关于明确中央各部门各单位出版社企业登记相关问题的函》和《关于中央各部门各单位转制出版社办理工商登记等有关问题的通知》等文件，明确完成转企改制所需的八个工作环节和操作步骤：成立出版社体制改革工作领导小组，制订转制工作方案，清产核资、财务审计和资产评估，人员安置和劳动关系调整，国有资产管理，建立法人治理结构，注销事业法人与进行企业工商注册，完成转制后备案。按照核销事业编制、注销事业单位法人、进行企业工商登记注册、与在职职工全部签订劳动合同并按照企业办法参加社会保险四条标准推进转企改制。编写《中央各部门各单位出版社转制操作手册》和《中央各部门各单位出版社体制改革政策解读》，并先后举办 7 期政策培训班，2600 多人次接受了培训。针对出版社转企改制后的出资人和职工参加社会保险、享受税收优惠政策等问题，出台了《关于发布中央各部门各单位出版社出资人名单的通知》《关于中央各部门各单位出版社转制后参加北京市养老保险有关问题的通知》和《关于转制文化企业名单及认定问题的通知》等文件，解除了出版社的后顾之忧，大大加快了改革的进程。

2010 年末，中央各部门各单位出版社转企改制工作圆满完成，148 家应转企改制的出版社中，除中国档案出版社停办外，其余 147 家出版社全部转企改制，共计核销事业编制 1.8 万个。出版社跨地区跨部门战略性重组也取得重大突破，涌现了一批实力较强的出版企业。继中国出版集团公司后，又成功组建了中国教育出版传媒集团有限公司和中国科技出版传媒集团有限公司等一批骨干文化企业。中华工商联合出版社、中国和平出版社、民主与建设出版社和中国致公出版社分别与吉林出版集团、江西出版集团、中南传媒和湖北知音传媒集团实现了重组；读者出版集团完成了对新星出版社的增资扩股；求是杂志社与浙江日报报业集团合作成立红旗出版社有限责任公司。

五、推进影视领域国有经营性文化单位转企改制

1. 推进国有电影制片厂改革

2004 年 1 月，国家广电总局印发《关于加快电影产业发展的若干意见》，把推动国有电影制片单位转企改制列为广播影视改革重点，要求国有电影制片厂包括产、供、销三个领域的国有电影企业，要切实转换体制和机制，加快成为发展电影产业的市场主体、主力军、战略投资者。明确要求全国 38 家国有电影制片厂，除 3 家（中国农业影视中心、八一电影制片厂、天山电影制片厂）经中央批准保留事业体制外，其余均须按时完成转企改制任务，不完成转企改制的制片单位，将被吊销"摄制电影许可证"。截至 2011 年底，35 家应转企改制的电影制片厂已经全部完成改革，497 家电影公司、电影院已全部完成转企改制。

国有电影制片厂改革完成后，中影、上影、长影、西影等六大新型电影集团公

司，在市场竞争中重新焕发出新的生机与活力，培育形成了一大批实力雄厚的国有或国有控股的大型骨干电影企业。如中国电影集团公司，通过业务重组、资产整合和产权制度改革，形成了影视创作生产、发行放映、境内外合拍影片管理、院线经营管理、数字影院的建设与管理、洗印加工、电影衍生产品开发等主业突出、多种产业门类共同发展的经营模式，生产规模、经营实力和融资能力不断增强，以其巨大的有形资产和无形资产吸引社会资本和境外资本，投资主体更趋多元化，生产制作大投资影片的能力也大大增强。长影电影集团有限责任公司通过转企改制，显著增强了自身的造血功能和抗风险能力，实现了影视一体化的发展格局，形成了制、发、放一条龙的产业链条，改变了过去单一制片的局面，形成了以制片业为龙头，向电视业、旅游业、发行放映业拓展的产业发展格局。

2. 推进电影发行放映领域改革发展

一是严格按照中央有关要求，推动全国范围内886家电影公司、电影院完成转企改制。二是调整进口影片的供片机制，实行影片进口与发行分离。组建中影集团影片进出口分公司，受委托承担对外国及港澳台影片的统一进口，同时履行选片、初审、送审、合同洽谈、报关缴税、支付结算、影片供应、票房统计及市场监管等部分管理职能。原来由中影集团独家享有的进口影片"引进权、发行权"，变成由中影集团负责进口影片的引进，中影集团和华影公司竞争发行。三是减少发行层次，实行以院线为主的发行放映机制。改变按行政区域计划供片模式，变单一的多层次发行为以院线为主的一级发行，发行公司和制片单位直接向院线公司供片。四是以资本或供片为纽带，加快结构调整，推进院线组建。通过改革，促进了影院建设的进一步提速。仅2011年，我国新增电影院就达803家，银幕数3030块。到2012年1月，我国银幕数已有约9600块，进入"万块银幕"时代。①

3. 推进广播电视传输网络改革发展

2009年7月，国家广电总局印发了《关于加快广播电视有线网络发展的若干意见》，强调要抓住国家支持数字电视产业发展的有利契机，进一步深化文化体制

---

① 刘汉：《回望与期待：电影院线制改革十年的思考》，《当代电影》，2012年第6期。

改革，加快推进有线电视数字化整体转换工作。制定了有线电视数字化整体转换的规划和时间表，明确到2010年，直辖市和东、中部地区地市以上城市要实现有线电视数字化，东、中部地区县级城市和西部地区大部分县级以上城市，要基本完成有线电视数字化；到2015年，所有县级以上城市要基本完成有线电视数字化。①2012年4月，国家广电总局下发《关于进一步加快有线电视网络整合和数字化、双向化改造工作的通知》，明确提出完成一省一网整合的目标：全省形成一个统一运营的市场主体，实现省、市、县三级贯通、互联互通；以资本为纽带实现资产、资本层面的整合，实现人、财、物的统一，实现政企分开；实现全省有线电视网络统一规划、统一建设、统一运营、统一管理的目标。

全国各地有线电视网络公司深入开展数字化双向化改造，不断加快有线电视网络整合。截至2011年底，全国有线电视网络用户突破2亿，有线电视数字化渗透率从2004年的不到1%提高到56.7%，广播电视传输网络从模拟单向向数字化、网络化、交互化、全覆盖演进。②

有关方面认真落实国家战略部署，积极推进广播电视数字化，推进三网融合，广播电视传输渠道和方式更加多样，服务范围、效率和质量跃上新台阶。一是大力推进有线电视网络数字化双向化改造和业务开发，全国有1.1亿有线电视用户实现数字化，其中双向覆盖用户超过5700万、实际用户超过1200万。二是积极筹备开办3D电视，组织研发相关技术标准，制订具体实施方案，中央电视台等6家播出机构联合开办的3D试验频道于2012年1月1日顺利试播，社会反响热烈。三是加快发展网络广播电视，全国共批准开办17家网络广播电视台、615家互联网视听节目服务单位，同时推动成立了中国网络视听节目服务协会。四是加快发展移动多媒体广播电视，基本覆盖全国336个地级以上城市、855个县级城市，终端用户超过3500万，付费用户达到1600万。五是规范发展IPTV、手机电视、互联网电视等新业务，中央电视台完成IPTV、手机电视集成播控平台建设，三网融合试点地区广

---

① 朱虹：《文化产业振兴背景下的广电改革发展趋势》，《视听界》，2009年第6期。
② 《我国国有经营性文化事业单位转企改制成效综述》，引自网页：http://paper.ce.cn/jjrb/html/2012-09/25/content_ 129926.htm。

电播出机构完成 IPTV 集成播控分平台建设。① 六是加快解决人民群众听广播、看电视难的问题，到 2011 年底，全国广播、电视综合人口覆盖率分别提高到 97.06% 和 97.82%。

六、国有文艺院团的改革

1. 国有文艺院团改革的特殊性和复杂性

国有文艺院团改革是深化文化体制改革的难点之一，有自身的特殊性和复杂性。一是大部分国有文艺院团底子薄、体量小、包袱重。院团经费自给率长期徘徊在 30% 左右，70% 的支出靠政府扶持，院团的年均演出收入不到 30 万元。演员演艺生命周期短，转岗再就业困难，经营管理人才少，离退休人员较多，人员结构不合理。演出基础设施条件差，相当一部分设施陈旧，缺乏必要的演出条件。演出市场建设滞后，2005 年前尚未形成全国性的演出院线。二是演艺市场发育不平衡，院团收入差距较大。从区域看，东部地区文艺院团年均演出收入是西部地区的 40 倍。从行政层级看，中央属院团年均演出收入是地方的 16 倍。从行业领域看，杂技、歌舞、话剧和部分地方戏曲有较高的市场需求，交响乐、歌剧、芭蕾舞以及一些地方剧曲种市场较小，难以形成有效的市场需求。三是受传统计划经济体制影响，国有文艺院团长期躺在政府怀里，大多缺乏市场意识，转企改制思想阻力较大，等、靠、要的思想在一定范围内普遍存在。有的认为改革是因为政府"没有钱、养不起"，转企改制就是"政府卸包袱、推责任"；有的提出国有文艺院团尤其是承担非物质文化遗产保护任务的院团，一旦进入市场，势必会使文化遗产保护工作有所弱化，导致大量传统戏曲、曲艺消亡；有的担心一旦国有文艺院团变成企业，就会片面迎合市场，降低艺术品质，对转企改制顾虑重重。在改革试点初期，文艺院团普遍存在"不想改、不敢改、不会改"的情况。

2. 国有文艺院团改革的工作部署

根据中央的要求和部署，文化系统深入推进国有文艺院团体制改革工作，主要

---

① 《广播影视概况》，引自网页：http://www.gov.cn/test/2012-04/10/content_2110108.htm。

经历了三个阶段。

第一阶段：试点先行，积极探索（2003年6月—2009年7月）。2003年6月，中央召开了文化体制改革试点工作会议，研究部署了文化体制改革试点工作，全国国有文艺院团体制改革试点工作正式启动。2005年，中共中央、国务院正式下发《关于深化文化体制改革的若干意见》，强调除体现民族特色和国家水准的国有院团实行事业体制、由国家重点扶持外，其他院团要逐步转制为企业。北京儿童艺术剧院等一批国有文艺院团先行先试，为改革工作的全面推开提供了经验。

第二阶段：扩大试点，由点及面（2009年7月—2011年5月）。2009年7月，中宣部、文化部联合下发《关于深化国有文艺演出院团体制改革的若干意见》，明确提出把转企改制作为国有院团体制改革的中心环节，除新疆、西藏外，各省、自治区、直辖市和计划单列市、省会城市在2009年底前都要至少完成一家直属院团整体转企改制。2009年8月，在全国文化体制改革经验交流会上，进一步明确了文艺院团改革的"路线图""时间表""任务书"，为进一步统一思想，提高认识，深入推进国有文艺院团体制改革指明了方向。改革逐步向纵深发展，向面上展开。

第三阶段：攻坚克难，全面推进（2011年5月—2012年6月）。2011年5月，经广泛调研摸底，中宣部、文化部理清了改革的基本思路，就是强调区别对待、分类指导。一方面，对国家重点扶持的京剧、昆曲院团，具有独立法人资格的交响乐团、芭蕾舞团、歌剧团、民乐团，民族地区服务世居少数民族的文艺院团等三类，一开始就提出允许保留事业体制。在研究磋商过程中，地方文化厅局也提出，希望列入非物质文化遗产的文艺院团和地方性代表戏曲院团也可保留事业体制。经过慎重研究，最终确定以上五类院团，可以保留事业体制，主要是深化内部改革，增强面向市场、服务群众的能力。另一方面，对其他地方国有一般文艺院团，明确提出要"转制一批、整合一批、撤销一批、划转一批"，在2012年上半年之前完成改革任务。为此，《中共中央宣传部 文化部关于加快国有文艺院团体制改革的通知》下发，改革进入攻坚克难、全面推进的新阶段。2012年6月27日，文化部召开全国国有文艺院团体制改革工作座谈会，国有文艺院团体制改革阶段性任务基本完成，改革进入深化改革、加快发展的新阶段，提出转变思路、强化改革队伍、完善政策扶持、做好检查验收等工作要求。

3. 国有文艺院团改革的政策保障

针对文艺院团底子薄、包袱重、演艺市场发育不足等实际情况，为确保院团改革顺利推进，在中央文化体制改革工作领导小组的协调推动下，各地各部门遵循演艺业发展规律，积极借鉴国际上的一些有益做法，出台了一系列支持院团转企改制的政策措施：一是原有正常事业经费在一定期限内继续拨付，没有提出明确的期限，拨付的方式由原来的养人头变为养事业、养项目；二是通过文化产业发展专项资金、宣传文化发展专项资金、政府采购、演出场次补贴及配备演出设备和场所、免征企业所得税等扶持院团发展；三是转制时在职职工按国家规定的连续工龄视同缴费年限，不再补缴基本养老保险费；四是通过建立企业年金、加发养老补贴、补充医疗保险等多种方式解决转制人员退休待遇差；五是由财政为转制企业注入补足注册资本金，鼓励为转制院团配备演出场所，实行"一团一场"；六是坚持分流不下岗，为分流人员拓宽转岗途径，加强转岗培训等；七是鼓励艺术名家和其他演职员工以个人持股的方式参与转制院团的股份制改造等。

4. 国有文艺院团改革的进展和成效

经过多年的深化改革，文化系统思想观念不断解放，进一步增强了改革创新意识和科学发展意识，一般国有文艺院团焕发出勃勃生机与活力，呈现出欣欣向荣的繁荣景象。

一是院团转企改制取得重大突破，重塑了演艺业体制新格局。截至 2012 年 10 月，全国文化系统一般国有文艺院团改革任务已基本完成。全国各地 2102 家文艺院团（不含保留事业体制院团）全面完成阶段性改革任务，其中，转企改制的占 61.3%，撤销的占 20.9%，划转的占 17.8%。杂技、话剧、歌舞类院团基本实现全行业转企改制。与此同时，民营院团发展迅速，全国注册民营院团近 9000 家。经过多年努力，我国一般国有文艺院团初步建立起了与社会主义市场经济体制相适应、有利于演业科学发展的体制机制。

二是院团资源整合取得实质进展，促进了演艺发展方式的转变。演艺业向规模化、集约化、专业化发展，整体实力和市场竞争力显著提高。一方面，演艺企业资源整合力度加大，演艺院线发展迅速，国有骨干演艺企业不断涌现。形成中演演出院线、保利院线两大全国性院线，北方剧院联盟、西部演出联盟、东部剧院联盟、长三角演艺联盟、珠三角演艺联盟五大省际联盟。中国东方演艺集团有限公司和北京、辽宁、江苏、上海等14个省（区、市）组建的省级演艺集团公司，成为演艺市场的中坚力量。其中，北京、安徽、湖北的省级演艺集团注册资本超亿元，中国东方演艺集团、北京演艺集团和江苏演艺集团年收入超亿元。另一方面，演艺与旅游等相关产业的融合力度加大，推动了产业结构的转型升级，形成了《丽水金沙》《印象刘三姐》《时空之旅》《梦幻腾冲》等演艺剧目品牌。

三是演艺产品评价激励机制日益健全，演艺创作生产取得社会效益和经济效益双丰收。把群众评价、专家评价和市场检验统一起来，形成科学合理的评价标准。修改文华奖评奖规则，明确除昆曲、歌剧、舞剧外，其他类别的剧目均需演出百场以上才有资格参与评选，演员也必须年均演出场次百场以上才有资格参与评选。在新型评价激励机制的引导下，各级国有文艺院团打造出《复兴之路》《1699·桃花扇》《梦回长安》《花木兰》《月上贺兰》《苦乐村官》等一大批市场欢迎、群众喜爱的优秀作品。文化部等部门出台《关于鼓励发展民营文艺表演团体的意见》，提出民营演出团体在全国性文艺评奖、文艺调演表彰活动中与国有文艺院团享受同等待遇。2011年全国文艺院团演出场次达155万场次，比2008年增加了64.5万场次，增长71.2%；演出收入达52.8亿元，比2008年增加了32.3亿元，增长157%。

七、推进非时政类报刊出版单位改革

1. 非时政类报刊出版单位改革的特殊性和复杂性

非时政类报刊出版单位体制改革工作涉及面广，具有很强的政治性、政策性。非时政类报刊是新闻舆论宣传的重要阵地，也是报刊传媒业发展的重要力量。改革开放以来，非时政类报刊出版单位牢牢把握正确导向，大力宣传党的理论和路线方针政策，积极传播科学文化知识，为丰富人民群众精神文化生活、提高全民族科学文化素质、促进经济社会发展作出了重要贡献。但伴随着社会不断发展进步和社会主义市场经济体制的不断完善，非时政类报刊出版单位的体制性障碍和机制性束缚越来越突

出:"小、散、滥"普遍存在,资源分散、规模过小、结构不合理,报刊业整体实力不强,难以形成合力;市场化程度低,绝大多数报刊出版单位市场意识弱,部分单位甚至长期靠行政摊派、买卖报刊号维持生存,直接制约舆论引导力和影响力的增强;非时政类报刊数量庞大,出版单位性质多样,既分科技期刊、学术类期刊,财经类、都市类、生活类报刊,又有独立法人单位,还有相当一部分非独立法人编辑部,情况复杂;少数报刊主管主办单位不能很好地履行管理职责,造成报刊内部管理松懈、出版导向有差错、从业人员缺乏职业精神和道德,有的报刊甚至成为部门和单位的"小金库",助长了不正之风。这些问题的长期存在,势必影响报刊业又好又快发展,不利于报刊出版传播能力的增强,非时政类报刊出版单位体制改革势在必行。

2. 推进非时政类报刊出版单位改革的工作部署

党中央高度重视非时政类报刊出版单位体制改革工作。2011年5月,《中共中央办公厅 国务院办公厅关于深化非时政类报刊出版单位体制改革的意见》下发,明确了改革的目标任务、实施办法、政策保障和组织领导,建立由中宣部、新闻出版总署牵头,中纪委、中组部、中央编办、中央直属机关工委、中央国家机关工委、财政部、人社部、审计署、国家税务总局、国家工商总局等部门为成员单位的非时政类报刊出版单位体制改革工作联席会议制度及办公室,指导推动该项工作。2011年6月,非时政类报刊出版单位体制改革工作联席会议召开第一次全体会议和非时政类报刊出版单位体制改革工作电视电话会议,对中央及地方的非时政类报刊出版单位体制改革工作进行了全面的动员和部署,明确省级、副省级和省会城市党委机关报刊所属的非时政类报刊出版单位,文化、艺术、生活、科普等非时政类报刊出版单位,专业技术性较强的行业性报刊出版单位,隶属于企业法人的报刊出版单位,要先行转制;中央各部门各单位所属的都市类和财经类报刊、省级和副省级及省会城市党报党刊所属的晚报、都市类和财经类报刊等出版单位,经批准可进行转制。同年7月,制定《关于非时政类报刊出版单位体制改革实施方案》,对改革总体思路、分批组织实施及转企改制的具体要求和工作步骤作了明确规定。2011年8月,确定了中央各部门各单位首批转企改制的非时政类报刊出版单位名单,并对地方首批非时政类报刊出版单位体制改革工作也做了相应部署;2012年上半年,草拟了第二批中央各部门各单位转企改制的非时政类报刊出版单位名单,要求各地方适时展开第二批非时政类报刊出版单位体制改革工作。同时,制定了《中央各部门各单位非时政类报刊出版单位转制工作基本规程》,确定了完成转企改制所需的工作环节和操作步骤;下发了《关于规范地方报送非时政类报刊出版单位体制改革实施方案有关问题的通知》,制定了《中央各部门各单位非时政类报刊出版单位体制改革实施方案审批工作流程》《关于报刊编辑部体制改革的实施办法》等文件。为使非时政类报刊出版单位能真正理解政策、吃透政策、用好政策,确实了解改革工作程序,有关部门编发了《中央各部门各单位非时政类报刊出版单位体制改革操作手册》和《中央各部门各单位非时政类报刊出版单位体制改革政策解读》,并举办了多期中央各部门各单位非时政类报刊出版单位体制改革政策培训班,及时宣讲政策,介绍改革工作流程和操作步骤,确保改革平稳有序。

3. 非时政类报刊出版单位改革的进展与成效

截至2012年9月,全国3388种应转企改制的非时政类报刊已有3271种完成改革任务,占总数的96.5%,已基本完成中央确定的改革任务。各非时政类报刊出版单位转企改制后,成效日益显现。读者杂志社转制为读者出版传媒股份有限公司后,年出版图书1900多种、期刊过亿册,核心产品《读者》月均发行量730万册。[①]

八、推进重点新闻网站转企改制

1. 重点新闻网站转企改制的重要性、紧迫性

重点新闻网站是党和国家的重要宣传阵地、参与国际舆论竞争的重要力量、繁荣发展中国特色网络文化的重要平台。长期以来,重点新闻网站坚持以先进技术传播先进文化,以正确导向引领网上舆论,以多种手段提供优质服务,不断扩大在海内外的影响,为我国改革开放和现代化建设营造了良好的舆论氛围。随着经济社会发展,重点新闻网站的发展既面临难得机遇,也面临严峻挑战。首先,互联网对政

[①] 中宣部文化体制改革和发展办公室:《探索与跨越——文化改革发展十年巡礼》,学习出版社,2013年版。

治、经济、文化、社会的影响越来越大，各种社会思潮不断在网上汇聚，各种思想文化交流、交融、交锋更加频繁，面对错综复杂的网上形势，迫切需要打造导向正确、影响广泛的网上舆论阵地，进一步发挥重点新闻网站在网上舆论引导中的主导作用。其次，我国互联网正处在新的发展转型期，新技术、新业务、新应用层出不穷。国内商业网站凭借灵活的市场机制、融资机制和用人机制，规模和影响越来越大。境外大型互联网企业凭借人才、技术、资金等优势，通过各种方式抢占中国市场。重点新闻网站面临着更加激烈的市场竞争和巨大的生存压力。再次，重点新闻网站建设初期多采取事业单位企业化运作的方式，凭借新闻单位的信息资源和人力资源获得了巨大发展，但原有体制机制日益不适应发展需要，技术应用落后、竞争意识缺乏、资金投入不足等成为制约重点新闻网站发展的主要瓶颈。必须克服体制、机制上的弊端，进一步增强重点新闻网站的活力，提升网站的综合实力。重点新闻网站转企改制关系到能否在互联网新技术应用层出不穷和综合实力竞争日益激烈的大潮中获得更大的发展，关系到能否进一步巩固和壮大网上宣传思想文化阵地，关系到能否形成与我国经济社会发展水平和国际地位相称的媒体传播能力，是一项十分重要和紧迫的任务。

2. 重点新闻网站转企改制的工作部署

2008年，全国文化体制改革工作会议提出，抓紧研究制订重点新闻网站改革方案，选择几家单位进行转企改制试点，为下一步改革积累经验。2009年，中央在部署加强我国重点媒体国际传播能力建设时明确要求，积极推动人民网、新华网、央视网等重点新闻网站转企改制，通过资本运作等方式迅速壮大实力。2012年出台的《国家"十二五"时期文化改革发展规划纲要》强调要循序渐进、逐步推开，推进新闻网站转企改制。

重点新闻网站转企改制大致分为以下三个阶段。

从2007年11月到2009年8月为酝酿准备阶段。中央外宣办成立工作小组专项研究重点新闻网站转企改制工作，对60余家中央和地方重点新闻网站进行了深入调研，就重点新闻网站转企改制涉及的政策问题与有关部门做了会商。经调研论证，初步选择一批经营效益好、有发展潜力的重点新闻网站作为转企改制试点备选单位，即人民网、新华网、央视网等3家中央重点新闻网站和北京千龙网、上海东方网、天津北方网、山东大众网、四川新闻网、湖南华声在线、浙江在线等7家地方重点新闻网站。

从2009年9月到2011年4月为试点工作阶段。中央外宣办召开工作动员会，重点新闻网站转企改制试点工作正式启动。会议明确，重点新闻网站转企改制试点工作的主要任务是创新体制机制，建立现代企业制度，运用各种经济手段增强综合实力，探索既符合社会主义先进文化要求又符合互联网传播特点，既保证导向正确又富有活力的发展道路，为下一步改革积累经验。2009年12月，人民日报社首先向中央外宣办提交了人民网转企改制工作方案，中央外宣办2010年2月正式予以批复。2010年5月，中央外宣办在湖南长沙召开试点工作座谈会，听取各网站有关工作进展报告，协调解决有关问题。座谈会的召开有力推动了试点工作的开展，新华网、央视网、东方网等网站的转企改制工作方案也先后按照程序报批。在获得批复后，各网站按照党的领导与现代企业制度相结合的原则，逐步建立现代法人治理结构，积极稳妥地进行股份制改造，并整合资源，打造具有较强竞争力的网络文化企业。针对各网站在转企改制试点工作中遇到的税收、社保等具体问题，中央外宣办及时与有关部门沟通协调，并多次召开专题工作会议，加强工作衔接，确保了重点新闻网站转企改制试点工作在规定时间内高质量完成。

2011年4月以后为全面推开阶段。中央外宣办印发了《关于积极推进新闻网站转企改制和上市融资的意见》，明确用一至两年时间，完成中央和省属新闻网站的转企改制工作，进一步推动新闻网站做大做强做优。

3. 重点新闻网站转企改制取得显著成效

转企改制后的重点新闻网站市场竞争意识显著增强，新业务快速发展，经济效益明显改善，综合实力日渐增强，社会影响力进一步扩大。

一是借转企改制打造重点新闻网站核心竞争力，不断提升传播力和影响力。新闻网站抓住转企改制机遇，积极培育新兴业务形态，不断提高复杂网络环境下的舆论引导能力、优秀网络文化产品的生产能力和市场竞争中的可持续发展能力。人民网积极开拓地方频道、舆情监测、多媒体视频以及全媒体数据库等新的业务领域，打造新的业务增长点。新华网大力拓展和培育移动互联网产业链，新推出的新媒体产品和一批频道获得社会效益和经济效益双丰收，支撑了广告收入的 85%。大众网"掌上大众网"在上线后呈现出强有力的发展态势，大众网手机报收费订阅用户达 230 万，"掌上大众网"上线后呈现出强劲的发展态势。华声在线通过新建的户外新媒体、呼叫中心及基于报网融合互动的购物平台，逐步向相关领域拓展，营利能力大幅提升。

二是壮大了重点新闻网站综合实力，实现了国有资产保值增值。转企改制的新闻网站通过创新体制机制，运用上市融资等经济手段，提升网站发展的质量和效益。人民日报社提出"举全社之力支持人民网转企改制"，并整合报社内部优质资源投入人民网。各转企改制新闻网站的主管主办单位也纷纷通过注资、注入资源等方式帮助转企改制新闻网站尽快做大做强。人民网、新华网、央视网、大众网、华声在线转企改制后的注册资本总和是转制前的 6 倍。重点新闻网站通过转企改制吸引了资本市场的注意力，人民网通过股份制改造和增资扩股共融资 3 亿多元，通过上市募集资金 13.46 亿元，超募 8 亿多元。新华网通过增资扩股融资 1.3 亿多元，华声在线通过引进战略投资者融资 1 亿多元。转企改制后的重点新闻网站发展迅速，人民网股份有限公司 2011 年总资产达到 8.68 亿元，同比增长 34%。新华网总资产也达到了 6.15 亿元，是转制前的近 37 倍。东方网 2011 年末总资产达到 9.35 亿元。

三是激发了重点新闻网站内部活力，经济效益不断提升。转企改制使重点新闻网站从事业单位或准事业单位转变为自我发展、自负盈亏、自我经营的市场主体，网站在业务、财务、人事方面的自主性明显增强。人民网转企改制后，连续三年营业收入年增长率超过 30%，2011 年的净利润是 2008 年的 10 倍。新华网在 2010 年营业收入大幅度增长到 1.9 亿元的基础上，2011 年营业收入同比增长超过 40%。上海东方网 2011 年实现营业收入 2.63 亿多元，税后净利润 8000 万元，同比都增长了 50% 以上。华声在线 2008 年的营业收入仅为 2000 多万元，利润约 300 万元，转企改制后连续两年实现营业收入翻番，2011 年营业收入 2.13 亿元，利润超过 4700 万元。山东大众网 2011 年实现收入 4500 万元，比转制前的 2009 年增加近 4000 元万。

第四节
党的十八大以来文化单位改革的新探索

党的十八大以来，我国文化单位改革工作继续深入推进，公共文化服务更好地惠及百姓，文化市场产品日益丰富，人民群众的文化获得感得到进一步提升。在本节中，我们重点介绍以下三个方面。

一、传统媒体和新兴媒体融合发展取得重要突破

2013年11月党的十八届三中全会提出，整合新闻媒体资源，推动传统媒体和新兴媒体融合发展。2014年8月，中央全面深化改革领导小组会议审议通过了《关于推动传统媒体和新兴媒体融合发展的指导意见》。2016年2月19日，习近平总书记在党的新闻舆论工作座谈会上强调，要推动融合发展，主动借助新媒体传播优势。宣传部门统筹协调，中央和地方各主要媒体一齐发力，在内容、渠道、平台、经营、管理等方面加快推进深度融合，改革体制机制，再造生产流程，一批形态多样、手段先进、具有竞争力的新型主流媒体先后涌现。

传统媒体与新兴媒体此长彼长，内容优势与技术优势双轮并驱。新华社瞄准打造"网上通讯社"，制定了新华网、新华社客户端"双轮驱动"的战略规划，构建跨部门、跨媒介、跨平台的新闻编辑加工的"中央厨房"，要求一线记者文字、图片、音视频"三位一体"，成为报道"标配"。到2016年，人民日报社已发展成为拥有报纸、杂志、网站、电视、广播、电子屏、手机报、微博、微信、客户端等10多种载体，有320个终端载体的媒体集团，覆盖总用户超过3.5亿人。求是杂志社、光明日报社、经济日报社、中国日报社整合内部组织架构，调整人员构成，设立全媒体或融媒体机构，统筹采编资源，推动融合发展。中央人民广播电台成立融媒体新闻指挥中心，统筹全台融媒体内容生产，初步形成全台7×24小时联合作战的协调机制,实现了传播渠道的全能化和生产布局的合理化。中央电视台建立重大宣传报道台网一体化统筹机制,建立新闻素材融合共享机制,在重要活动报道中建立"融媒体编辑部",推动台网融合。中国国际广播电台打破常规,采用融合的思路,开展项目建设,建立了包括统筹规划、业务、技术和财务多部门在内的协同工作机制。①

再造采编发流程,寻求体制机制突破。新华社着力推进"三个转变":从主要满足传统媒体需求向同时满足传统媒体和新媒体需求转变,从单纯、单向稿件提供向互动、交互发布模式转变,从单纯提供稿件向提供综合服务转变。为此,新华社对全媒体报道平台进一步升级、扩容,将全媒体生产加工机制向主要编辑部、技术部门、国内外分社拓展,初步形成了从"相加"到"相融"的新的采编架构。人民日报社从2015年两会报道开始,试行"中央厨房"工作机制,打通全社采编资源,建立记者与报纸、网站、"两微一端"之间的对接枢纽,及时传递需求信息,及时发布定制产品。在此基础上,人民日报社按照跨部门搭配、兴趣化组合、项目制施工的原则,成立了14个融媒体工作室,来自17个部门的70多名编辑记者参与其中,媒体技术公司40多人提供技术支撑,"麻辣财经""半亩方塘""一本政经"等工作室迅速走红,受到业内一致好评。通过内部资源重组,激活了存量,做出了增量,提供了全媒体优质产能、优秀产品。随着全媒体新闻大厅的启用,人民日报社进一步完善"中央厨房"运行机制:设立总编调度中心,建立采编联动平台,构建适应融媒体生产的策采编发网络,再造策采编发流程;改革采编部门设置,实行编采分开,各专业采访部门不再承担报纸版面编辑任务,周刊、专版也全部交由总编室负责;对报、网、端、微采访力量实行统筹管理、打通使用;强化绩效考核,实行优稿优酬,根据新闻传播力排名进行奖励。这些措施的实行,有力地促进了媒体综合生产力的提升。

---

① 汪晓东,曹树林,于洋:《深度融合构筑媒体新版图》,《人民日报海外版》,2017年1月5日第2版。

> 延伸阅读

习近平：坚持正确方向创新方法手段 提高新闻舆论传播力引导力[①]

中共中央总书记、国家主席、中央军委主席习近平2月19日在北京主持召开党的新闻舆论工作座谈会并发表重要讲话。他强调，党的新闻舆论工作是党的一项重要工作，是治国理政、定国安邦的大事，要适应国内外形势发展，从党的工作全局出发把握定位，坚持党的领导，坚持正确政治方向，坚持以人民为中心的工作导向，尊重新闻传播规律，创新方法手段，切实提高党的新闻舆论传播力、引导力、影响力、公信力。

党的十八大以来，以习近平同志为总书记的党中央高度重视党的新闻舆论工作，多次研究有关问题，作出重要部署。召开这次座谈会，目的是推动新闻舆论战线适应形势发展积极改革创新，全面提高工作能力和水平。

为召开这次座谈会，习近平到人民日报社、新华社、中央电视台等三家中央新闻单位进行了实地调研。

中共中央政治局常委、中央书记处书记刘云山陪同调研并出席座谈会。

19日上午，习近平首先来到人民日报社调研。编辑楼内，一块块展板、一幅幅照片展示了党中央对人民日报的关怀，反映了人民日报社走过的不平凡历程。习近平一边观看，一边听汇报，他充分肯定人民日报创刊68年来为党和人民事业作出的重要贡献。在总编室夜班平台，习近平看编辑排版，同大家亲切交流，勉励他们不忘初衷、坚定信念，把报纸办得更好，为全国人民提供更多更好的精神食粮。习近平走进新媒体中心，在大屏幕前听取微博、微信、客户端工作介绍，并在一台电脑前坐下，通过新媒体平台发送语音信息，向全国人民致以元宵节的问候和祝福。

随后，习近平来到人民网演播室，通过视频同人民日报记者连线，同福建宁德市赤溪村村民交流。赤溪村过去是个特困村，多年来在习近平亲自关心和指导下脱贫成效显著，习近平2015年1月29日在一份反映该村扶贫工作的材料上作出重要批示，强调脱贫攻坚要"艰苦奋斗、顽强拼搏、滴水穿石、久久为功"。在视频里，习近平先后同村党支部书记杜家住、长期关心支持赤溪村扶贫的退休干部王绍据对话，他向乡亲

[①] 引自新华网，http://news.xinhuanet.com/zgjx/2016-02/20/c_135115968.htm。

们问好，叮嘱他们保护好绿水青山，走出一条绿色发展、生态富民的路子。

10时许，习近平来到新华社，观看了新华社"历史与发展"主题展览。装毛主席手稿的箱子、延安时期的手摇马达……他不时驻足，询问有关情况。新华社负责同志介绍，他们正加快媒体融合发展，每天用8种文字向世界提供全媒体新闻和信息产品，习近平对此表示肯定。

在新闻信息发稿中心，习近平通过视频同正在河南兰考县采访的新华社记者连线。记者向总书记汇报采访中看到的基层干部转变作风新面貌，习近平鼓励记者多深入基层、深入群众，及时发现和宣传基层干部先进典型。看了新华丝路数据库、中国照片档案馆数据管理系统等新闻信息产品展示，习近平点击手机屏幕，通过新华社客户端为全国新闻工作者点赞。在国内部，一位刚从河北正定县"走基层"回来的记者向总书记汇报塔元庄村的新变化，习近平请他转达对乡亲们的问候。习近平还走进国际部、参编部等工作平台，同一线编辑记者交流，向大家表示慰问。

临近中午，习近平来到中央电视台。他听取中央电视台板块业务、媒体融合等情况介绍，到总控中心观看电视传播能力建设视频展示，在《新闻联播》演播室、导控室向主持人和工作人员了解新闻制作导播流程，并亲自切换按钮体验模拟播出。习近平指出，中央电视台每天面对数亿观众，一定要紧跟时代、放眼全球，多设计一些融思想性、艺术性于一体的好栏目，多创办一些脍炙人口、寓教于乐的好节目。

得知中央电视台海外业务发展很快，已形成全球化的采编和传播网络，习近平通过视频连线中央电视台北美分台负责人，询问他们在外工作情况，希望他们用好国际化传播平台，客观、真实、生动报道中国经济社会发展情况，传播中国文化，讲好中国故事，促进外国观众更多更好了解中国。

当天下午，习近平在人民大会堂主持召开党的新闻舆论工作座谈会。会上，人民日报社社长杨振武、新华社社长蔡名照、中央电视台台长聂辰席和编辑代表范正伟、记者代表李柯勇、主持人代表康辉分别发言，他们谈认识、讲工作、提建议，习近平边听边记，不时插话交流。

在听取他们发言后，习近平发表重要讲话。习近平指出，长期以来，中央主要媒体与党和人民同呼吸、与时代共进步，积极宣传马克思主义真理、宣传党的主张、反映群众呼声，在革命建设改革各个历史时期发挥了十分重要的作用。党的十八大以来，中央主要媒体突出宣传党的十八大和十八届三中、四中、五中全会精神，阐释党中央重大决策和工作部署，反映人民伟大实践和精神风貌，唱响了主旋律，传播了正能量，有力激发了全党全国各族人民为实现中华民族伟大复兴的中国梦而团结奋斗的强大力量。

习近平强调，做好党的新闻舆论工作，事关旗帜和道路，事关贯彻落实党的理论和路线方针政策，事关顺利推进党和国家各项事业，事关全党全国各族人民凝聚力和向心力，事关党和国家前途命运。必须从党的工作全局出发把握党的新闻舆论工作，做到思想上高度重视、工作上精准有力。

习近平指出，在新的时代条件下，党的新闻舆论工作的职责和使命是：高举旗帜、引领导向，围绕中心、服务大局，团结人民、鼓舞士气，成风化人、凝心聚力，澄清谬误、明辨是非，联接中外、沟通世界。要承担起这个职责和使命，必须把政治方向摆在第一位，牢牢坚持党性原则，牢牢坚持马克思主义新闻观，牢牢坚持正确舆论导向，牢牢坚持正面宣传为主。

习近平强调，党的新闻舆论工作坚持党性原则，最根本的是坚持党对新闻舆论工作的领导。党和政府主办的媒体是党和政府的宣传阵地，必须姓党。党的新闻舆论媒体的所有工作，都要体现党的意志、反映党的主张，维护党中央权威、维护党的团结，做到爱党、护党、为党；都要增强看齐意识，在思想上政治上行动上同党中央保持高度一致；都要坚持党性和人民性相统一，把党的理论和路线方针政策变成人民群众的自觉行动，及时把人民群众创造的经验和面临的实际情况反映出来，丰富人民精神世界，增强人民精神力量。新闻观是新闻舆论工作的灵魂。要深入开展马克思主义新闻观教育，引导广大新闻舆论工作者做党的政策主张的传播者、时代风云的记录者、社会进步的推动者、公平正义的守望者。

习近平指出，新闻舆论工作各个方面、各个环节都要坚持正确舆论导向。各级党报党刊、电台电视台要讲导向，都市类报刊、新媒体也要讲导向；新闻报道要讲导向，副刊、专题节目、广告宣传也要讲导向；时政新闻要讲导向，娱乐类、社会类新闻也要讲导向；国内新闻报道要讲导向，国际新闻报道也要讲导向。

习近平强调，团结稳定鼓劲、正面宣传为主，是党的新闻舆论工作必须遵循的基本方针。做好正面宣传，要增强吸引力和感染力。真实性是新闻的生命。要根据事实来描述事实，既准确报道个别事实，又从宏观上把握和反映事件或事物的全貌。舆论监督和正面宣传是统一的。新闻媒体要直面工作中存在的问题，直面社会丑恶现象，激浊扬清、针砭时弊，同时发表批评性报道要事实准确、分析客观。

习近平指出，随着形势发展，党的新闻舆论工作必须创新理念、内容、体裁、形式、方法、手段、业态、体制、机制，增强针对性和实效性。要适应分众化、差异化传播趋势，加快构建舆论引导新格局。要推动融合发展，主动借助新媒体传播优势。

要抓住时机、把握节奏、讲究策略,从时度效着力,体现时度效要求。要加强国际传播能力建设,增强国际话语权,集中讲好中国故事,同时优化战略布局,着力打造具有较强国际影响的外宣旗舰媒体。

习近平强调,媒体竞争关键是人才竞争,媒体优势核心是人才优势。要加快培养造就一支政治坚定、业务精湛、作风优良、党和人民放心的新闻舆论工作队伍。新闻舆论工作者要增强政治家办报意识,在围绕中心、服务大局中找准坐标定位,牢记社会责任,不断解决好"为了谁、依靠谁、我是谁"这个根本问题。要提高业务能力,勤学习、多锻炼,努力成为全媒型、专家型人才。要转作风、改文风,俯下身、沉下心,察实情、说实话、动真情,努力推出有思想、有温度、有品质的作品。要严格要求自己,加强道德修养,保持一身正气。要深化新闻单位干部人事制度改革,对新闻舆论工作者在政治上充分信任、工作上大胆使用、生活上真诚关心、待遇上及时保障。

习近平指出,加强和改善党对新闻舆论工作的领导,是新闻舆论工作顺利健康发展的根本保证。各级党委要自觉承担起政治责任和领导责任。领导干部要增强同媒体打交道的能力,善于运用媒体宣讲政策主张、了解社情民意、发现矛盾问题、引导社会情绪、动员人民群众、推动实际工作。

王沪宁、刘延东、刘奇葆、栗战书和中央有关部门负责同志分别陪同参加调研和座谈会。中央新闻舆论单位负责同志、北京市有关方面负责同志、中央新闻单位编辑记者代表约180人参加座谈会。

二、公益性文化单位改革取得新进展

党的十八届三中全会在构建现代公共文化服务体系中特别提到,"要明确不同文化事业单位功能定位,建立法人治理结构,完善绩效考核机制。推动公共图书馆、博物馆、文化馆、科技馆等组建理事会,吸纳有关方面代表、专业人士、各界群众参与管理"。随后,2015年1月,中办、国办下发了《关于加快构建现代公共文化服务体系的意见》,围绕加快构建现代公共文化服务体系,专门提出要创新公共文化管理体制和运行机制,并就公共文化单位改革明确了推进管办分离、建立法人治理机构、加强和改进党组织建设等六项任务。各地采取有力措施落实中央部署,取得明显进展。

广东省从2014年3月开始,着手推进以理事会制度改革为主要内容的文化事业单位法人治理结构建设试点工作。广东省文化厅在全省选定了广东省立中山图书馆、深圳市福田区图书馆、广东省博物馆、中山市孙中山故居纪念馆、广东省文化馆、顺德区文化艺术发展中心、广东省美术馆和珠海古元美术馆等8个省级理事会改革试点。其中，广东省博物馆和深圳市福田区图书馆被文化部批准作为国家级试点单位。省博物馆等厅直属文化事业单位建立理事会制度，具有三个特点：一是理事会为决策和监督机构，履行审议确定事业发展规划，任免、监督管理层，审议批准薪酬和内设机构方案等重大职责；二是理事会成员按照"三三制"原则构成，省立中山图书馆第一届理事会由13名理事组成，省博物馆第一届理事会由11名理事组成，两馆理事会理事都包括了政府方代表、社会公众代表和馆方代表，其中社会公众代表所占人数最多，充分体现了理事会吸纳民智、体现民意的宗旨；三是理事会成员的产生公开、透明、公正，除政府方代表由相关单位委派外，社会公众代表面向社会公开招募，馆方代表面向全馆招募，经自愿报名，再通过职工大会或职代会直接选举产生。深圳市福田区公共图书馆于2014年9月成立了理事会，通过这一组织方式让政府、图书馆、街道、社会人士、读者代表等利益相关方共同参与全区公共图书馆建设，对全区公共图书馆重大业务事项行使集体议事权、决策权和监督权。理事会由15名理事组成，包括图书情报管理专家、资深媒体记者、财税部门官员、知名作家及普通市民，理事中还包括外籍人士。理事会成员多元化为福田区图书馆事业发展带来了更多的社会资源，外籍人士的加盟则提升了福田区公共图书馆的对外业务交流能力。

三、国有文化企业改革迈出新步伐

国有文化企业是我国文化建设的主力军，肩负着弘扬社会主义先进文化的重要责任。随着文化体制改革的深入，越来越多国有文化企业改制成为市场主体，如何确保文化企业坚持把社会效益放在首位、实现社会效益和经济效益相统一，成为一个亟待解决的课题。2015年，中办、国办印发了《关于推动国有文化企业把社会效益放在首位、实现社会效益和经济效益相统一的指导意见》，明确提出了对社会效益的具体要求，制定可量化、可核查的社会效益考核指标，明确社会效益考核权重应占50%以上,并将社会效益考核细化量化到政治导向、文化创作生产和服务、受众反应、社会影响、内部制度和队伍建设等具体指标中。

各地积极落实该意见要求,并因地制宜制定了本地区的相关措施。该意见颁布仅一年,北京、天津、河北、内蒙古、辽宁、吉林、上海、江苏、安徽、山东、湖南、广东、海南、贵州、云南、陕西等16个省区市即正式印发了相应的实施意见。上海、河北、湖南、山东等地探索建立了党委和政府监管有机结合、宣传部门有效主导的管理模式。内蒙古、江苏、浙江等地确定了省属文化企业省管干部由省级宣传部门会同组织部门共同负责提名、考察与管理的模式。在有关政策扶持方面,对演艺企业"营改增"给予了一定制度安排,保证演艺企业税负只减不增,推动省属重点文化企业在2020年底前免缴国有资本收益。①

在落实该意见要求的过程中,广大文化企业狠抓制度建设,企业内部运行机制不断完善,国有文化企业两个效益显著提升。如中南出版传媒集团出台《经济发展目标责任管理考核办法》等,对直接涉及内容生产单位的考核突出强调社会效益,主要包括:大幅减轻经济指标要求,比如中南传媒对内容生产单位营业收入增长率和利润增长率的要求明显低于集团整体要求;将社会效益作为干部任用考察和干部任职考评的第一要素,对于社会效益把控不严格或失职的干部视同失职渎职;试点主要负责人任期考核制,逐步变1年期的考核为3至5年的任期考核,引导企业注重长期效益和影响力。

国有文化企业普遍把社会效益的要求体现在企业章程和各项规章制度中,着力健全党委领导与法人治理相结合的管理体制,规范相关议事方式、决策程序,建立科学的内部绩效考核体系,形成体现文化企业特点、符合现代企业制度要求的资产组织形式和经营管理模式,实现了社会效益和经济效益的同步增长。从2017年第九届"文化企业30强"的整体情况看,规模实力、市场竞争力和盈利能力不断增强,主营收入3515亿元,净资产4318亿元,净利润381亿元,与2012年相比,分别增长了120%、155%、69%。在这一届"文化企业30强"中,国有文化企业占多数。

---

① 张贺:《当好文化建设主力军》,《人民日报》,2016年8月7日第4版。

延伸阅读

党的十八大以来中国出版集团的改革发展成就[①]

党的十八大以来,中国出版集团连年入选"全国文化企业30强",位居领先地位;4次入选"全球出版企业50强",2014年名列第14位,位居国内出版企业之首;2次入选"亚洲品牌500强",2015年名列第331位;首次入选"中国品牌500强"并位列第29位;4次荣获"中国图书对外推广计划"综合排名第一;荣获伦敦书展首次也是唯一的主席大奖"国际出版卓越奖"和三个提名奖;荣获"阿富汗总统特别勋章"和两项吉尼斯世界纪录,越来越成为国际出版业聚焦中国出版的标志性企业。其主要成就体现在三个方面。

一、坚持主流价值,壮大出版主业,国际著名出版集团的地位逐步确立

1. 积极服务国家大局

圆满承办了伦敦、科伦坡、贝尔格莱德、白俄罗斯和美国书展的主宾国活动,《点校本二十四史》被习主席作为"国礼"赠送给斯里兰卡政府。认真落实习主席访英重大倡议,举办多场纪念汤显祖、莎士比亚逝世400周年的活动。积极倡导全民阅读,三联韬奋书店首开24小时运营,受到李克强总理致信赞誉。顺利推进中印两国总理签署的"中印经典和当代作品互译出版工程",积极承担中央交办"中国社会科学词条库"的编撰任务。

2. 内容创新精准发力

集团完善了导向管理机制,出台了加强主题出版的具体意见,制定了"内容创新十策",设立了出版特别贡献奖,设置了中版好书榜,举办了编辑大会、读者大会、经销商大会,成立了内容建设委员会,发挥文化名家引领作用,积极建构出版领域的国家知识体系,进一步优化产品线建设,加大主题、文学、少儿、教育板块的政策支持。

3. 主题出版成效显著

累计策划了近千种主题图书,入选中宣部、国家新闻出版广电总局主题出版重点

[①] 引自凤凰网,http://book.ifeng.com/a/20170407/23179_0.shtml。

选题数量名列全国第一。推出了《抗日战争》《火印》《长征》《供给侧改革》《中华传统文化经典百篇》《我们误判了中国》《一带一路：全球发展的中国逻辑》等一批"叫好又叫座"的主题图书。十大主题好书平均印数达4.9万册，《重读抗战家书》发行40多万册，文学、商务、中华、三联等初步形成了重文化、重学术的主题出版风格。

4. 中版好书引领潮流

推出二十四史暨清史稿修订工程的新作以及《顾颉刚全集》《辞源（第三版）》《中国音乐百年典藏》等一批文化扛鼎工程，出版了《老生》《极花》《带灯》《群山之巅》《邓小平时代》《哈利·波特与被诅咒的孩子》等一批销量10万册以上的畅销书，出版了《中国文化的根本精神》《我们的中国》《〈资治通鉴〉与家国兴衰》《极简中国书法史》《主流》《看不见的森林》等一批有品质的好书。年销量10万册以上的图书，从2011年的48种上升至2016年的132种，增长175%。集团在中国出版政府奖、中华优秀出版物奖、"中国好书"榜、"大众喜爱的50种图书"、全国图书零售市场占有率等12项出版指标上位居全国第一，在全国30多个榜单上连续位居全国第一，扩大了集团产品的主流价值引导力和海内外文化影响力，强化了集团主业在全国出版界的龙头地位和领先优势。

5. 国际传播能力显著增强

一是选准图书话题，围绕传统文化的现代阐释和中国道路的学术表达两大主题，通过现代视角输出传统文化图书900种，通过厉以宁、铁凝、贾平凹等讲好中国当代故事，通过恩道尔、狄伯杰等海外学者讲好中国话题。《中华文明的核心价值》输出15个语种，《山楂树之恋》输出20个语种。二是搭建翻译平台，创办牛津大学翻译出版中心，建立百名翻译家名录，集聚了傅高义等欧美著名汉学家。三是做大会展平台，BIBF（北京国际图书博览会）参展国家和地区86个，海外展商1379家，成为全球第二大书展。四是推动进海外高校、研究机构、汉语课堂"三进"计划，首次在牛津大学设立"中国阅览室"，与哈佛—燕京学社联合出版学术丛书100多种，45个语种的《汉语图解词典》进入100多个国家的汉语课堂。

二、优化集团运营，加快融合发展，数字集团的领先优势初步确立

1. 经济总量大幅增长

资产总额从77.64亿元增长到192.84亿元，增长148%；营业收入由47.8亿元增长到103.76亿元，增长117%；利润总额由3.00亿元增长到9.09亿元，增长203%；所有者权益从28.18亿元增长到109.27亿元，增长287%；集团进入全国少数几家"三百亿"集团方阵。其中，出版产业营业收入91.59亿元，占总收入比重达88.2%；

利润8.37亿元,占总利润比重92.07%。全国图书零售市场占有率达到7.30%,领先第二名近两倍。

2. 集团化建设成果丰硕

一是打造"一大三小"上市格局,股份公司年内有望上市,中译语通完成B+轮4亿元融资,荣宝斋正吸引战略投资者,中图启动股改论证。二是推动四大业务整合,资金整合累计净收益2.45亿元;纸张整合累计收入30.6亿元;印务整合集团内业务增长92.65%;物流整合约5亿元。三是重大基建工程取得突破。顺义物流中心、中国美术出版大厦投入使用,百科编辑大楼改造完成,上海虹桥出版创新基地基本建成,总店新华文化创意产业园开工建设,中国出版创意中心项目取得规划方案意见复函。

3. 数字集团初显雏形

制定了数字出版专项规划,发布了13项数字化标准,完善了管理机制,打造了一批在全国具有示范性的数字出版平台。"易阅通"签约国内外出版社、图书馆500多家,覆盖机构用户4万多家,成为国内最大、国际一流的数字出版中盘商。"译云"覆盖32个语种,日均访问量达1亿次,营收2.43亿元,利润3701万元。"百科三版"旨在建立国内最权威、最精准的在线百科全书;"中华经典古籍库"收录了我国最权威、最专业的整理本古籍3亿余字;"百种精品工具书"成为国内最大的辞书数据库;"荣宝斋在线"一站式服务已初具规模;"新华发行网"致力于全国出版业的数字中盘。2016年,全集团数字化业务营收12.72亿元,增幅45.13%,保持全国纯数字出版领域营收第一的领先地位。

三、加强党的建设,推动改革创新,文化特色的现代企业制度逐渐健全

1. 坚持全面从严治党

牢固树立"四个意识",积极履行"两个主体"责任,开展各项专题教育活动,设立各单位专职纪委书记,完成集团首轮巡视,搭建了以党的建设为核心、以廉政建设为保障、以各类活动为主体的企业文化建设格局,风清气正、崇廉尚实的氛围逐步形成。

2. 创新企业管理制度

制定《集团公司工作规则》《党组工作规则》等,加强导向、生产、营销、人事、分配、考核、投资等领域的建章立制,废、改、立各项规章制度98项,制定权力清单和责任清单96项,构建了统分有序、协调运转、富有活力的集团化管控模式。

3. 创新选人用人制度

加强各级领导班子建设,较大范围地实现了集团总部与各下属单位之间的干部双

向交流。普遍推动中层干部竞争上岗，公开选拔了103名后备干部和近300名编辑、营销、数字化、国际化"三个一百人才"队伍，在海内外累计开展各类专题培训3000多人次，初步形成了以德为先、德才并举、五湖四海的选人用人格局。

4. 创新考核分配制度

完善"双效"业绩考核办法，加大社会效益考核比重，确保既出社会效益，又出市场效益。出台"改革30条"，实施岗位绩效工资，加大骨干编辑营销激励力度，设立人才引进资金，探索职业经理人制，逐步形成了奖优罚劣、奖勤罚懒的分配格局。

第五节
对文化单位改革的展望

改革开放以来，文化单位改革的丰富实践形成了宝贵的经验，值得我们认真对待，并将其基本理念贯彻到今后的改革实践中。中央和宣传文化系统各部门结合新的实际，在"十三五"规划中对文化单位改革提出了新的要求。对文化单位改革未来走向的前瞻，要将以下两个方面结合起来。

一、借鉴文化单位改革积累的重要经验

文化单位改革积累的重要经验，从操作方法角度来看，主要包括以下三个方面。

1. 区别对待、分类指导

在大的方面，将文化领域区分为公益性文化事业和经营性文化产业。就文化事业单位而言，对国家兴办的图书馆、博物馆、文化馆（站）等单位以深化劳动、人事、收入分配制度改革为重点，建立健全事业单位法人治理结构；对党报党刊和电台电视台，在坚持正确导向的前提下，深入探索"宣传与经营相对分开"的有效途径，完善管理和运行机制；对一般时政类报刊社、公益性出版社、代表民族特色和国家水准的文艺院团等单位，探索实行事业单位企业化管理的办法。就经营性

文化单位改革而言，也是注重区分不同领域、不同单位，明确不同的改革要求，不搞"一刀切"。

2. 循序渐进、逐步推开

以经营性文化单位转企改制工作为例，首先推动市场发育和竞争比较充分的省新华书店、地方出版社和电影制作发行单位等率先转企改制、积累经验；在此基础上，再逐步明确中央各部门各单位出版社、非时政类报刊社、一般国有文艺院团、重点新闻网站等的改革要求和时间进度，全面推开改革。

3. 严格标准、讲究程序

在推进经营性文化事业单位转企改制过程中，有关部门注重明确产权关系，核销事业编制，注销事业单位法人，进行企业工商登记注册，与在职职工全部签订劳动合同，按照企业办法参加社会保险，确保真转真改，着力建立健全有文化企业特点的现代企业制度，使之成为合格的文化市场主体。这些工作有效地保障了改革的"可核查、不可逆"。

二、适应新形势新要求

为全面贯彻党的十八大和十八届三中、四中、五中、六中全会精神，进一步加快文化发展改革，建设社会主义文化强国，《国家"十三五"时期文化发展改革规划纲要》于2017年1月出台。随之，相关部门更为具体的规划也相继出台，其中，《文化部"十三五"时期文化发展改革规划》最受媒体关注，得到广泛的宣传报道。

在文化部上述规划的"基本原则"中，鲜明地提出了"六个坚持"①：

坚持正确方向。坚持党对文化工作的领导，牢牢把握社会主义先进文化前进方向，贯彻"二为"方向、"双百"方针，把中国梦和社会主义核心价值观贯穿到文化建设各领域各环节，坚持把社会效益放在首位、实现社会效益和经济效益相统一。

---

① 《文化部"十三五"时期文化发展改革规划》，《中国文化报》，2017年2月23日第2版。

坚持以人为本。坚持以人民为中心的发展思想和工作导向，发挥人民主体作用，坚持共建共享，努力利民惠民，着力提高人民群众文化参与度，提升国民素质和社会文明程度，促进人的全面发展。

坚持改革创新。积极探索有利于解放和发展文化生产力的新举措、新途径，全方位推进文化创新，深化文化体制改革，推进文化领域供给侧结构性改革，激发全民族文化创造活力。

坚持科学发展。加快转变文化发展方式，促进城乡、区域文化协调发展，推动文化与其他领域融合发展，努力实现更高质量、更有效率、更加公平、更可持续的发展。

坚持传承弘扬。把弘扬优秀传统文化与发展现实文化有机统一起来，在继承中发展，在发展中继承，实现中华优秀传统文化创造性转化和创新性发展。

坚持开放包容。构建全方位、多层次、宽领域文化对外开放格局，吸收借鉴人类优秀文明成果，讲好中国故事、阐释中国道路、体现中国精神、展示中国形象，推动中华文化走向世界。

在《文化部"十三五"时期文化发展改革规划》的"深化文化体制机制改革"一章中，还专门就文化单位改革提出了具体的要求。

关于推进文化事业单位改革——深化文化事业单位人事、收入分配、社会保障、经费保障等制度改革，创新管理运行机制，积极探索政事分开、管办分离的有效形式。推动公共图书馆、博物馆、文化馆等建立事业单位法人治理结构，吸纳有关方面代表、专业人士、各界群众参与管理，健全决策、执行和监督机制。推动保留事业体制院团内部机制改革。完善绩效评估考核，结合文化单位特点制定科学的绩效指标体系，适当引入第三方评估，加强评估结果的公开和运用。

关于建立健全有文化特色的现代企业制度——加快国有文化企业公司制股份制改造，形成体现文化企业特点、符合现代企业制度要求的资产组织形式和经营管理模式。完善社会效益和经济效益综合考核评价指标体系，确保国有文化企业把社会效益放在首位、实现社会效益和经济效益相统一。进一步深化国有文艺院团体制改革，通过政府购买服务、原创剧目补贴等方式扶持转制院团的艺术创作生产。

研究有关规划可以看出，在未来相当长的时期里，推进文化单位改革，将突出呈现以下五个"注重"：①

一是注重社会主义核心价值观建设。文化既有"魂"又有"体"，社会主义核心价值观是文化之魂，文化企事业单位是文化之体。"魂"与"体"相辅相成，统一于文化改革发展之中。在文化单位改革发展过程中，要将社会主义核心价值观内化于心，通过强化教育引导、创新方式方法、健全制度保障等措施，积极培育和践行将社会效益放在首位、努力实现社会效益和经济效益相统一的理念，不断增强文化自信。

二是注重体制机制创新。为增强文化单位活力，有关方面将着力推动文化事业单位加快形成责任明确、行为规范、富有效率、服务优良的运行机制，推动国有文化企业加快形成符合现代企业制度要求、体现文化特点的资产组织形式和经营管理模式。

三是注重提高现代公共文化服务供给能力。有关方面将以标准化、均等化为主攻方向，以公益性文化单位为主力军，着力构建覆盖城乡、实用高效、保基本、促公平的现代公共文化服务体系，保障人民群众看电视、听广播、读书看报、进行公共文化鉴赏、参与公共文化活动等基本文化权益。

四是注重提高市场适应能力。有关方面将进一步发挥市场在文化资源配置中的积极作用，采取有效措施，鼓励各类市场主体公平竞争、优胜劣汰，提高文化产业规模化、集约化、专业化水平。

五是注重提高国际竞争能力。在吸收借鉴国外优秀文化成果的同时，有关方面将推动文化单位着力深化对外文化交流，加强国际传播能力和对外话语体系建设，同时扩大文化贸易，向世界讲述好中国故事、传播好中国声音，展示我国良好的国际形象。

---

① 孙志军：《文化体制改革"强魄健体"》，《人民日报》，2014年3月12日。

第三章
发展文化产业

　　文化产业的充分发展有利于发挥市场积极作用、激发文化发展活力,有利于促进经济结构调整、转变经济发展方式,有利于满足群众文化需求、提高民生发展水平,有利于促进文化与科技融合、打造新兴文化业态。从总体上看,我国文化产业经历了初步发展阶段(1978—2000年)、加快发展阶段(2000—2012年)和全面发展阶段(2013年至今),取得了显著的成效,主要表现在现代文化产业体系形成、文化产业所有制结构大力调整和文化科技创新不断加快等方面。当前,我国文化产业发展既面临难得机遇也面临重大挑战,要更好地实现文化产业的健康良性发展,需要实现从被动应对挑战到主动抓住机遇、从"井喷"到精品、从狂热到理性、从"各自为战"到融合发展四个方面的转变。

第一节
发展文化产业的重要意义

　　发展文化产业是世界性的潮流,是中国进入改革开放新时期后遇到的新事物。对当代中国而言,发展文化产业的意义在于以下四个方面。

一、发挥市场积极作用,激发文化发展活力

　　长期以来,计划经济体制严重压抑了文化发展的活力。只有加快发展文化产业,建立健全现代文化市场体系,让文化生产要素在市场中高效流通和配置,充分

发挥市场在文化资源配置中的积极作用,才能形成强大的产业优势和发展活力;让经营性文化单位成为合格的市场主体参与市场竞争,才能更好地利用丰富的市场资源做大做强;让文化产品真正成为市场上的商品,变为广大群众的消费,才有可能最大限度地实现产品的文化功能,实现社会效益和经济效益的有机统一。运用符合市场经济的思路、办法、手段来推动文化发展,借助市场的力量生产制作优秀文化产品、扩大先进文化的影响力,迫切需要加快发展文化产业。①

二、促进经济结构调整,转变经济发展方式

文化产业是文化与经济相互交融的集中体现,文化的经济功能很大程度上通过文化产业体现。文化产业是一个朝阳产业、绿色产业,具有优结构、扩消费、增就业、促跨越、可持续的独特优势和突出特点,对推动经济发展方式转变具有重要作用。在调整经济结构方面,文化产业是现代服务业的重要组成部分,既为生活服务,又为生产服务,是经济结构调整的重要支点。抓住文化产业,就抓住了经济结构和产业结构调整的突破口。在扩大内需方面,文化产业与物质生产和服务业相融合,可以有效提高物质产品和服务业的文化含量与创意附加值,促进消费升级;同时,对文化自身的需求也是内需的重要方面,文化产品和服务可以形成新的消费需求和消费热点,直接拉动消费的增长。按国际经验测算,我国每年文化消费可达 4 万亿元,但实际消费只有 1 万多亿元,巨大的文化消费潜力和产业发展空间有待发掘。在可持续发展方面,文化产业资源消耗低、环境污染小,科技含量高、发展潜力大,市场需求强、消费空间大,开发价值高、投资机会多,对建设资源节约型、环境友好型社会的作用日益凸显。推动经济社会科学发展、加快转变经济发展方式,开辟发展新途径、新空间,迫切需要文化产业有一个更大的发展。②

三、满足群众文化需求,提高民生发展水平

加快发展文化产业,有利于满足人民群众多样化、多层次、多方面的精神文化

---

① 张书杰,马金南,冯洁:《"十二五"时期提升河北文化产业竞争力对策研究》,《统计与管理》,2012 年第 4 期。

② 曲艺:《支持我国文化产业发展的财税政策研究》,《现代经济信息》,2014 年第 20 期。

需求，有利于在文化建设和文化发展过程中秉持、体现以人民为中心的理念。人民群众的文化需求可以分为两部分，一部分是体现人民群众文化权益的基本文化需求，另一部分是多样化、多层次、多方面的文化需求。长期以来，受传统体制机制和观念的影响，人民群众的精神文化需求主要靠政府及其所办的文化事业单位来提供，文化产业和文化市场发育程度低，不能很好地满足人民群众日益增长的多样化、多层次、多方面的精神文化需求。随着经济条件的日益宽裕、教育水平的提高、闲暇时间的增多，人民群众的消费正由生存型、温饱型向小康型、享受型转变，但从总体上看，我们能够提供的文化产品和服务还不适应人民群众的文化消费和精神需求数量快速增长、层次不断提高的新特点，这就要求在加快发展公益性文化事业的同时大力发展经营性文化产业，创作生产更多更好的文化产品，切实解决文化产品供需矛盾和"结构性短缺"的突出问题。

四、促进文化与科技融合，打造新兴文化业态

加快文化产业发展，有利于更好地促进文化与科技融合、积极占领文化发展的制高点，有利于促进文化科技变革、打造新兴文化业态。近些年来，以信息技术为核心的高新科技在文化领域的应用越来越广泛，越来越成为撬动文化发展的强大杠杆和重要引擎。文化产业处在市场竞争与科技创新的前沿，在运用最新科技成果发展文化和推动文化科技创新方面具有天然的敏感和优势。抓住科技发展进步的难得机遇，加快推进文化与科技融合，打造新兴文化业态，关键是加快发展文化产业，集成资源、集聚优势，切实提高产业的集中度，建立健全以企业为主体、市场为导向、产学研相结合的文化创新体系，不断提升文化与科技融合的效率，用先进技术改造提升传统文化产业，大力发展新兴文化业态，形成新的文化创造力和竞争力，让文化借助科技的翅膀飞得更高更远。

第二节
文化产业发展的基本历程

从总体上看,我国文化产业发展经历了以下三个阶段。

一、初步发展阶段(1978—2000年)

自改革开放以来,我国的文化产业在历经计划经济的长期抑制后开始艰难起步。1978年,十一届三中全会的胜利召开确立了我国实行改革开放的国策,之后我国的国民经济逐渐得到恢复并取得初步的发展,社会文化消费需求也得到了复苏。在此宏观背景下,我国文化产业在这一时期也有了一些发展,其中的娱乐业逐渐地从无到有,开始起步。1983年,上海市和广州市在全国城市中首先进行录像的生产和经营,此后音像业在我国城市中得以迅速地发展。1984年出现了第一家营业性的卡拉OK厅,以后又出现了第一家音乐茶座、第一家营业性舞厅等,出现了最早的文化演出公司,恢复了外国音乐的广播节目。[①]

1985—1992年是我国文化产业的逐步扩展阶段。随着文化市场的不断发育,我国文化部门对原有文化体制进行调整和转换的尝试不断进行。在文化企事业单位层面,院团长负责制、社长负责制等改革尝试开始施行;在文化行政部门层面,突破"大锅饭"分配模式的改革在部分城市中进行了有益实践。与此同时,随着改革开放的全面展开,我国居民的生活水平大幅度提高,文化需求也日益增长,有力地促进了我国文化产业的发展。

1998年,在政府体制改革过程中许多国家机构被精简的情况下,文化产业司却在文化部机关大精简中脱颖而出,成为文化部唯一新成立的司。这表明文化产业

---

① 陈立旭:《当代中国文化产业发展历程审视》,《中共宁波市委党校学报》,2003年第3期。

已得到了国家的正式认可，也标志着我国文化产业的发展，进入了从自发到自觉的新的历史阶段。

1992—2000 年，我国文化产业进入规划化发展阶段。民营资本在激活文化市场和发展文化产业方面显示了独特功能、地位和作用。到 1997 年，在整个文化经营单位中，88.6% 的由非国有文化部门创办，而仅有 10% 左右由国有文化部门创办。①

90 年代中期以来，文化产业已被一些城市特别是中心城市列入发展战略和规划之中。1996 年，北京市召开首都文化发展战略研讨会，提出要"重新认识文化产业的巨大潜力，迅速壮大北京的文化产业"，并提出将文化产业打造为支柱产业、将北京打造为全国重要的文化产业基地的目标。1999 年，上海市也提出了文化产业发展目标，即形成以高新技术为支撑的多元化产业格局，成为增强上海中心城市功能的重要支柱和推进文明城市建设的强大动力。

1992 年后，我国文化产业格局发生了重大变化。1996 年，我国各大中城市的报纸共 2202 种，与 1978 年的 186 种相比，增长近 12 倍，由原来以党委机关报为主发展到多种报纸并存。在广播电台和电视台方面，分别从 1980 年的 106 家、38 家增长为 1998 年的 1244 家、880 家，分别增长 10.7 倍、22.2 倍；电视人口覆盖率从 49.5% 增至 87.5%。② 有线电视网已遍布我国绝大部分城市，初步形成了一个规模宏大、覆盖全面的有线广播电视专用传输网。1992 年以来，我国音像制品业的发展不仅极大地刺激了我国流行音乐和卡拉 OK 的发展，而且也拓宽了所谓的"后电影市场"。尤其值得一提的是，我国的互联网业在这一阶段发展迅速。1999 年上网计算机 146 万台，上网总人数 400 万，互联网站点数 9906 个。③

---

① 程恩富主编：《文化经济学通论》，上海财经大学出版社，1999 年版，第 329 页。
② 陈立旭：《当代中国文化产业发展历程审视》，《中共宁波市委党校学报》，2003 第 3 期。
③ 中国互联网络信息中心：《中国互联网络发展状况统计报告（1999/7）》，引自网页：http://www.cnnic.net.cn/hlwfzyj/hlwxzbg/。

二、加快发展阶段（2000—2012年）

1. 文化产业概念的正式提出

党的十四大召开后，随着社会主义市场经济的发展，文化领域经营活动越来越多，不少文化事业单位进行企业化管理，业界开始围绕"文化艺术生产""文化经济""文化产业"等进行研讨，少数地方开始使用文化产业概念。从总体上看，这一时期文化产业在主体定位、具体范围、指标体系、财税政策、管理规范等方面尚未得到国家政策层面的明确，在整个国民经济发展中并没有确定真正意义上的文化产业发展设计。2000年，党的十五届五中全会在研究制定"十五"经济社会发展规划时，认真吸收有关调研成果及宣传文化部门的建议，第一次在党的中央全会文件中使用"文化产业"概念，提出要推动有关文化产业发展。① 此后，文化产业逐步引起社会各方面的关注。

2002年，党的十六大在部署文化体制改革时，第一次科学划分了文化事业和文化产业，明确阐述了二者既相互联系又相互区别的辩证关系，强调一手抓公益性文化事业、一手抓经营性文化产业，把文化产业作为文化建设发展的重要方面突出出来，实现了文化建设思路上的重大突破，在文化产业发展历程中具有里程碑意义。2003—2004年，中宣部会同国家统计局等有关部门组织开展文化产业统计课题调研，从经济社会发展全局的角度，第一次明确将文化产业定义为"为社会公众提供文化、娱乐产品和服务的活动，以及与这些有关联的活动的集合"。随着文化改革发展的深入推进和高新科技对生产生活的巨大影响，文化产业的具体内涵也不断丰富和调整。2012年，国家统计局正式印发《文化及相关产业分类》，将文化及相关产业定义为"为社会公众提供文化产品和文化相关产品的生产活动的集合"，之后国家行政部门的正式文件、正式活动中开始统一使用"文化产业"这一概念。

2. 文化产业发展的战略部署

2005年，《中共中央 国务院关于深化文化体制改革的若干意见》出台，把加

---

① 孙志军：《我国文化产业发展的实践与思考》，《光明日报》，2012年8月30日第5版。

快文化领域结构调整、培育现代文化市场体系、形成以公有制为主体多种所有制共同发展的文化产业格局作为深化文化体制改革的重点任务进行了系统部署。同年,下发《国务院关于非公有资本进入文化产业的若干决定》,明确了支持、鼓励和允许非公资本进入文化产业领域发展的政策。2006年,中办、国办发布《国家"十一五"时期文化发展规划纲要》,明确了"十一五"时期文化产业发展方针政策、重点任务、重大工程和重要举措。党的十七大从增强国家文化软实力、兴起社会主义文化建设新高潮、推动社会主义文化大发展大繁荣的战略高度,强调要大力发展文化产业。2009年,国务院发布《文化产业振兴规划》,系统提出了新形势下文化产业发展的指导思想、基本原则、目标任务、重点项目和扶持政策,这是我国第一部文化产业发展专项规划,标志着中央从国家战略高度进一步确立发展文化产业的重要地位和作用。2010年初,下发《国务院办公厅关于促进电影产业繁荣发展的指导意见》,要求加大投入、加快发展,建立健全市场公平竞争、企业自主经营的电影产业运营体系。2010年3月,中办、国办转发《中央宣传部关于党的十六大以来文化体制改革及文化事业文化产业发展情况和下一步工作的意见》,强调加快推进文化产业发展,把文化产业培育成为推动我国经济发展方式转变的战略性新兴产业。《中华人民共和国国民经济和社会发展第十二个五年规划纲要》站在夺取全面建设小康社会新胜利、推进我国特色社会主义伟大事业的高度,明确提出"十二五"时期要推动文化产业成为国民经济支柱性产业。2011年10月,党的十七届六中全会通过了《中共中央关于深化文化体制改革推动社会主义文化大发展大繁荣若干重大问题的决定》,要求"加快发展文化产业,推动文化产业成为国民经济支柱性产业",并对文化产业发展的目标任务、思路举措和政策保障进行了系统论述和安排部署,为在新的历史起点上推动文化产业又好又快发展指明了方向、提供了遵循。

国家有关部门也密集出台了一系列关于文化产业发展的指导性文件。2003年印发《文化部关于支持和促进文化产业发展的若干意见》,2004年印发《文化部关于鼓励、支持和引导非公有制经济发展文化产业的意见》,2008年印发《文化部关于扶持我国动漫产业发展的若干意见》,2009年6月印发《文化部关于促进民营文艺表演团体发展的若干意见》，2009年8月印发《文化部　国家旅游局关于促进文化与旅游结合发展的指导意见》，2009年9月印发《文化部关于加快文化产业发展的指导意见》，2011年印发《文化部关于推进文化企业境内上市有关工作的通知》，2012年印发《文化部"十二五"时期文化产业倍增计划》《文化部关于鼓励和引导民间资本进入文化领域的实施意见》。国家广电总局2003年印发《关于促进广播影视产业发展的意见》，2004年印发《关于加快电影产业发展的若干意见》《关于发展我国影视动画产业的若干意见》《关于推进广播电视有线数字付费频道运营产业化的意见》，2009年7月印发《关于加快广播电视有线网络发展的若干意见》，2009年8月印发《关于认真做好广播电视制播分离改革的意见》。新闻出版总署2009年印发《新闻出版总署关于进一步推进新闻出版体制改革的指导意见》，2010年印发《新闻出版总署关于进一步推动新闻出版产业发展的指导意见》《新闻出版总署关于发展电子书产业的意见》《关于加快我国数字出版产业发展的若干意见》，2012年印发《关于加快出版传媒集团改革发展的指导意见》。这些文件对引导、支持和规范文化产业发展起到了很好的推动作用，在实践中取得了较好的效果。

三、全面发展阶段（2013年至今）

党的十八大之后，文化产业发展进入新的发展壮大阶段，文化产业在立法及相关政策法规体系完善、区域文化产业转型升级、文化金融合作、人才培养、小微企业扶持和文化与科技融合等方面有了新的突破和发展。

1. 文化产业进一步发展繁荣的时代背景

一是习近平总书记提出"一带一路"倡议。2013年，习近平总书记在哈萨克斯坦提出了共建"一带一路"的合作倡议，首次提出了加强政策沟通、道路联通、贸易畅通、货币流通、民心相通，共同建设"丝绸之路经济带"。同年10月，习近平总书记又在印度尼西亚国会发表重要演讲时明确提出，中国致力于加强同东盟国家的互联互通建设，愿同东盟国家发展好海洋合作伙伴关系，共同建设"21世纪海上丝绸之路"。2014年8月，文化部、财政部联合发布《关于推动特色文化产业发展的指导意见》，提出依托丝绸之路沿线丰富的文化资源，调动各方力量，推动丝绸之路文化产业带建设。2015年3月，习近平总书记在博鳌亚洲论坛2015年年会开幕式上发表主旨演讲，使得世界的目光再次聚焦到"一带一路"倡议上。同时，国家发展改革委、外交部、商务部联合发布《推动共建丝绸之路经济带和21世纪海上丝绸之路的愿景与行动》，在合作重点中提出了加强与沿线各国的文化交流、积极开展文化产业合作、塑造和谐友好的文化生态的要求。"一带一路"的实施，为中华文化走向世界提供了绝佳的历史机遇，同时也为文化产业提供了巨大的发展空间。

二是"互联网＋"时代的到来。在2015年的全国"两会"上，"互联网＋"在政府工作报告中亮相，引发社会各界热议。"互联网＋"代表着一种新的经济形态，在这种经济形态下，互联网在生产要素资源配置中的优化和集成作用可以得到充分发挥，互联网的创新成果也将深度融合于经济社会各领域之中，提升实体经济的创新力和生产力，形成更广泛的以互联网为基础设施和实现工具的经济发展新态势。在"互联网＋"的时代背景下，文化产业将与其他产业实现更为深入和主动的交互融合，催生新的文化产业形态，实现文化产业的新的高速发展。

三是"大众创业、万众创新"潮流兴起。随着我国经济发展进入新常态，经济发展从高速增长转向中高速增长，经济发展方式正从规模速度型粗放增长转向质量效率型集约增长，依靠改革推动科学发展，加快转变经济发展方式，实现有质量、有效益、可持续的发展也就日益成为经济发展的关键议题。2017年的政府工作报告提出，要持续推进大众创业、万众创新。创业、创新的重要性被提到了一个新的高度，而文化产业天然就具有创业创新的属性，应当成为大众创业、万众创新的主战场。

2. 文化产业发展的新举措

一是加快文化产业立法进程，完善文化产业政策法规体系。推动起草《电影产业促进法》（已于2017年3月1日起施行）、《中华人民共和国文化产业促进法》（以下简称《文化产业促进法》）等法律，取得重大成果。中央和各部门先后出台了推进文化创意和设计服务与相关产业融合发展、发展对外文化贸易、推动特色文化产业发展、深化文化金融合作、扶持小微文化企业、动漫企业税收优惠等政策文件。各地也积极贯彻落实中央精神，研究制定了一系列行之有效的政策措施，为文化产业发展营造了良好的政策环境。

二是提升园区、基地发展水平，推动区域文化产业转型升级。党的十八大后，文化部门就国家级文化产业示范（试验）园区和国家文化产业示范基地评选命名工作进行了严格把控，进一步提高评选标准和严格评选程序，提升其在产业发展中的示范带动效应。文化部召开了文化产业对口援疆工作会暨全国文化产业工作会，并对京津冀文化产业协同发展、长江经济带文化产业发展等开展深入研究，强化统筹协调和规划指导。实施拉动城乡居民文化消费试点项目，在东、中、西部选择试点地区开展具体试点工作，探索建立扩大文化消费长效机制。

三是推动文化金融合作，为文化产业发展注入新活力。文化部等部门联合发布《关于深入推进文化金融合作的意见》，贯彻落实党的十八届三中全会关于"鼓励金融资本、社会资本、文化资源相结合"的具体举措，为今后深化文化与金融合作提供了制度安排。文化部门积极开展组织协调工作，搭建文化产业信贷项目库，银行机构充分发挥融资融智功能，逐步建立了以部行合作机制为代表的覆盖全国的政银合作机制，为文化企业搭建了便捷的融资平台，同时也深化了文化部门转变政府职能、促进和服务产业发展的具体实践，初步形成了多层次、多渠道、多元化的文化产业投融资体系。

四是加强人才队伍培养，壮大文化产业人才队伍。文化部等部门实施文化产业创业创意人才扶持计划，举办面向西部文化产业经营人才等方面人才的多个培训班，推动人才培养与产业对接，着力提高培训实效。

五是加强小微文化企业扶持工作，优化小微文化企业创业发展环境。文化部门联合相关部门积极推动文化领域大众创业、万众创新，大力支持小微文化企业发展，充分发挥文化产业鼓励创新、吸纳就业的功能。首次发布小微文化企业发展数据，协调降低小微文化企业申报中央财政文化产业专项资金门槛。通过举办小微文化企业发展论坛、投融资路演等方式，努力拓展小微文化企业融资渠道，制定小微文化企业创业发展服务平台建设指引，提高小微文化企业创业发展服务水平。

六是推进重大项目和平台建设,提升对产业发展的支撑作用。文化部联合相关部门策划实施了特色文化产业发展工程、国产动漫振兴工程、文化产业项目服务工程等具有全局性、引导性、基础性的重大文化产业项目,有效促进了相关领域发展。各地也规划建设了一批规模大、前景好的重大文化产业项目,发挥了明显的带动引领作用。各级各类文化产业公共服务平台陆续建成和使用,为产业发展提供了重要支撑。深圳文博会、义乌文交会、北京文博会等重点展会的作用日益凸显,成为展示、交易与合作的重要平台。

第三节
文化产业发展的主要成效

随着文化体制改革的深入推进,我国文化产业发展环境不断优化,总体规模和实力不断壮大,呈现出健康向上、蓬勃发展的良好态势,正在逐步成为国民经济支柱性产业,有力推动了社会主义先进文化的繁荣发展。

一、现代文化产业体系初步形成

各地方有关部门积极构建结构合理、门类齐全、科技含量高、富有创意、竞争力强的现代文化产业体系,取得了显著成效。

1. 传统文化产业升级发展

传统文化产业包括出版发行、影视制作、印刷、广告、演艺、娱乐、会展等,是文化产业的基础和主干。各部门贯彻落实中央关于发展壮大传统文化产业的部署,研究制定和出台了一批指导性文件,确定了重点发展的文化产业门类,有力地推动了传统文化产业升级发展。

一是出版产业结构调整和优化升级取得重要成果。新闻出版系统认真贯彻落实《新闻出版总署关于进一步推动新闻出版产业发展的指导意见》,重点发展连锁经营、现代物流和网络书店等现代出版物流通系统，发展高新技术印刷、特色印刷和光盘复制业。经过多年的发展，我国已经成为世界出版大国，图书、期刊、报纸等纸介质传统出版物印数连创历史新高，发展空间仍在拓展。

二是影视内容产业加快发展。影视工作者着力提升电视剧、非新闻类电视节目和电影、动画片生产能力，扩大影视制作、发行、播映和衍生产品开发，增加数量、提高质量。经过多年的发展，我国已经成为影视大国。

三是演艺、娱乐和艺术品会展业转型发展迈出有力步伐。文化系统认真贯彻落实相关文件精神，重点推进营业性演出单位资产重组，发展演艺经纪商，加强演出协作网络建设；鼓励连锁娱乐企业的发展，运用高新技术改造传统娱乐设施，发展电子娱乐业，创新娱乐业态。演艺、娱乐、艺术品会展等传统文化产业保持快速增长势头，在转型中焕发出新的生机与活力。

四是各类综合及专业文化会展蓬勃发展。重点支持覆盖全国并具有国际影响的文化会展，使文化会展业成为促进我国文化产业发展的重要平台。创办了中国（深圳）国际文化产业博览交易会、中国北京国际文化创意产业博览会、中国西部文化产业博览会、中国东北文化产业博览交易会、中国国际动漫游戏博览会和中国洛阳牡丹文化节等博览会和节庆活动。随着办展机制的不断完善，文博会的交易平台功能日益彰显。

2. 新兴文化产业快速发展

随着经济社会迅猛发展、科学技术不断进步以及文化体制改革不断深化，新兴文化产业越来越引起中央高度重视。为促进新兴文化产业特别是同互联网关系密切的新兴文化业态发展，国家先后出台了《互联网上网服务营业场所管理条例》《信息网络传播权保护条例》《网络出版服务管理规定》《互联网著作权行政保护办法》《互联网新闻信息服务管理规定》《互联网视听节目服务管理规定》《网络游戏管理暂行办法》《互联网文化管理暂行规定》等，有力地促进了新兴文化产业健康发展和规范管理。

一是现代数字出版产业新格局加快构建。经过多年发展，我国数字出版产品形态日益丰富，经历了从图文转换阅读终端到网络渠道，再向推送平台的逐步升级。

数字出版的新形态、新产品和新服务不断涌现，目前已形成包括电子图书、数字报纸、数字期刊、原创网络文学、网络教育出版物、网络地图、数字音乐、网络动漫、网络游戏、手机出版物以及基于各种移动终端的数字出版物等在内的较为完备的数字出版体系。

二是广播电视新业态和移动多媒体产业快速发展。手机电视、网络电视、IP电视成为人民群众收看电视的新途径。电影数字化在制作、存储、发行、放映领域实现了全面突破，数字拍摄影片超过总量的2/3，多层次数字电影发行放映体系进一步完善，数字放映成为发展主流。

三是民族动漫游戏产业发展迅速。在中央扶持动漫产业发展部际联席会议的统筹指导下，2006年以来，制定出台一系列政策措施，搭建各种服务平台，有力地推动了动漫产业实现了从小到大、由少到多、由弱向强的转变。各地各部门在积极发展以数字化生产、网络化传播为特征的数字内容产业过程中，把加快发展民族动漫游戏产业摆在重要位置，大幅度提高国产动漫游戏的数量和质量。我国动漫和网络游戏产业迅速崛起，成为文化产业发展的重要增长点。

3. 文化产业规模化、集约化、专业化水平提高

发展文化产业集群，提高文化产业规模化、集约化、专业化水平，是适应社会主义市场经济的发展要求，遵循现代产业发展规律，提高效益、扩大规模，加快转变文化产业发展方式的重要途径。中央加强规划指导，优化文化产业布局和结构，建成一批文化产业强省、强市和区域特色文化产业集群，初步形成规模经济效应，提高了文化产业集约化、专业化发展能力和水平。

一是骨干文化企业和集团规模化、集约化发展成效明显。规模化、集约化发展是全球化背景下现代经济和产业发展的主要形式，也是当今国际文化产业竞争的重要手段。各地各部门按照中央的部署和要求，加快资源整合和结构调整，培育文化产业领域战略投资者，鼓励有实力的文化企业跨地区、跨行业、跨所有制兼并重组，骨干企业和集团产业规模不断扩大，发展质量不断提高，地位和作用日益凸显，成为文化产业中的主力军。

二是文化产业园区和基地规划建设得到加强。以园区和基地形式发展文化产

业，能够推动和深化文化产业集群发展，提高资源配置效率，符合现代经济发展和市场运行的基本规律。各地各部门按照中央部署，注重发挥市场在合理配置资源、优化文化产业结构布局和促进文化产业分工上的积极作用，重点建设一批文化产业示范基地。文化艺术领域为培育市场主体，增强微观活力，加快推进区域性特色文化产业集群发展，取得明显成效。

三是区域文化产业协调发展得到促进。改革开放以来，随着我国经济社会快速发展，全国各地逐步形成区域性经济、文化发展特色。依托这些已经形成的经济和文化区域，进一步挖掘和利用比较优势和人文资源，促进区域文化产业协调发展，对于推动形成新的特色文化产业区域，丰富我国文化产业结构和形态具有重要意义。中央结合我国经济和产业区域化发展特点，因势利导地以建设文化产业中心城市为核心，加快区域产业整合，推动长三角、珠三角、环渤海等地区形成空间集聚效应较为明显的重点文化产业区块或重点文化产业带。与此同时，重视发挥东中西部地区各自优势，发掘城市文化资源，发展特色文化产业，建设特色文化城市，努力形成东中西部优势互补、良性互动的区域文化产业协调发展新格局。北京、上海、广东、湖南、云南等省市文化产业发展势头引人瞩目，文化产业增加值占当地生产总值的比重已超过5%，增长速度高于当地经济平均增速，成为推动产业结构优化的朝阳行业、增加当地就业机会的重要行业，率先显示出带动当地经济发展方式转型和经济社会发展支柱性产业特征。各地依托本地文化资源优势，不断创新文化产业的发展思路，为促进本地区经济发展方式转变和区域经济转型发挥了积极的作用。

4. 文化产业与其他产业融合发展趋势形成

文化具有内涵丰富、涵盖广阔的特征，渗透到、蕴含在社会生活的各领域、各部分，文化产业也与众多产业相互融合。中央及各地各部门大力推动文化产业与旅游、金融、体育、信息、物流、建筑等产业融合发展，增加相关产业文化含量，延伸文化产业链，提高附加值。经过多年的持续推进，进一步提升了文化产品的表现力、传播力、竞争力和影响力，拓展了文化产业的发展空间，促进了新兴文化产业和特色文化产业的快速发展。在推动文化与金融融合发展方面，为切实消除文化产业与资本市场之间相互隔离的现象,有效化解文化企业担保融资难、文化产品评估质押难、文化产权估值认定难、文化资产交易流转难等问题,中央着力推进文化投融资创新,鼓励金融机构支持文化产业发展,试点建设文化产权交易所等文化投融资市场。文化部在2010年启动建设"文化部文化产业投融资公共服务平台"。上海、深圳两地按照中央部署率先建成"文化产权交易所",上海还组建了华人基金、东方惠金等文化产业发展基金,为文化企业、文化项目提供担保、贴息、融资服务。文化与金融融合发展逐步形成全国性发展趋势,为各地文化产业发展提供了强大动力。

延伸阅读

北京:特色文化产业园转型呈亮点[①]

第十届北京文博会上,国家文化产业创新实验区核心区通过转型升级打造而成的10个特色文化产业园区集中亮相,给成立一年多的实验区再添浓墨重彩的一笔。区内文化创意产业在疏解非首都功能、构建"高精尖"经济结构、推动京津冀文化产业协同发展、服务首都全国文化中心建设等方面发挥了越来越重要的作用。

2014年7月,文化部和北京市采取部市战略合作的方式,以北京CBD——定福庄国际传媒产业走廊一带为核心承载区,共同推动建设全国首个国家文化产业创新实验区,重点发展创意设计、文化传媒、数字文化、文化贸易等高端文化产业。

如今,位于北京市朝阳区双桥东路的塞隆国际文化创意园,由原胜利混凝土建材厂改造而成。园区利用工业遗址,打造以罐体群、火车、铁轨、站台为特色的景观,发展集影视、广告设计、新媒体等业态的文化创意综合体。

北京市朝阳区东五环平房路的北京电影学院影视文化产业创新园,从主要经营餐饮休闲业,转型为从资本注入、前期创意、筹拍融资、内外景选取及摄制、后期制作、展示传播、发行放映到影视衍生品研发等覆盖影视全产业链的国际化影视全产业文创园。

---

① 杨学聪:《北京:特色文化产业园转型呈亮点》,《经济日报》,2015年11月4日第10版。

朝阳大黄庄的 ideapark 铭基国际创意公园，原为瑞丰灯具市场。通过打造开放式空间，为多元化、个性化的创意设计企业提供良好的办公空间，已入驻文化企业 40 余家。

北京市朝阳区相关部门负责人告诉记者，这些特色文化产业园区通过老旧工业厂房、传统商业设施、有形市场改造升级和农村集体产业项目选择高端产业等多种方式，实现转型升级，不仅没有新增产业用地，还实现了非首都功能疏解、构建"高精尖"经济结构的目标。

国家文化产业创新实验区核心区范围内国际资源丰富、商务氛围浓厚、消费市场活跃、资本市场发达、高端人才聚集，具备适合文化创意产业发展的产业生态环境。目前已有北京国家广告产业园、国家版权贸易基地、国家动画产业基地等 60 余个文化创意产业园区和基地，汇集了阿里巴巴、亚马逊、乐视等 2 万多家文化创意企业，预计今年规模以上文化创意企业实现营业收入超过 2000 亿元。

在文创实验区的辐射带动下，北京市朝阳区成为首都文化创意产业创新发展的核心承载区，预计 2015 年全区规模以上文化创意企业营业收入将突破 2900 亿元，约占全市的四分之一，预计全年形成区级财政收入近百亿元。

目前，北京文化创意产业发展已走过 10 年历程，朝阳区文化创意产业集群经历了文化创意产业专业基地、文化创意产业园区、文化创意产业集聚区、文化创意产业功能区、国家文化产业创新实验区的转型升级过程，并围绕文化创意产业提质增效升级发展，不断完善产业链、服务链、供应链。

"实验区的物理空间在朝阳，但它是国家级实验区，承担国家文化产业改革探索的职责。"国家文化产业创新实验区管委会负责人表示，今后，他们将通过联合京津冀三地重点文化产业科研机构、重点文化产业园区和企业，发起成立京津冀文化产业协同发展联盟，加强区域间交流合作、资源和要素对接，服务京津冀协同发展。

二、文化产业所有制结构大力调整

坚持以公有制为主体、多种所有制共同发展，是我国社会主义初级阶段的基本经济制度，也是激发全社会参与文化产业发展的积极性，解放和发展文化生产力，加快文化产业发展必须坚持的基本制度。党的十七届六中全会明确提出，"加快发展文化产业，必须毫不动摇地支持和壮大国有或国有控股企业，毫不动摇地鼓励和引导各种非公有制文化企业健康发展"。近年来，国家在积极发展国有文化企业的同时，制定了一系列促进非公有制文化企业发展的政策措施，社会各界投资文化产业的热情高涨，以公有制为主体、多种所有制共同发展的文化产业格局基本形成，为我国文化产业的长远发展奠定了重要基础。

1. 培育国有或国有控股骨干文化企业成效明显

骨干文化企业是文化产业发展的重要载体，也是引领行业整体跨越式发展的重要引擎。2009年国务院颁布的《文化产业振兴规划》强调，要着力培育一批有实力、有竞争力的骨干文化企业，增强我国文化产业的整体实力和国际竞争力。党的十七届六中全会提出，要培育一批核心竞争力强的国有或国有控股大型文化企业或企业集团，在发展产业和繁荣市场方面发挥主导作用。2012年，中办、国办发布《国家"十二五"时期文化改革发展规划纲要》，部署实施骨干文化企业培育工程，选择50家实力较强、影响力较大的文化企业予以重点扶持。在中央的统一部署下，各级各部门在积极推进经营性文化事业单位转企改制的基础上，坚持政府引导、市场运作，科学规划、合理布局，在重点文化产业中选择一批成长性好、竞争力强的文化企业或企业集团，加大政策扶持力度，推动跨地区、跨行业联合或重组，尽快壮大企业规模，提高集约化经营水平，促进文化领域资源整合和结构调整，取得了显著成效。

一是把股份制改造与兼并重组结合起来，着力推动中央文化企业做大做强做优。中国出版集团公司整合旗下出版发行主营业务资产，联合中国联合网络通信集团有限公司、中国文化产业投资基金、学习出版社等，发起设立中国出版传媒股份有限公司。中影集团联合中国国际电视总公司、长影集团有限责任公司、江苏省广播电视集团有限公司等7家单位发起设立中国电影股份有限公司。人民教育出版社、高等教育出版社等单位整合组建成立中国教育出版传媒集团有限公司。中国科学出版集团有限责任公司、人民邮电出版社、电子工业出版社等单位联合成立中国科技出版传媒集团有限公司。文化部所属经营性文化事业单位在转企改制的基础上，组建了中国对外文化集团、中国动漫集团、中国文化传媒集团。中国录音录像出版总社在转企改制的基础上，引进北京首都创业集团有限公司，组建中国数字文化集团有限公司。

二是推动各地文化企业开展跨地域、跨行业经营，促进资源整合、集约发展。辽宁北方联合出版传媒（集团）股份有限公司与天津出版传媒集团有限公司、内蒙古新华发行集团股份有限公司签署股权合作协议，进行跨地区资本合作。时代出版传媒股份有限公司重组并控股中国文联直属的两大出版社，即中国文联出版社和大众文艺出版社。安徽新华传媒股份有限公司与中国外文局所属新世界出版社签订战略合作框架协议。江苏、海南两省新华书店集团共同出资组建海南凤凰新华发行有限责任公司。

三是骨干文化企业总体实力不断增强，发展势头强劲。自2008年开始，光明日报社和经济日报社连续发布中国"文化企业30强"名单，其中大部分为国有经营性文化事业单位转企改制组建。从2017年发布的第九届中国"文化企业30强"名单看，中国出版集团公司、中国电影股份有限公司、中国国际电视总公司、中国教育出版传媒集团有限公司等国有或国有控股文化企业有25家，占总数的80%以上。

2. 引导和鼓励非公有制文化企业发展迈出重要步伐

国家在积极发展国有文化企业的同时，制定了一系列鼓励、支持和引导非公有资本进入文化产业的政策措施。国务院及有关部门先后出台文件，为非公有资本进入文化产业提供引导、支持和保障，明确了国家鼓励和支持非公有资本进入演艺娱乐、展览、互联网上网服务营业场所、艺术教育培训、文化艺术中介、旅游文化服务、艺术品经营（包括工艺品设计、生产和营销）、动漫和网络游戏、广告（包括开办户外、楼宇内、交通工具、店堂等显示屏广告业务）、影视制作发行、广播影视技术开发运用、电影院和电影院线、农村电影放映、书报刊和音像制品分销零售、包装装潢印刷品印刷等产业领域。近年来，各地各部门在国家政策许可范围内，积极引导社会资本以多种形式投资文化产业，参与国有经营性文化单位转企改制，参与重大文化产业项目实施和文化产业园区建设，在投资核准、信用贷款、土地使用、税收优惠、上市融资、发行债券、对外贸易和申请专项资金等方面给予支持，营造公平参与市场竞争、同等受到法律保护的体制和法制环境，推动了我国民营文化产业快速发展。

一是民间投资文化产业的热情高涨，非公有制文化市场主体显著增加。据党的十八大召开前的统计，截至2012年6月，在全国工商行政管理部门登记注册的文化市场主体中，非公有制文化市场主体由2003年底的58.6万户，发展到215.79万户，占文化市场主体总量的97%，增长了268.23%。其中，个体工商户、微型企业为103.8万户。党的十八大召开后，文化部门联合相关部门积极推动文化领域大众创业、万众创新，大力支持小微文化企业发展，充分发挥文化产业鼓励创新、吸纳就业的功能。以2015年为例，当年全国新登记注册的文化、体育和娱乐业类企业10.4万户，同比增长58.5%，远高于同期全国新登记注册企业21.6%的增长幅度。

二是涌现出一批具有较强实力和竞争力的民营文化企业，成为文化产业发展不可或缺的重要力量。民营动漫游戏、印刷发行、影视制作、文化旅游、工艺美术等行业快速发展。以阿里巴巴、百度、腾讯等为代表的大型企业集团通过并购、控股、参股以及股权投资、业务合作等形式，全面进入文化产业领域。

三是积极参与国有经营性文化事业单位转企改制，为深化文化体制改革提供了新的经验和路径。根据政策要求，支持民营资本参与经营性文化事业单位转企改制、股份制改造和兼并重组，一般性国有文艺院团、演出剧院等可以由民营资本控股；出版物印刷、发行，新闻出版单位的广告、发行，电影制作发行放映、有线电视接收端数字化改造等领域国有文化企业的股份制改造，在国有资本控股51%以上的前提下，允许民营资本投资参股。各地按照中央有关政策要求，在推动经营性文化事业单位股份制改造方面进行了积极探索。中国木偶剧院在转企改制中，引入北京永庄文化传媒有限公司，由民营资本控股，改制以来演出场次、观众人数、总收入均有显著增长。安徽省的安庆再芬黄梅艺术剧院等演艺企业在转制过程中，实行名家领衔制度，有效调动了演职人员的积极性，取得了很好的效果。

三、文化科技创新不断加快

经过各方面的努力，文化科技创新取得积极进展和明显成效，科技创新对文化发展的引领作用进一步增强，企业为主体、市场为导向、产学研用紧密结合的文化科技创新体系初步建立，文化产业发展的科技支撑能力不断增强。

1. 高新技术在文化领域的运用和研发加快

以信息技术为核心的高新科技在文化领域的应用不断加大，高新技术成为改造传统文化产业、培育新的文化业态、延伸文化产业链的重要工具，科技进步的最新成果逐步渗透到文化创作、生产、传播和消费的每一个环节，成功推动了文化产业发挥后发优势、加快实现赶超。数字出版产业在较短的时间内成为带动我国整个文化产业发展的强劲引擎和重要的经济增长点。

2. 一批文化科技企业和基地做大做强

在打造一批带动性强的文化科技企业方面，各地各有关部门通过产业规划、政策支持，推动科技创新要素向文化企业聚集，引导文化企业加大技术投入，主动与高校、科研机构联合开展技术研发和创新平台建设，进一步强化文化企业的技术创新主体地位，使之真正成为创新项目实施的主体、创新成果转化的主体。

加强文化与科技融合示范基地建设，是提升文化科技产业孵化能力、提高文化与科技融合集约化水平的重要举措。在打造一批特色突出、产业链完备的文化与科技融合示范基地方面，各地各有关部门依托国家高新技术园区、国家可持续发展实验区等，把重大文化科技项目纳入国家相关科技发展规划和计划，促进了文化与科技创新资源和要素互动衔接、协同创新。

第四节
文化产业发展前瞻

改革开放以来，各地各有关方面在推动文化产业发展的长期实践中，积累了宝贵的经验。在我国经济进入新常态的条件下，我国文化产业发展既面临新的挑战，更面临新的机遇。前瞻我国文化产业发展前景，一要总结经验找准镜鉴，二要把握有关规划所揭示的趋势。

一、文化产业发展形成的经验

通过长期实践，我们认识到，推动文化产业持续健康发展，应当遵循以下理念：

1. 践行核心价值，坚持双效统一

文化产业的发展不能唯利是图，而是要把社会效益放在首位、努力实现社会效益和经济效益相统一，自觉践行社会主义核心价值观，改革完善文化产品评价体系，有效引导创作生产，牢牢把握文化产业发展正确方向。要坚持把新发展理念的要求贯穿到文化产业发展的各个方面，改变不符合科学发展要求的思想观念、体制机制和做法，坚持统筹兼顾，统筹城乡、区域文化发展，统筹国内国际两个大局，积极开拓国内国际文化市场，使文化产业发展真正做到结构好、布局好、效益好。

2. 政府、市场、社会三元良性互动

发展文化产业是系统工程，必须坚持政府、市场、社会三元良性互动，实现政府、市场、社会三者之间的相互协调、配合，优化文化领域的产业资源配置，为文化产业的发展提供良好的制度环境、政策条件和社会氛围。

3. 内容为王，创意至上

文化产业从根本上说是内容产业，必须坚持"内容为王"，大力实施文化精品战略，持续推进文化内容创新，推动内容产业与相关产业融合发展，丰富内容产业发展内涵和外延，提升内容产品的品牌价值和附加值，加大推广营销力度和知识产权保护力度，通过加快发展内容产业切实增强我国文化产业的核心竞争力。

4. 因地制宜，特色突出

我国幅员辽阔，发展文化产业必须坚持因地制宜，从实际出发，科学制定发展战略，以特色化、差异化为突破口，学习借鉴世界优秀文化，积极推动中华民族文化繁荣发展，走中国特色文化产业发展道路。

5. 科技助推，业态融合

科学技术对文化产业发展具有重要支撑作用，发展文化产业必须坚持深入实施科技带动战略，大力推进文化与科技融合，持续推动文化科技创新，增强文化产业的科技含量和自主创新能力，抢占文化发展制高点，形成新的文化创造力和竞争力，实现文化产业的跨越式发展。

二、文化产业发展展望

我国文化产业已经进入到经济建设的主战场，处于可以大有作为的重要战略机遇期。党中央、国务院的高度重视为文化产业发展提供了坚强保证；国际国内宏观经济形势为文化产业发展带来了有利契机；新发展理念为文化产业发展提供了新的指引；推进供给侧结构性改革的部署对文化产业发展提出了新的要求；全面建成小康社会进程为文化产业发展拓展了广阔空间；创新驱动发展战略为文化产业发展注入强劲动力。[①] 在看到有利形势的同时，也要清醒看到，我国文化产业发展仍存在不少困难和制约因素：文化产业的整体规模还不够大、创新能力和竞争力还不强、结构布局还不够合理、供需不够平衡、高端人才相对短缺、市场环境有待完善、部分政策有待细化落实、文化企业融资难等。[②]

2017年2月17日，《文化部"十三五"时期文化发展改革规划》印发。该规划根据《中华人民共和国国民经济和社会发展第十三个五年规划纲要》和《国家"十三五"时期文化发展改革规划纲要》制定，在"推动文化产业成为国民经济支柱性产业"部分，提出："落实供给侧结构性改革战略部署，完善现代文化产业体系，着力发展骨干文化企业和创意文化产业，培育新型文化业态，促进文化资源与文化产业有机融合，形成新的增长点、增长极和增长带，全面提升文化产业发展的质量和效益"的总体任务，并就以下方面作出规划。[③]

1. 推动文化产业结构优化升级

加快发展动漫、游戏、创意设计、网络文化等新型文化业态，继续引导上网服务营业场所、游戏游艺场所、歌舞娱乐等行业转型升级，全面提高管理服务水平，

---

① 苏丹丹：《文化产业迎来发展关键机遇期》，《中国文化报》，2016年7月8日第6版。
② 《文化部部署"十三五"文化产业发展九大重点任务》，引自网页：http://www.tcrbs.com/2016/0629/26723.shtml。
③ 《文化部"十三五"时期文化发展改革规划》，《中国文化报》，2017年2月23日第3版。

推动"互联网+"对传统文化产业领域的整合。落实国家战略性新兴产业发展的部署,加快发展以文化创意为核心,依托数字技术进行创作、生产、传播和服务的数字文化产业,培育形成文化产业发展新亮点。推动中国(深圳)国际文化产业博览交易会、中国西部文化产业博览会、中国(义乌)文化产品交易会、中国国际网络文化博览会、中国国际动漫游戏博览会等重点文化产业展会市场化、国际化、专业化发展。支持原创动漫创作生产和宣传推广,培育民族动漫创意和品牌,持续推动手机(移动终端)动漫等标准制定和推广。加强文化产业关键共性技术研发、商业模式创新。推进文化创意和设计服务与实体经济深度融合,催生新技术、新工艺、新产品,满足新需求。推进文化产业与制造、建筑、设计、信息、旅游、农业、体育、健康等相关产业融合发展,增加文化含量和产业附加值,把文化资源转化为产业优势和市场优势。

2. 优化区域文化产业发展布局

实施差异化的区域文化产业发展战略,推动形成文化产业优势互补、联动发展的布局体系。引导各地根据资源禀赋和功能定位,走特色化、差异化发展之路。围绕"一带一路"建设、京津冀协同发展、长江经济带建设,加强重点文化产业带建设。支持中心城市和城市群发挥技术、人才、资金密集优势,形成若干带动区域产业发展的增长极。支持中小城市、小城镇和农村打造特色文化产业群。加大对中西部地区、少数民族地区、贫困地区、革命老区特色文化产业发展的支持力度。推进国家文化产业创新实验区、国家动漫产业综合示范园建设,形成面向区域和行业发展的协同创新中心。

3. 培育健全各类市场主体

营造各类文化企业一视同仁、公平竞争的发展环境,推动形成不同所有制文化企业共同发展、大中小微文化企业相互促进的文化产业格局。培育一批核心竞争力强的骨干文化企业,鼓励各类文化企业以资本为纽带进行联合重组,推动跨地区、跨行业、跨所有制并购重组,提高文化产业规模化、集约化、专业化水平。加强文化产业园区(基地)的规划建设和管理,严格命名标准,完善退出机制,进一步完善国家级文化产业示范园区创建工作,提升国家级文化产业园区(基地)的引领示范效应。推动文化产业发展与"大众创业、万众创新"紧密结合,加强文化企业孵化器、公共服务平台、众创空间建设,扶持文化产业领域创新创业,支持"专、精、特、新"中小微文化企业发展。培育和扶持一批知名文化品牌,以品牌带动全产业链发展。

4. 扩大和引导文化消费

从供需两端发力,以创新供给带动需求扩展,努力实现更高层次的供需平衡。着力扩大文化产品和服务的有效供给,改善消费条件,营造良好的消费环境,推动建立扩大和引导文化消费的长效机制。鼓励文化文物单位和社会力量开发文化创意产品,满足多样化消费需求。充分激发市场活力和社会创新创造能力,引导文化企业提供个性化、多样化的文化产品和服务,培育新的文化消费增长点。建设文化消费服务平台,支持各地采取各种措施促进文化消费。加强宣传推广,倡导文化消费理念,提升文化消费水平。

5. 鼓励和引导社会资本进入文化产业

加快建设完善文化产业投融资体系,会同有关部门落实鼓励和引导社会资本进入文化领域的各项政策措施,为文化产业发展持续提供动力。进一步拓宽社会投资的领域和范围,鼓励社会资本进入文化企业孵化器、文化众创空间、文化资源保护开发等新兴领域。深化文化金融合作,发挥财政政策、金融政策、产业政策的协同效应,为社会资本进入文化产业提供金融支持。落实以奖代补、基金注入等重要政策,以推广文化领域的政府与社会资本合作模式为抓手,扶持引导社会投资进入文化领域。用好国家投资政策,将文化领域纳入投资政策工具支持范围。

专 栏

文化产业发展

促进文化消费计划:扩大试点范围,总结评估试点情况,研究提出扩大文化消费的政策措施。对文化消费数据进行分析利用,发布文化消费指数,引导文化企业扩大文化产品和服务的有效供给,提升消费者文化消费意愿,逐步建立扩大和引导文化消费的长效机制。

> **文化创意产品扶持计划**：落实推动文化创意产品开发的政策措施，加强示范引导、搭建平台、展示推广，调动博物馆、图书馆、美术馆等文化文物单位和创意设计机构等社会力量积极性，创作生产弘扬中华优秀文化、适应市场需要、满足现代消费需求的优秀文化创意产品。
>
> **特色文化产业发展工程**：支持规划实施一批特色文化产业项目，支持地方建设一批特色文化小镇，培育特色文化企业、产品和品牌。持续推进丝绸之路文化产业带、藏羌彝文化产业走廊建设，支持在边疆、革命老区和少数民族地区建设具有富民效应和示范效应的文化产业集聚区。
>
> **数字文化产业发展计划**：推动优秀文化内容数字化转化和创新，加强数字文化创意内容创作与供给。提升数字文化创意技术与装备水平。建设数字文化产业双创平台，构建数字文化产业创新生态体系。推进数字文化与相关产业融合发展。
>
> **文化金融创新工程**：鼓励金融机构针对文化产业特点创新产品和服务，推广无形资产评估和质押融资，逐步健全文化企业征信体系、融资风险补偿机制和信用担保体系。建立文化企业上市资源储备库，支持文化企业利用资本市场上市融资、再融资和并购重组，扩大文化企业债券融资规模。鼓励文化产业类投资基金发展。支持各地建立文化金融服务中心。创建文化与金融合作示范区。
>
> **文化产业公共服务平台建设工程**：建设和完善项目服务平台、文化消费服务平台、人才培养平台、文化产业园区基地平台等子平台，提高文化产业领域公共服务水平。制订文化企业品牌建设行动计划，推动建设一批文化产业品牌实验室，支持和规范有关机构发布相关文化产业品牌排行榜。
>
> 《文化部"十三五"时期文化发展改革规划》专栏5

上述规划内容虽然不是我国文化产业"十三五"发展改革的全部任务，但呈现了文化产业发展的路线图，反映了中央提出的新的发展理念的要求。目标既定，任重道远，文化产业领域必须实现"四个转变"。

1. 从被动接受挑战到主动抓住机遇的转变

受到历史和体制等多方面因素的影响，我国文化产业发展存在规模小、竞争力弱等缺陷。而这种缺陷在新的经济发展和时代发展背景下，对文化产业的健康良性发展形成了巨大挑战。如何在经济发展进入新常态、互联网技术高速发展、社会需求不断提升等因素影响下，实现我国文化产业的高效、优质、良性发展，是亟待解决的重要课题。从政府层面来讲，要不断为文化产业及文化企业的发展提供良好的政策环境，适时出台推动文化产业优化升级的重要政策，引导文化产业向着正确的方向发展，努力将当前文化产业发展所面临的挑战转化为历史发展机遇。

2. 从"井喷"到精品的转变

当前，我国文化及相关产品的消费进入了一个"井喷时代"。根据国际发展经验，当一国人均 GDP 接近或超过 5000 美元时，文化产业会出现快速增长的状态，而且随着经济的增长，文化产业也呈现持续加速增长的态势。根据国家统计局报告，2016 年中国人均 GDP 已达到 55412 元，当前我国居民人均消费结构已经发生重大变化，文化产业的发展远远滞后于我国居民对文化产品和服务的需求。与发达国家相比，我国文化产业的发展还相对落后，尚具有十分广阔的发展空间，文化产业的"井喷"式发展成为必然。但是我们应当清醒地认识到，我国的文化产业发展还存在着产品和服务同质性高、质量低等问题。如何将同质性高、质量低的产品和服务转化为有差别、高质量的产品和服务是摆在我国文化产业发展面前的一个重要课题。加快文化产业发展，必须在接下来的一个历史发展时期推动文化产业由"井喷"式发展转向精品化发展。

3. 从狂热到理性的转变

从过去发展的态势来看，一方面，我国部分文化产业呈现快速增长的态势，特别是文化产业利用资本市场有了超常的发展，文化产业正发生着质和量的飞跃，从一味模仿国外到开始转向挖掘本民族文化资源努力实现自主创新发展；另一方面，部分地方对文化产业的"泛化"理解和进行产业"泛文化"发展，导致文化产业"滥化"发展，各种"跟风"建设、盲目投资、无序开发等"脑袋发热"式的文化产业发展问题层出不穷。从总体来看，我国文化产业还将经历一个由狂热发展到理性发展的过程，在文化产业发展渐趋理性的过程中，政府的宏观把控、理论认识的深入和市场的配置作用应当形成合力。

4. 从"各自为战"到融合发展的转变

当前，我国多数文化企业还呈现出规模小、水平低、资源分散等特征，中小企业在文化企业总数中还占据着绝对多数,文化产业集约化程度较低,整个文化产业市场化程度不高,就总体而言,发展水平低、竞争能力弱、布局较分散仍是我国文化产业的主要面貌,呈现"各自为战"的状态。与此同时,以互联网、云计算、大数据、生物科学等为代表的新技术正在日益深刻地改变着我国经济的发展和运行,而"互联网+"技术的成熟则为文化产业提供了新的发展途径和空间,"互联网+文化产业"的融合发展形态正日益成为文化产业发展的新常态。可以预见,在接下来的发展阶段中,文化产业必将走上一条融合科技、金融等在内的融合发展之路。

延伸阅读

用文化的自信建设自信的文化[①]
——2016年中国文化产业年度报告

2016年是"十三五"规划的开局之年,也是供给侧结构性改革的深化之年。在宏观经济下行压力加大的背景下,中国文化产业逆势增长,不仅发展速度保持快速增长,而且"文化+"融入相关产业发展之中,提升了经济发展质量,促进了经济转型升级。更为重要的是,文化产业的内容生产有了文化自信的支撑和引领,开始在凝聚民族精神、倡领道德新风、激发向上力量等方面释放出强大的精神力量,让中国人更有时代的精气神。

一、文化自信的新高度

山影绰约、美轮美奂、诗情画意,2016年9月4日,G20杭州峰会文艺晚会《最忆是杭州》在西湖上举行。这场50多分钟的艺术盛宴,是一台饱含江南风韵的文艺演出,更是一张彰显中西合璧、文化交融的中国名片,向世界传递着人类共通的情感力量,传达着融合共处的美好愿景,更传递着中国的文化自信。

文化自信在2016年上升到和道路自信、理论自信、制度自信同等重要的高度,而且文化自信还是更基础、更广泛、更深厚的力量。"我们要以更高的站位、更宽的视野、更务实的举措,在国家发展的大战略、大背景中深入思考和精心谋划文化改革发

[①] 张玉玲:《用文化的自信建设自信的文化——2016年中国文化产业年度报告》,《光明日报》,2016年12月28日第7版。

展。"文化部部长雒树刚表示,要以文化产业转型升级为突破口,推动文化产业成为国民经济支柱性产业。

在文化自信的指引下,2016年文化产业有哪些可圈可点的新航标?

2016年11月,财政部新设立"文化司",是文化体制改革的又一个里程碑。把原来财政部教科文司文化处与中央文化企业国有资产管理办公室的职能进行合并,形成"大文化司",既体现了对文化的重视,是财政部践行文化自信的具体体现,更顺应文化改革发展的新形势,从体制机制上提高文化治理能力、激发文化创造活力。

文化自信悄然改变着中国文化产业生态,文化产业人士油然而生的自豪感和由内向外迸发的创造力让2016年的"走出去"和"引进来"都有了浓墨重彩的"大手笔"。世界文化产业巨头美国迪士尼进来了,在上海开设首个主题乐园。有人说是"引狼入室",但业内人士却自信地说"与狼共舞方显英雄本色",倒逼国内主题公园提高质量,走"差异化"路线,在竞争中找到立身之地。

你来我往,有进有出。以万达集团为代表的中国文化企业也阔步"走出去"。万达集团旗下美国AMC院线并购欧洲第一大院线Odeon&UCI院线通过欧盟批准并完成交割,万达由此完成全球电影院线布局。2016年11月1日,文化"走出去"成为中央深改组第二十九次会议的议题,审议通过了《关于进一步加强和改进中华文化走出去工作的指导意见》,强调要加强顶层设计和统筹协调,创新内容形式和体制机制,拓展渠道平台,创新方法手段,增强中华文化亲和力、感染力、吸引力、竞争力,向世界阐释推介更多具有中国特色、体现中国精神、蕴藏中国智慧的优秀文化,提高国家文化软实力。

二、自信文化的新力度

像故宫一样,2016年谨慎保守的博物馆都迈开步子、勇于尝试,把自己的"镇馆之宝"开发成生动鲜活的创意产品,推出"萌萌哒"的吉祥物,加大宣传推广力度,努力"让收藏在禁宫里的文物、陈列在广阔大地上的遗产、书写在古籍里的文字都活起来"。2016年5月,《关于推动文化文物单位文化创意产品开发的若干意见》发布,提出进一步加大文化创造、文化创新和文化创意的力度,鼓励众创、众包、众扶、众筹,以创新创意为动力,开发文化创意产品,打造文化创意品牌。文化文物单位的文创产品研发迎来了前所未有的历史机遇。

在我们生活的这片土地上,5000多年文明发展中孕育的中华优秀传统文化,党和人民伟大斗争中孕育的革命文化和社会主义先进文化,积淀着中华民族最深层的精神追求,代表着中华民族独特的精神标识,是文化自信的源泉,更应是当代文化产业要大力开掘的内容富矿。

传统文化通过产业的力量,延续历史文脉,永葆民族特性,愈加枝繁叶茂,而当代中国精神也通过文化产业得到彰显和弘扬。2016年,从电影《湄公河行动》的热映到《我在故宫修文物》的广受关注,一批文化精品进入文化市场,取得社会效益和经济效益的"双丰收"。为了让"中国故事"叫好又叫座,既有传统文化企业重新焕发勃勃生机,又有文化新业态异军突起;既有国有文化企业的价值引领,也有民营文化企业的全力参与;既有骨干文化企业的"顶天立地",也有小微文化企业的"铺天盖地",各有各的本领和精彩。

文化产业为文化自信带来物质条件,而文化自信又反过来促进文化产业的繁荣与发展。2016年,旅游、文化、体育、健康、养老五大产业有了一个新的名字"幸福产业"。在世界经济复苏乏力和国内经济运行面临下行压力的大环境下,五大"幸福产业"有助于改善民生、拉动消费、促进消费升级,被赋予了全新的使命。

据国家统计局服务业统计司司长许剑毅介绍,2016年服务业不负众望,快速发展,持续发力,在创新发展中继续"领跑"我国经济增长。据1~8月规模以上服务业企业调查显示,旅游服务业营业收入同比增长7.5%,文化及相关产业服务业营业收入同比增长14.7%。

三、"文化+"的新深度

2016年12月19日,一个关系中国未来五年发展质量的规划——《"十三五"国家战略性新兴产业发展规划》出台,人们发现"数字创意产业"赫然在列。该规划提出,以数字技术和先进理念推动文化创意与创新设计等产业加快发展,促进文化科技深度融合和相关产业的相互渗透。

动漫游戏、网络文学、网络音乐、网络视频等数字创意产品已成为群众文化消费的主要内容。2016年前三季度,文化及相关产业10个行业的营业收入均实现增长,以"互联网+"为主要形式的文化信息传输服务业一马当先,营业收入达到3917亿元,增速高达30.8%。两位数的逆势高增长充分显现出数字文化产业的活力和前景。到2020年,我国将形成文化引领、技术先进、链条完整的数字创意产业发展格局,相关行业产值规模达到8万亿元。

除了"文化+互联网"加深融合,2016年"文化"开始向其他产业渗透、融合。从创意农业到特色小镇,从文化节庆到城市品牌,从故事挖掘到创意策划,从产品的种类到品质，都体现出文化的内涵和精神的温度。在很多地区，文化旅游成为发展新引擎，特色文化产业成长为新的支柱性产业。走出"吹拉弹唱"的"小文化"，融入国民经济的"大文化"，看不见、摸不着的"软实力"正成为拉动一方经济的"硬实力"。

不管是文化产业自身的提质增效，还是"文化+"的融合发展，说到底还是取决于文化产业人才的素质和能力。要讲好中国故事，通过创意策划和运营推广提高产品竞争力，也需要"文化情怀"和"工匠精神"。中国文化产业要把更多精美的文化产品、精细的文化服务呈现给消费者，培育更多"百年老店"，深入诠释文化自信，全面提升中国文化软实力。

第四章
文化市场体系改革

　　文化市场体系改革的过程就是建立健全现代文化市场体系的过程。建立健全现代文化市场体系是一项系统工程,既包括建立健全文化产品、文化服务市场,也包括全面发展文化生产要素市场,还包括完善文化市场管理体系。构建统一开放、竞争有序的现代文化市场体系,促进文化产品和要素在全国范围内合理流动,是推动社会主义文化大发展大繁荣的必然要求。改革开放以来,建立健全现代文化市场体系经历了起步探索(1978—1992年)、快速发展(1992—2002年)、全面深化(2003—2012年)、持续深化(2013年至今)四个阶段,在加强文化产品市场建设、发展现代流通组织和流通形式、加快培育文化要素市场、建立和健全文化中介组织、推进文化市场综合执法改革等方面取得显著成效。既往的实践提供了与时俱进完善顶层设计、坚持一手抓繁荣一手抓管理、把探索创新作为提高工作水平的重要途径等经验。建立统一开放、竞争有序、诚信守法、监管有力的现代文化市场体系,健全以内容监管为重点、信用监管为核心的文化市场事中事后监管体系,推动文化市场成为满足人民群众多样化精神文化需求的主渠道,是当前和今后相当长时期里文化改革发展的重点工作。

第一节
建立健全现代文化市场体系的重要意义

　　构建统一开放、竞争有序的现代文化市场体系,促进文化产品和要素在全国范围内合理流动，对于文化产品的创作生产，对于激发文化单位活力，对于提高国家文化竞争力，都具有重要而深远的意义。

一、建立健全现代文化市场体系是促进优秀文化产品不断涌现的需要

长期以来，我国文化资源的配置主要依赖行政手段配置，造成文化产品供给不足以及供给质量不高并存的现象。同时，也造成文化市场条块分割、地区封锁、城乡分离的格局。改革开放以来，市场逐步成为文化资源配置的重要手段，市场配置文化资源的积极作用开始凸显，优秀的文化企业脱颖而出，高质量的文化产品不断涌现。但由于改革措施还不完全到位，我国现代文化市场体系的发展水平还不高，还不能更好地激发文化市场主体创造更多更好的产品。建立健全现代文化市场体系，有利于更好地发挥市场机制配置文化资源的功能，有效激发文化生产者的创作积极性，有效促进优秀文化产品不断涌现。

二、建立健全现代文化市场体系是解决文化自身发展面临的一系列突出问题的需要

改革开放以来，我国文化建设取得了巨大成就，为改革开放和社会主义现代化建设提供了强大精神动力和良好文化条件，但面对新形势、新任务、新要求，文化自身发展还存在许多突出矛盾和问题。比如，文化产业规模不大、实力不强、结构不合理；一些文化单位用人机制僵化，需要的人进不来、不需要的人出不去，能干的人出去走穴、不能干的人躺在单位怀里等靠要，缺乏竞争的压力；[①] 文化创造和创新活力不足，有影响的精品力作还不够多；等等。这些问题的解决有赖于建立健全现代文化市场体系。只有产品市场、人才市场、资本市场、技术市场等市场不断完善，文化自身的发展才能借助市场力量，加快改革步伐，优化资源配置。

三、建立健全现代文化市场体系是赢得国际文化竞争的需要

伴随着经济全球化的深入发展，特别是随着我国加入世界贸易组织各项承诺的

[①] 于迅来：《中国文化体制改革历程及发展路径演化》，吉林大学博士论文，2014年12月1日。

全面履行，文化领域对外开放步伐加快，文化贸易竞争更加激烈。面对西方文化资本、技术和市场的巨大优势，我国文化发展差距还非常明显，特别是缺乏能与跨国集团相抗衡的骨干文化企业。虽然中华民族具有5000多年的文明史，累积了丰厚的文化底蕴，但在日趋激烈的国际文化竞争中，我们的文化资源优势还远远没有转化为文化竞争优势。只有建立健全现代文化市场体系，为我国文化企业的发展壮大提供良好的市场环境，促进形成骨干文化企业集群，才能在激烈的国际竞争中赢得优势，不断传播当代中国的价值观念，将一个发展的中国、开放的中国、文明的中国的新形象展示给世界。

第二节
建立健全现代文化市场体系的基本历程

我国建立健全现代文化市场体系的工作经历了起步探索、快速发展、全面深化和持续深化等四个阶段，取得显著的成效。

一、起步探索阶段（1978—1992年）

我国文化市场体系的建立最早是从建立文化产品市场开始的。文化产品市场是直接面对消费者的商业形式的产品市场，包括图书出版市场、演出娱乐市场、广播影视市场、电子音像市场、文化会展市场、文化艺术品市场、动漫市场、网络游戏市场等。① 改革开放以前，我国文化领域的主要生产要素包括人、财、物均由国家按计划配置，经费由国家提供，这表明当时的文化产品从总体上看并不具备商品的基本属性。随着社会主义市场经济体制逐步确立，我国报刊、图书、演出、影视等行业逐步摆脱过去单一的功能模式，从单纯的意识形态工具逐步面向市场寻求发展

---

① 黄先蓉，郝婷：《现代文化市场体系建设的政策需求与制度创新》，《科技与出版》，2013年第12期。

资源。

1978年，人民日报社等报刊单位提出实行"事业单位企业化管理"的要求，财政部批准首都几家报社实行"事业单位，企业化管理"的经营体制。1980年1月，中宣部下发《关于报刊、广播、电视台刊登和播放外国商品广告的通知》，为文化传媒业向市场开拓"经济来源"保驾护航。1984年，《国务院关于对期刊出版实行自负盈亏的通知》发布，我国大多数报刊社逐渐走向自主经营、自负盈亏、自我积累、自我发展的企业化管理道路。

1980年10月召开的第十次全国广播工作会议开启了我国广播电视改革历程，从中央到地方，各级广播电台、电视台开始探索自身改革发展的道路。1983年3月至4月召开的第十一次全国广播电视会议，确定在全国实行中央、省、有条件的地市和县"四级办广播，四级办电视，四级混合发展"的建设方针。[①] 从此，全国的广播电视取得了长足的发展。广播电视节目从内容到形式发生了根本性的变化，广播剧、电视剧逐渐兴起，声频荧屏面貌焕然一新。

20世纪80年代初，中国开始建立录音制品出版社，与此同时，海外录像机和录像带大量传入中国。1983年，上海市和广州市在全国城市中首先进行录像的生产和经营。1979年，上海市创作出了中国第一部电视报道剧《永不凋谢的红花——张志新》、第一条国内企业电视广告《参桂补酒》和第一条外商广告《雷达表》；1984年，国内出现了第一家营业性的卡拉OK厅，以后又成立了最早的文化演出公司，使文化消费市场逐步得到恢复。

随着文化市场的发展，国家着手加强对文化市场的监管。1988年，文化部和国家工商行政管理局发布《关于加强文化市场管理工作的通知》，正式提出"文化市场"这一概念，明确了文化市场的管理范围、任务、原则和方针。在原有的事业管理框架内增加了文化市场和文化产业管理职能。文化部内设了文化市场管理局。国家广播主管部门和新闻出版主管部门也设立了市场管理机构，如"扫黄打非办公室"。全国文化市场管理体系开始建立，国家以文化立法者和执法者的角色开始参

---

① 王峰：《广播电视改革发展历程的五个阶段——广播电视发展20年（上）》，《中国广播电视导刊》，2001年第2期。

与文化市场活动,文化市场发展走上良性发展轨道。

二、快速发展阶段(1992—2002 年)

1992 年,邓小平发表南方谈话和党的十四大召开,标志着我国改革开放和现代化建设进入了一个新阶段,文化市场体系改革进入快速发展阶段。

事业单位企业化管理制度在全国多数中央和省级新闻单位实行,地市级报纸到 1993 年也有一半以上实行经济独立。到 1999 年初,全国公开发行的报纸有 95% 都取消了财政拨款。

广播电视发展速度加快,频率频道大量增加,节目内容丰富多彩,有线电视迅速崛起,卫星电视开始传播,广播电视村村通工程和西新工程相继启动并顺利推进,广播电视覆盖率大幅提升,广播电视产业加速发展,广播电视队伍不断壮大,体制改革稳步推进,行业管理逐步改进和加强。

文化市场兴旺发达。统计数据显示,从 1992 年至 2002 年,国内报纸总数由 1576 种增至 2111 种,增长 34%;期刊总数由 6078 种增至 8899 种,增长 46%;图书从 74973 种增长到 154526 种,建成一大批图书城,图书销售额增长 12 倍;广播电视机构从 1000 个增加到 1988 个,广播节目套数由 645 套增加到 1777 套,电视节目数由 512 套增加到 1047 套;有线电视从无到有,全国用户达到 9000 万。[①]

三、全面深化阶段(2003—2012 年)

2003 年,文化体制改革试点工作启动,文化市场体系改革进入了全面深化阶段。2003 年中办、国办转发的《中共中央宣传部 文化部 国家广电总局 新闻出版总署关于文化体制改革试点工作的意见》明确提出,要加快文化产品市场和生产要素市场建设,发展市场中介组织,形成统一开放、竞争有序的文化市场体系。2006 年初,《中共中央 国务院关于深化文化体制改革的若干意见》颁布,把构建现代文化市场体系作为深化文化体制改革的重要目标任务之一。2011 年,党的十

---

① 于迅来:《中国文化体制改革历程及发展路径演化》,吉林大学博士论文,2014 年 12 月 1 日。

七届六中全会进一步强调，促进文化产品和要素在全国范围内合理流动，必须构建统一开放、竞争有序的现代文化市场体系。

这一时期，最突出的工作是完善文化要素市场。各地各部门把加强资本、产权、人才、信息、技术等文化生产要素市场建设摆到重要位置，加强引导，加大投入，促进文化资本、人才、技术在更大范围内合理流动，有效推动了现代文化市场体系的完善。

四、持续深化阶段（2013年至今）

党的十八大召开后，文化市场体系改革进入持续深化阶段。这一时期最突出的工作是政府主动地简政放权，激发市场活力。各有关部门认真贯彻中央决策部署，大幅度减少审批事项，落实先照后证制度，探索和积累加强事中事后监管、加强信用管理的经验。采取多项政策措施，支持在上海自贸区试点扩大文化市场开放，并适时将其经验向其他具备条件的地区推广。积极稳慎地推动取消已不合时宜的政策限制。例如，取消了对上网服务营业场所的强制性连锁规定和总量布局限制，取消了游戏游艺设备国内生产和销售的禁令，整个行业为之振奋。

第三节
建立健全现代文化市场体系的主要成就

改革开放以来，各地各部门积极发展文化产品和要素市场，发展现代流通组织形式，打破按部门、按行政区划和行政级次分配文化资源和产品的传统体制，促进文化产品和要素在全国范围内合理流动，并着力完善相应的管理体系，初步构建起统一开放、竞争有序的现代文化市场体系。

一、完善文化市场结构，加强文化产品市场建设

文化产品市场是促进文化消费的关键环节。高度发达的文化产品市场体系是文

化产业发展繁荣的重要标志。总体来看,我国文化产品市场体系不断完善,规模迅速扩大,呈现出门类齐全、层次多样的新特点。现择要介绍以下方面。

1. 文化娱乐市场

1979年在广州东方宾馆诞生的第一家音乐茶座被认为是新中国文化娱乐业兴起的标志。到20世纪90年代初期,歌厅、舞厅等文化娱乐场所进入高速发展阶段。歌舞娱乐市场从东南沿海的开放城市扩展到内地的大中小城市、乡镇,构成全国性的网点式布局。1987年、1988年,台球和电子游戏也开始在国内风靡,成为城乡居民的重要娱乐形式。1988年底,卡拉OK传入我国,以最快的速度从沿海传到内地,成为中国娱乐业最有群众基础的一项产业。20世纪80年代,录像放映是普及度最高的大众娱乐项目,到1990年达到顶峰,最多时全国有5万多家大小录像厅。

从20世纪90年代初开始,保龄球、棋牌室、室内滑冰等新的文化娱乐项目不断出现和普及,与歌舞厅、卡拉OK厅、电子游戏、台球等娱乐项目一起组成了我国文化娱乐市场的基本架构。1993年被视为文化娱乐市场发展新阶段的开始,市场发育的逐渐成熟和经济效益的初显使得大量的民间资本进入文化娱乐业。到1999年,全国文化市场的主体——文化娱乐业的机构已达到174727家,主营营业收入145亿元,创利润20.2亿元。1999年颁布了专门的文化娱乐市场管理法规《娱乐场所管理条例》,文化娱乐市场开始实施结构调整、压缩经营规模、注重效益提高。到21世纪初,市场焕发新的发展生机和活力,2004年各项指标都创历史新高。这一年,文化娱乐业(包含网吧等互联网上网服务营业场所)机构数已达184893家,主营营业收入386.5亿元,创利润57.1亿元,上交各种税金29.28亿元。2006年1月,国务院颁布新的《娱乐场所管理条例》,鼓励社会资本进入文化产业,娱乐业进入一个新的发展阶段。据《2015年中国文化产业资本报告》显示,2014—2015年是资本进入文娱产业最为迅猛的两年,投资并购风起云涌。2015年文娱产业并购案例达到204起。①

---

① 《2016文娱产业最火十大关键词引爆万亿市场》,http://news.pedaily.cn/201603/20160315394440_all.shtml#p1。

2. 演出市场

改革开放后，演出市场逐步放开，《全国艺术表演团体巡回演出工作管理条例》于1981年颁布，《关于民间艺人管理工作的若干试行规定》于1982年颁布，民间艺人和个体演员可以取得营业演出许可证。1988年，国务院批转《文化部关于加快和深化艺术表演团体体制改革的意见》，提出要开放演出市场，建立演出经纪人制度，建立国家、集体、个人性质的演出公司，放开演出组织权。据统计，到2010年，中国演出市场收入达到108亿元，其中，专业场馆演艺规模为57.18亿元，实景旅游演艺市场规模为12.4亿元，民营团体在非专业场所的演艺市场规模为25.2亿元，大型场馆演唱会等演出规模为13.2亿元。到2011年，国内出现国家大剧院、上海大剧院、广州大剧院等三家国家级剧院三足鼎立的局势，地域性演出中心市场形成。到2015年，中国演出市场总体经济规模达到446.59亿元。

3. 网络文化市场

20世纪90年代，个人电脑与国际互联网兴起，地球被网络连成"地球村"，并衍生出一种崭新的文化现象——以信息为本质的网络文化。文化产业与现代高技术手段紧密相连，网络文化产业迅速崛起。

近年来，我国网络文化发展迅速，成果显著。到2016年，我国网民人数已达6.7亿，其中网络音乐用户4.8亿，网络视频用户4.4亿，网络游戏用户3.7亿，网络文学用户2.9亿。网络音乐、网络游戏、网络演出、网络动漫、网络文学、网络视听等为代表的网络文化产业，已经成为推动文化产业快速发展的重要力量，也是文化消费中最有活力的领域。据新浪网报道，2016年，中国游戏市场实际销售收入达到1655.7亿元，同比增长17.7%，其中网络游戏占大部分份额。网络文化人才不断涌现，网络文化正在成为聚集优秀文化人才的新高地。网络文化"走出去"步伐加快。一些国产网络文化产品已经出口到世界上大多数国家和地区，出口额连年递增。

4. 动漫市场

动漫产业被誉为21世纪最具创意的朝阳产业，在发达国家和地区，动漫游戏产业已成为一个具有全球竞争力和影响力的大产业。相比日本、美国，中国动漫产业起步很晚,直至2000年左右,动漫才作为一个整体产业进入政府和社会的视野,而日本、美国的动漫产业已经有了近百年的发展历史。但是,近年来,中国的动漫产业取得了长足的进步。1993—2003年,中国国产动画片的生产数量仅为46000分钟,平均每年动画片的产量不到4200分钟;2006年,中国动画片产量已经达到82000分钟。2010年动漫产业总产值达470亿元人民币;国产电视动画达597部,22万分钟。到2014年,中国动漫内容生产实力进一步提升,类型和题材日趋多元化。我国动漫产业已形成以广东、上海、北京为首,珠三角、长三角和环渤海地区协同发展的核心区域,以及以奥飞动漫、华强动漫、腾讯动漫、中南卡通、炫动传播、淘米动画、央视动画等大型企业为代表的"第一阵营"。① 据中国投资咨询网披露,2015年中国动漫产业产值突破1100亿元大关。

二、发展现代流通组织和流通形式

现代流通业是运用先进流通技术设施、手段和现代流通组织、流通形式发展起来的产业。近年来,文化领域加快建设大型文化流通企业和文化产品物流基地,有效打破了原有计划经济体制下形成的条块分割、城乡分离的文化市场格局,构建起以大城市为中心、中小城市相配套、贯通城乡的文化产品流通网络。

1. 连锁经营

连锁经营是指经营同类商品或服务的企业,以一定的形式组成一个联合体,在整体规划下进行专业化分工,并在分工基础上实施集中化管理,从而提高规模效益的一种现代经营模式,它把分散的经营主体组织起来,具有规模优势,建立统一的配送中心,与文化企业或产业基地直接挂钩,可以节省流通费用,实施规范化经营。各地积极建设书报、影视产品、音像制品、电子出版物、艺术品、演出剧目的现代市场营销系统,建立以大城市为中心、中小城市相配套、贯通城乡的图书发行网络,发展跨区域、数字化电影院线。2005年5月,四川新华发行集团有限公司作为主要发起人,与四川、辽宁等地的出版、报业集团联合成立四川新华文轩连锁股

---

① 王珏殷,辛晓彤,杨威:《2014年度中国动漫产业发展报告》,引自网页:http://www.comicyu.com/html2012/145/2015/169903.html。

份有限公司（简称"新华文轩"）。中央领导同志曾对其给予"文轩是西部地区文化体制改革一盏灯塔"的高度评价。

2. 物流配送

物流配送是按照客户要求，经过分货、拣选等货物配备工作，把最终产品从生产线的末端送到消费者手中的移动和存储过程，强化配送过程中相互联系的组织与设施的集成效能，能够在保证顾客满意的前提下，实现整个供应链的价值，降低流通成本，增强文化产品和服务供给能力。在物流配送方面，各地重视开拓和培育农村市场，扶持农村文化产品生产和服务网点建设；加快建设大型文化流通企业和文化产品物流基地，进一步打破条块分割，减少流通环节，拓宽流通渠道，有效整合市场。全国新华书店基本建立贯通省内基层店的物流配送体系。

3. 电子商务

电子商务利用虚拟商务空间，实现实时、远程、大规模实体商务运营，突破了传统时空观念，缩小了文化产品生产、流通、分配、消费之间的距离，大大提高了物流、资金流和信息流的传输和处理效率，开辟了更为公平、公正的文化产品和服务大市场，能够更好地满足文化领域生产、流通和消费各方的利益需求。在开拓图书音像网购方面，到 2012 年交易规模即达到 145 亿元，形成了当当网等知名电子商务企业。

三、加快培育文化要素市场

文化要素市场是指各类文化要素的交易市场，包括资本市场、产权交易市场、技术市场、信息市场、人才市场等。当以文化产品市场为主体转变为以文化要素市场为主体，即当非物质形态的要素市场发展成为市场的主要内容时，标志着文化市场发展进入了现代文化市场体系阶段。

1. 积极推动文化与资本、金融市场对接

各地各有关部门积极推动文化企业上市融资，文化板块成为 A 股市场的新兴力量。至 2012 年 7 月，全国文化类上市企业达到 36 家，其中 2009 年以后上市的占 70%，共融资 280 多亿元。2011 年 11 月 30 日，江苏凤凰出版传媒集团在上海证交所正式挂牌交易，融资 44.8 亿元，是当时国内资本市场 IPO 规模最大的文化传媒企业。发行市盈率、网上冻结资金、网下配售冻结资金、网下配售对象数量均居当年 A 股 IPO 第一。截至 2017 年 4 月底，沪深两市文化上市公司达 103 家，约占 A 股上市公司总数的 3.21%，形成特色鲜明的"文化板块"。

有关方面大力推进投融资体制改革，积极开展银企合作、融资担保，促进金融资本与文化资源的有效对接。至 2011 年底，工行、农行、中行、建行、交行 5 家大型银行支持文化产业授信余额总计 2183 亿元，贷款余额共计 1855 亿元，分别比 2006 年增长 86% 和 80%。一些银行结合文化产业的特点，积极开展文化产业信贷产品创新。例如，交通银行推出"知识产权质押贷款"产品，向企业提供贷款。招商银行以"版权+票房收益担保"方式先后向华谊兄弟影视公司《集结号》《非诚勿扰》等影片制作提供总额为 1 亿元的贷款支持，开创了金融支持影视行业发展的成功先例。随着金融支持文化企业发展的长效机制逐步建立，文化企业多元化的融资渠道进一步拓宽，投融资中介服务体系加快完善。

2. 加强和规范文化产权市场建设

文化产权交易、文化经纪代理、担保、拍卖等中介服务日益加强，文化资源配置效率不断提高。上海、深圳文化产权交易所先后组建。上海文化产权交易所 2010 年即有 6000 多个项目挂牌，实现交易额 40 多亿元。深圳文化产权交易所至 2012 年 6 月，征集入库项目即达 13000 多个，挂牌项目 3000 多个，400 多个项目成交，交易总额超过 300 亿元。

3. 促进文化人才、技术等要素市场培育

文化产业属于知识、创意密集型的产业，特别需要有丰富知识、有创新能力的高素质人才。各地创新人才培养模式，实施高端紧缺文化人才培养计划，搭建文化人才终身学习平台，鼓励各类人才合理流动。对非公有制文化单位人员评定职称、参与培训、申报项目、表彰奖励同等对待。完善相关政策措施，多渠道吸引海外优秀文化人才。技术要素市场建设也取得重要进展。例如，文化部建设了多个动漫产业公共技术服务平台，为企业发展提供公共技术支撑服务，为实现动漫产业跨越发展提供技术引领与保障。

四、建立和健全文化中介组织

我国文化中介组织的发轫,其途径大致有两种:

第一种是政府职能转变、政府机构改革引起的,由政府行业主管部门组建行业协会,再由行业协会培育和扶持文化中介组织。文化中介组织在成立之初,在政府的授权或委托下承担原来由文化行政部门承担的部分职能。

第二种是我国东南沿海地区民营文化企业自发组建的文化中介组织。在文化商品的交换活动中,通过经纪人的创造性智力劳动与服务,不仅为文化交易的双方提供接触的机遇、成交的可能与现实,而且也为文化信息的传播拓展交往、对话的渠道,其结果是既扩大了文化信息的传播,又加速了文化商品的流通。[①]

党的十六大以后,我国将发展文化中介组织作为文化体制改革的重要内容加以部署。以此为契机,我国的文化中介组织步入快速发展阶段,版权代理、文化经纪、评估鉴定、技术交易、推介咨询、投资保险、担保拍卖等各类文化市场中介服务机构发挥着日益重要的作用。

五、推进文化市场综合执法改革

党的十六大之后开展的文化市场综合执法改革,既是文化市场管理机构和管理方式的改革创新,又是文化领域宏观管理体制的深刻变革,对于健全文化市场体系、规范文化市场秩序、促进文化市场健康繁荣发展、维护国家文化安全具有重要意义。

2004年8月,中办、国办转发了中宣部、中央编办、财政部、文化部、国家广电总局、新闻出版总署、国务院法制办《关于在文化体制改革综合性试点地区建立文化市场综合执法机构的意见》,确定在北京、上海、浙江、广东等9个文化体制改革综合性试点地区开展文化市场综合执法改革试点。2005年《中共中央 国务院关于深化文化体制改革的若干意见》,明确提出要整合现有有关行政执法队伍,

---

① 刘金祥:《关于我国培育和发展文化中介组织的若干思考》,《中共宁波市委党校学报》,2012年第3期。

组建综合执法机构，逐步推开文化市场综合执法工作。2009年9月，中宣部、中央编办、文化部、国家广电总局、新闻出版总署下发《关于加快推进文化市场综合执法改革工作的意见》，要求各级文化行政部门和综合执法机构要依照职责权限，切实履行指导文化市场综合执法的职责，全面加强文化市场监管。2009年10月，中央文化体制改革领导小组办公室在杭州召开全国文化市场综合执法改革经验交流会议，全面部署全国综合执法改革工作，标志着文化市场综合执法改革进入全面推进新阶段。2012年9月，文化部在青岛召开全国文化市场综合执法规范化建设工作会议，进一步推动文化市场综合执法规范化、信息化和专业化建设。

按照中央要求，各有关部门就深化文化市场综合执法改革制定出台更为具体的指导性文件，作出专门部署，明确各项要求。中央编办2010年专门下发《关于整合组建文化市场综合执法机构加强文化市场综合执法人员编制管理的实施意见》，文化部制定《文化市场综合行政执法管理办法》《关于加强文化市场综合执法指导工作的通知》《关于加强文化市场综合执法制度建设的通知》《文化市场综合执法人员行为规范》等十多个文件，指导各地加快推进文化市场综合执法改革工作。国家广电总局和新闻出版总署在各自职责权限范围内也加强业务培训、指导综合执法机构依法执法，积极探索建立完善文化市场综合执法工作机制，推进综合执法队伍规范化建设。

从2004年起，到2012年党的十八大召开前，文化市场综合执法改革的成效主要表现为以下两个方面：

一是积极推进以城市为中心的文化市场综合行政执法机构组建。改革开放以来，各类文化经营活动蓬勃兴起，文化市场管理任务日益加重，文化、新闻出版、广电等部门相继成立一批行政执法队伍，文化市场管理工作取得积极进展。但随着形势发展，文化市场管理中职能交叉、多头执法、管理缺失、力量分散等问题也逐步凸现出来，整合不同部门的文化市场执法力量，组建统一的文化市场综合执法机构成为文化市场综合执法改革的重要任务。各地各部门认真贯彻中央关于文化市场综合执法改革的总体部署，加快组建统一的文化市场综合执法机构，文化市场管理体制逐步理顺，建立和完善了"统一领导、统一协调、统一执法"的文化市场综合执法体制和工作机制。各地成立或调整充实各级文化市场管理工作领导小组的工作不断推进,未列入改革范围的新疆、西藏也进行了一定程度的改革。至 2011 年底,除新疆和西藏外,全国列入改革范围的 402 个地级市(含副省级城市及直辖市的区县)及 2605 个县(区)基本完成综合执法机构组建工作,地级市综合执法机构组建完成率为 99.5%。县(区)综合执法机构组建完成率为 93.2%。与此同时,各地各部门大力推进文化市场综合执法队伍规范化、信息化、专业化,加强综合执法队伍素质建设、装备建设、形象建设和业务建设,执法效能明显提高。

二是加快推进副省级以下城市组建综合文化行政责任主体。与组建统一文化市场综合执法机构相衔接,推进副省级城市组建综合文化行政责任主体成为深化文化市场综合执法改革的另一项重要内容。组建综合文化行政责任主体,有利于理顺文化市场管理体制,有利于提高文化市场管理效能,对加强和改进文化宏观管理具有重要意义。各地各有关部门按照中央统一部署,加快推进副省级以下城市组建综合文化行政责任主体。至 2011 年底,全国共有 286 个地级市、846 个县(区)实现了文化(文物)、广播影视、新闻出版(版权)三局合一,有 36 个地级市、809 个县(区)文化部门与广播影视或新闻出版(版权)两部门之一进行了两局合并。未列入改革范围的新疆、西藏也进行了一定程度的改革。在组建综合文化行政责任主体的基础上,各地各部门按照"精简、统一、效能"的原则,科学设置文化责任主体的内设机构,保留原有各行政管理部门的业务处室,整合办公室、人事、财务等非业务处室,有效提高了管理效能。

党的十八大后,中央进一步推进文化市场综合执法改革工作。2016 年 4 月,中办、国办印发了《关于进一步深化文化市场综合执法改革的意见》,拉开了第二轮文化市场综合执法改革的大幕。文化部于当年 4 月底举办了该意见贯彻落实培训班,各省区市文化厅局长、市场监管部门负责人、文化执法队长约 110 人参加了培训。文化部还牵头建立了全国文化市场管理工作联席会议制度,加强信息沟通和工作协调。各地也按照该意见要求,提出了明确的"任务书"和"时间表"。

第四节
对建立健全现代文化市场体系的展望

前瞻和把握文化市场体系改革的未来,一要认真总结实践经验,并从中提炼规律性认识;二要对文化部门的工作规划作认真研究,领会要义、把握重点。

一、既往的实践提供了可资借鉴的经验

改革开放以来,建立健全现代文化市场体系的实践,为进一步推进有关工作提供了重要经验:

1. 与时俱进完善顶层设计

改革开放之初,我国文化资源的配置是以行政化的方式,即按行政区划、行政层级、行政部门来划拨,造成文化市场体系分割。伴随着社会主义市场经济体制的发展,中央与时俱进,及时完善顶层设计,加快现代文化市场体系建设,促进包括资本在内的各类文化要素在市场中流通。2005年12月颁布的《中共中央 国务院关于深化文化体制改革的若干意见》要求"打破条块分割、地区封锁、城乡分离的市场格局,形成统一、开放、竞争、有序的现代文化市场体系",对文化市场体系建设提出了总体要求。在完善资本准入制度方面,为落实中央精神,2004年10月18日,文化部制定下发了《关于鼓励、支持和引导非公有制经济发展文化产业的意见》,提出一系列具体举措,如进一步放宽市场准入,允许非公有制经济进入法律法规未禁止进入的文化产业领域等。2005年4月发布的《国务院关于非公有资本进入文化产业的若干决定》以及同年7月文化部等五部门联合制定的《关于文化领域引进外资的若干意见》,进一步规定了非公有资本和外资进入文化领域的范围和原则。这些文件,均对我国建立和完善现代文化市场体系特别是促进文化领域资本市场的形成起到了重要的顶层设计作用。

2. 坚持一手抓繁荣、一手抓管理

繁荣和管理"两手抓，两加强"，是由我国的基本国情、我国文化发展的实际情况决定的。文化行政部门指出，从总体上看，我国文化市场才刚刚开始培育，还很稚嫩、很初级，特别是中西部地区广大农村的文化市场还没有真正形成，文化领域的资本、产权、技术等要素市场还不健全。所以，要把繁荣文化市场作为首要任务，进一步深化改革，加快现代市场体系建设，在文化产业领域充分发挥市场的积极作用，在多种所有制共同发展、培育合格市场主体、构建现代流通体系、搞活体制机制等方面，提倡大胆试、大胆闯。同时，我们要充分认识到市场经济是法治经济，要高度重视健全市场法律机制，促使文化市场依法健康有序发展。必须正确处理政府与市场的关系，加快政府职能转变，综合运用法律、经济、行政、科技等手段，加强市场监管，建立依法经营、违法必究、公平交易、诚实守信的文化市场秩序，保障文化市场健康有序发展。不能重监管、轻培育，也不能重培育，轻监管。要坚持在繁荣中改进管理，以管理来促进繁荣，努力构建统一、开放、竞争、有序的市场体系。这些重要的理念保证了现代文化市场体系建设取得显著的成效，应当为今后推进有关工作继续遵循。

3. 把探索创新作为提高工作水平的重要途径

为使文化市场管理跟上政府体制和新兴技术的变化，文化行政部门曾提出并推进"三化建设"。一是推进一体化建设，即围绕破除部门、地方等各种壁垒，按照"统一领导、统一协调、统一执法"的要求，着力建立协调有序的综合执法运行机制，努力解决机构重叠、职能交叉、多头执法、重复执法的问题。二是推进规范化建设，即围绕建立权责明确、行为规范、监督有效、保障有力的执法体制，着力打造一支专业化、规范化、信息化的执法队伍，不断推进执法工作的法制化、科学化、规范化。三是推进信息化建设，即围绕实现标准化、透明化，可核查、可监督，不断探索利用信息网络技术拓展执法监管手段，拓宽监管视野，提高执法效能，全面提升文化市场监管专业化水平。这些重要的探索创新，有力地推动了市场监管水平的提高。

二、适应新形势，实现新突破

当前，在行政审批制度改革深入推进和互联网技术快速发展、新科技应用快速深化的交互影响下，建立健全现代文化市场体系面临许多新的挑战。

从产品形态看，文化产品的表现形式日趋多样，使用周期缩短、更新频率加快。原来可视可触摸的产品扩展为实物和虚拟的多样化产品。虚拟现实和增强虚拟现实技术将成为新的大众应用。

从产品进入市场的途径看，直接在互联网上销售的大量增加，在实体店销售的比例明显下降；不少文化产品的生产者与传播者几乎是"零时差"调整和变化，与消费者几乎是"零时差"见面。

从市场主体形态看，平台企业大量增加，只见产品和服务不见供应方，以及非企业的个人销售、跨境销售已成常态。

从消费人群和参与方式看，文化市场消费大众化、全年龄段化趋势明显。原来很小众的高消费场所开始面向大众，一些行业的消费人群开始从以年轻人为主扩展至全年龄段，这在上网服务、歌舞娱乐、游戏游艺场所和家庭游戏等领域已呈明显趋势。

从政策调整和行政审批制度改革的效应看，政策调整正在催生新的业态和新的市场主体，行政审批制度改革则要求改变长期沿袭的文化行政审批工作方式。

这些新情况和新问题决定了建立健全现代文化市场体系的一系列新课题。《文化部"十三五"时期文化发展改革规划》围绕推动解决建立健全现代文化市场体系中的一系列新问题，在第八部分"完善现代文化市场体系"中，提出"建立统一开放、竞争有序、诚信守法、监管有力的现代文化市场体系，健全以内容监管为重点、信用监管为核心的文化市场事中事后监管体系，推动文化市场成为满足人民群众多样化精神文化需求的主渠道"的总体任务，并就以下方面作出规划。

1. 完善多层次的文化产品市场

推动文化产品供给侧结构性改革，加强内容建设，丰富产品供给。鼓励文化企业加快创新、丰富业态、改造装备、改善服务环境、提供公共服务，支持行业协会举办创新设计大赛和群众性赛事活动。引导企业开发面向大众、适合不同年龄层次的文化产品，提供差异化服务。加强网络文化内容建设，引导市场主体提供弘扬社会主义核心价值观、体现中国精神的网络文化产品。

2. 建立完备高效的文化要素市场

加强人才、资本、技术、信息、产权和中介服务市场建设，促进文化要素在健康有序的市场环境中高效流转，提高文化资源配置效率，增强文化市场内生动力。建立统一的市场准入与退出制度。推动各行业建立较为完备的政策法规、标准规范、人才培训、数据信息等服务平台，为行业发展提供优质的公共服务和行政指导。消除地区壁垒，促进区域协作和市场一体化建设。消除行业壁垒，鼓励多种经营和业态融合，支持大中城市建设文化娱乐综合体。

3. 构建以信用管理为核心的监管体系

以文化市场信用信息数据库建设为基础，以信息公开为监督约束手段，以警示名单和黑名单为基本制度，以协会开展信用评价、分类评定为辅助，构建守信激励、失信惩戒和协同监管机制。建设文化市场信用信息系统，实现部门之间、区域之间信息交互共享。定期公布文化市场违法违规经营主体和文化产品黑名单、警示名单，对文化市场经营主体实行分级分类管理。加强行业信用评级制度建设及信用信息应用，开展文化市场经营场所分类评级，培育文化市场信用服务机构，发挥协会在文化市场信用体系建设中的积极作用。

4. 提升文化市场综合执法能力

基本完成深化文化市场综合执法改革任务，健全文化市场执法机构和队伍，提高全国综合执法队伍专业化、规范化、信息化水平。建立文化市场信息报送和反馈系统，建成高效的文化市场执法指挥平台。制定文化市场综合执法规范化标准，完善综合执法协作机制。针对突出问题开展专项整治，加强重大案件督查督办。加强文化市场执法人员的准入、演练、操练和动态管理。加强以案件为导向的执法培训，提高综合执法队伍执法办案能力。推进全国文化市场技术监管与服务平台全面应用，提高文化市场管理与执法信息化水平。

规划就有关工作内容列出了专栏：

> **专栏**
>
> **现代文化市场体系建设**
>
> **文化市场信用体系建设工程**：完善文化市场信用信息数据库，涵盖全国90%以上的文化市场经营主体。建立文化市场信用管理规章制度，指导协会开展行业标准及规范建设。与其他部门建立信用信息交互共享及联合惩戒机制，向管理部门和公众提供便捷及时的文化市场信用信息服务。
>
> **网络文化市场建设工程**：支持国产优秀网络文化产品生产创作，拓展优秀网络文化产品传播渠道和落地空间。完善网络文化内容监管体系，构建全网筛查、全国协作、标准统一、步调一致的网络文化市场执法机制，防控含有禁止内容的网络文化产品传播，净化网络文化环境。鼓励传统文化市场与网络文化市场优势互补、融合发展。
>
> **文化市场综合执法能力提升工程**：健全文化市场综合执法协作机制，加强京津冀、江浙沪、西藏及四省藏区等区域执法协作。全面实施以"随机抽取检查对象、随机抽取执法人员、向社会公开检查结果"为主要内容的"双随机一公开"制度。制定文化市场安全生产工作规范，提升公共突发事件防范处置能力。推进中西部地区文化市场综合执法能力提升行动计划，推广综合执法以案施训和师资巡讲活动。推动地方落实综合执法队伍能力建设及工作经费。
>
> **全国文化市场技术监管与服务平台建设和推广工程**：建成支撑文化市场宏观决策、市场准入、综合执法、动态监管和公共服务等核心应用的文化市场技术监管系统，形成统一的信息共享平台、信用服务平台、业务关联平台、应用集成平台和技术支撑平台，推动平台在全国区县文化行政部门和文化市场综合执法机构应用率达到95%。
>
> 《文化部"十三五"时期文化发展改革规划》专栏6

在维护文化市场秩序方面，有关部门将依托业已建立的全国文化市场管理工作联席会议制度，重点推进以下工作：

一是完善文化市场综合执法体制机制。文化市场综合执法改革从2004年开始试点，到2009年正式推开。从这些年的情况看，建立综合执法管理体制、规范执法机构设置是改革的重点和难点。联席会议将推动地方尽快充实完善省、市、县三级文化市场管理工作领导小组，统一领导本行政区文化市场管理和综合执法工作，研究解决深化改革重大问题，将推动执法机构按规范设置，督促地方正确处理好文化市场综合执法改革与综合行政执法体制改革的关系，保持文化市场综合执法队伍相对独立。

二是强化文化市场内容管理。文化市场管理是意识形态管理的重要阵地，核心是内容监管。文化市场必须坚持把社会效益放在首位，努力实现社会效益与经济效益相统一。近年来，文化、新闻出版广电等部门在内容管理方面采取了许多措施，不仅从管理前端入手，出台了网络音乐、网络游戏、网络视听、网络文学等内容审核指引，进一步细化内容审查标准；也从事中事后监管角度，指导各地执法机构查处一大批含有禁止内容的文化产品，成效比较明显，规范了文化市场。有关部门将依靠联席会议这一机制，加强沟通联系，力争一把尺子对外，出台指向更为精确、更具操作性的内容管理措施。

三是推进文化市场信用体系建设。近年来，国务院印发《社会信用体系建设规划纲要（2014—2020年）》等一系列文件，要求构建以信用为核心的新型市场监管体制。在行政审批制度和商事制度改革的大趋势下，加强文化市场事中事后监管、推进信用体系建设，势在必行。自2015年开始，文化部在全国试行文化产品和文化市场经营主体黑名单管理制度，并依托全国文化市场技术监管与服务平台，基本建成涵盖近60万家文化市场经营主体的基础数据库。下一步，文化部将协调推进文化市场领域信用体系建设，进一步打通各成员单位间的信息壁垒，以文化市场信用信息数据库建设为基础，以"双随机、一公开"为监督约束手段，以警示名单、黑名单和红名单为基本制度，构建守信激励、失信惩戒和协同监管机制，使守信者一路畅通，使失信者寸步难行。

第五章
文化行政体制改革

改革文化行政体制,是增强党的执政能力的需要,是推进国家治理体系和治理能力现代化的需要,是深化行政管理体制改革的需要。改革开放以来,我国文化行政体制改革经历了初步调整(1978—1992年)、深化调整(1993—2002年)、全面改革(2003—2012年)、深化改革(2013年至今)四个时期,在推进政企、政事、政资分开和管办分离,推动文化行政管理部门全面履行政府职能,深化文化行政审批制度改革,健全文化改革发展法律法规,探索完善国有文化资产管理体制等方面取得了显著成效。深入推进文化行政体制改革,既要坚持被实践证明行之有效的理念和做法,也要适应新情况、新要求,及时作出新的规划和设计,进一步明确文化领域政府宏观职能,充分调动社会各主体文化治理积极性,发挥文化市场在文化资源配置中的积极作用。

第一节
文化行政体制改革的重要意义

改革开放以来,随着文化单位改革的深入推进和文化产业、文化市场的快速发展,文化管理的对象、内容、范围等都有了很大变化,改革文化行政体制,建立健全新的文化管理体制的任务日益迫切。

一、改革文化行政体制是增强党的执政能力的需要

文化资源是一个政党执政的重要资源,先进文化是一个政党在思想上和精神上

的一面旗帜。一个政党能否长期执政，能否始终保持先进性，既取决于它能否领导和管理好文化工作，也取决于它能否运用先进文化引领前进方向、始终带领全国各族人民走在时代前列。改革开放以来，我们党以高度的文化自觉、文化自信，不断推进健全文化行政管理，巩固了马克思主义在意识形态领域的指导地位，使党始终代表社会主义先进文化的前进方向。同时，随着人们思想观念的深刻变化，社会思想意识日益活跃，各种非马克思主义的思想观念有所滋长，影响社会和谐稳定的舆论时有出现，加强和改进党对文化工作的领导、引领整合多样化社会思潮的任务更加繁重。增强党的执政能力建设、保持党的先进性，迫切需要在坚持党的领导的前提下，改革文化行政体制，加强和改进文化宏观管理。

二、改革文化行政体制是推进国家治理体系和治理能力现代化的需要

一般认为，国家治理体系由经济治理、政治治理、文化治理、社会治理、生态治理五大体系构成，是一个有机的整体。国家文化治理能力的形成离不开各种社会主体的自主性参与。根据国家治理体系和治理能力现代化的需求，最大限度地激发人民群众创造活力是文化体制改革的关键之举。简而言之，在文化领域贯彻治理理论要求政府积极推进自身变革，有所为有所不为，变发展全能政府为积极培育公民个人、民营主体、社会组织对于文化领域的治理能力。

三、改革文化行政体制是深化行政管理体制改革的需要

深化文化行政体制改革、加强和改进文化宏观管理，是深化行政管理体制改革的重要内容。改革开放以来，宣传思想文化战线认真贯彻中央关于深化行政管理体制改革的决策部署，扎实推进政府职能转变，不断加强文化行政部门自身建设，推动文化管理体制改革取得明显成效，极大地激发了文化领域微观主体发展活力，为深化行政管理体制改革做出了贡献。但与中央关于深化行政管理体制改革的总体要求相比，文化宏观管理改革还不完全适应，还存在一些薄弱环节和亟待解决的问题。提高政府管理效能，形成科学合理的行政管理体制，迫切需要不断深化文化行政体制改革、加强和改进文化宏观管理。

第二节
文化行政体制改革的基本历程

文化行政体制改革既是整个政府行政体制改革的重要组成部分，又有其自身的特殊规律和要求。文化行政体制改革的历程，体现了我国政府机构改革从计划经济时代包办一切的"全能政府"逐步过渡到市场经济时代下职能清晰化的"有限政府"的过程。

一、文化行政体制的初步调整期（1978—1992年）

"文革"结束后，为了加强经济社会各项管理工作的需要，国务院在恢复以往部门的基础上，又增加了一些新的机构。到1981年，国务院所属部委恢复到了52个，机构总数达到100个，达到了1949年以来政府机构数量的顶峰。过度膨胀的机构不仅影响了行政效率，也给国家财政带来了沉重的负担，从1982年开始，国务院进行了一场自上而下的以精兵简政为主题的改革，改革后国务院各部门从100个精简到61个，同时废除了领导干部职务终身制，推进了领导干部的年轻化。

这一时期，伴随着我国行政体系改革的推进，文化管理领域经历了一个恢复重建和革新整合的历史过程。"文革"运动以"文化"作为重点冲击和改造领域，文化管理系统遭到毁灭性破坏。1978年1月，文化部召开了第一次干部大会，开展了文化部系统平反冤假错案和干部落实政策工作，大批文化干部和文艺工作者获得解放并回归工作岗位，保证了我国文化事业建设的正常开展。然而随着我国改革开放事业的迅速推进，旧有的文化体制很快成为文化生产力解放和发展的桎梏。一是伴随着拨乱反正政策的落实，人员回归造成文化机构人满为患，财政供养人员剧增，国家财政难以支撑整个文化领域单位体系的供养；二是部门管理体制下的文化行政管理体系存在着计划经济时代官僚机构的一切弊病：机构臃肿、权责不清、人浮于事、平均主义、激励缺位、人才流失、资源浪费等，日渐难以为继。三是高度集中的传统文化管理模式对文化领域过多的审批、规制和干预严重禁锢了文化领域的复苏和繁荣，进而影响了社会思想解放和改革进取氛围的形成。

1979年10月，邓小平同志在第四次文代会上提出了新时期我国文艺事业发展的指导方针，明确提出："党对文艺工作的领导，不是发号施令，不是要求文学艺术从属于临时的、具体的、直接的政治任务，而是根据文学艺术的特征和发展规律，帮助文化工作者获得条件来不断繁荣文学艺术事业。"为文化领域管理体制改革定下基调。紧接着，1980年2月召开的全国文化厅局长会议提出了文化体制改革课题，即坚决地有步骤地改革文化事业体制，改革经营管理制度。

在1982年的大规模政府机构改革中，文化部与国家出版事业局、国家文物事业管理局、外文出版发行事业局合并，设置中华人民共和国文化部。1985年，中办、国办转发了文化部《关于艺术表演团体的改革意见》，文化系统积极调整艺术部门和艺术团体的整体布局，改革根据行政层级层层设置专业艺术团体的模式，从大中城市到市县一级的艺术团体都提出了精简、撤并的要求，改变了数量过多、布局不合理的状况，同时改变了国家财政大包大揽的供养形式。这些改革思路的提出，虽然不是直接针对文化行政系统本身的，但在实践推行中，对文化行政体制改革起到了一定的"倒逼"作用。

伴随着经济体制改革中"建立社会主义商品经济"目标的明确，行政体制改革加快步伐。1988年，政府机构改革明确以"推进政府职能转变"为主题，以合理配置职能、科学划分职责分工、调整机构设置、改变工作方式、提高行政效率、完善运行机制、加速行政立法为主要内容，郑重拉开帷幕。转变职能包括五个方面的内容，即由微观管理转向宏观管理、由直接管理转向间接管理、由部门管理转向全行业管理、由"管"字当头转向服务监督、由机关办社会转向机关后勤服务工作社会化。经过这次改革，国务院机构总数由72个精简为68个。这次改革对文化行政领域进行了大刀阔斧的调整，将原来的文化部、对外文化联络委员会、国家出版事业管理局、国家文物事业管理局、外文出版发行事业局合并，成立了中华人民共和国文化部。同年，文化部颁发《关于加快和深化艺术表演团体体制改革的意见》，提出文化艺术管理领域的"双轨制"政策，一方面，少数代表国家和民族艺术水平的，或带有实验性的，或具有特殊历史保留价值的，或少数民族地区需要国家扶持的艺术表演团体由政府主办，实行全民所有制；另一方面，规模较小、较分散的艺术表演团体由社会主办，自主经营，自负盈亏。实行"双轨制"后，大量民间文艺剧团涌现并日益活跃。① 文化领域社会管理的任务由此加重。

为了适应文化经济管理工作的需要，1989年，国务院批准在文化部设置文化市场管理局，全国文化市场管理体系开始建立。同年，深圳市率先成立了国内第一支文化市场综合执法队伍，开始在文化、广播电视、新闻出版、版权等九大门类的文化市场中实行综合执法。

二、文化行政体制的深化调整期（1993—2002年）

1993年，我国提出了适应社会主义市场经济体制改革的需要推进政府机构改革的任务：精简机构、进一步转变职能、理顺关系、提高效率。改革的重点是转变政府职能，加强宏观调控和监督部门。根据改革方案，国务院组成部门、直属机构、办事机构要减少27个，人员减少20%。

文化领域各部门在对自身的机关编制和人员进行精简和调整的同时，重点对文化经济领域的政策进行了调整：一是改变大包大揽，"一大二公"的财政供养体系，调整对艺术表演院团的经费投入机制，实行演出场次补贴制，将财政拨款与艺术团体表演活动挂钩；二是对电视台等传媒机构实行财务"预算包干"的管理体制；三是颁布一系列支持文化事业发展的经济、税收优惠等政策，如财政部和国家税务总局于1994年发布《关于继续对宣传文化单位实行财税优惠政策的规定》、国务院于1996年颁布《关于进一步完善文化经济政策的若干规定》等，对相关文化单位实行税收优惠政策，切实减轻文化单位的税费负担，同时规定优惠办法鼓励社会力量捐赠文化事业，进一步为文化领域的繁荣发展提供助力。

1998年，我国明确政府机构改革以建立办事高效、运转协调、行为规范的政

---

① 杨立青：《上下联动的中国文化管理体制创新》，武汉大学博士论文，2013年5月1日。

府行政管理体系为目标，主要任务是按照社会主义市场经济的要求，转变政府职能。根据市场经济建设的需要，精简了很多与计划经济相关的经济部门，国务院组成部门由 40 个减少到 29 个，将大量管理职能移交给企业、地方、社会中介机构和行业自律组织。政府职能的转变推动了文化管理领域的一系列变革。

首先，文化部在机构设置、人员编制方面大幅度缩减的情况下，新设立了文化产业司。这标志着文化产业由民间自发发展阶段进入政府推动的阶段。

其次，通过组建一系列影视、出版集团，推动文化领域的结构调整。2001 年，中办、国办转发了中宣部、国家广电总局、新闻出版总署《关于深化新闻出版广播影视业改革的若干意见》，在强调加强党对新闻出版、广播影视业改革的领导的前提下，提出文化体制改革要以发展为主题，共组建了包括中国广电集团和中国出版集团在内的文化集团 70 多家，这些文化集团的组建，探索了文化体制和机制的改革，加快了市场整合和结构调整。

再次，文化企事业单位内部人事管理制度、收入分配制度等方面的改革得到进一步强化。以新闻出版单位为例，通过建立新的激励机制、竞争机制和约束机制，新闻单位的工作作风焕然一新，新闻报道的质量和数量大幅度提高。报刊的发行量逐年上升，广播电视节目的收听收视率逐步提高。文化生产力的发展，不断对文化行政体制改革提出新的要求。

三、文化行政体制的全面改革期（2003—2012 年）

2003 年，我国明确政府机构改革主要目标是进一步转变政府职能，调整机构设置，理顺部门职责，完善与市场经济相适应的行政管理体制，强调政府职能应集中于经济调节、市场监管、社会管理和公共服务等四个方面。经过改革，国务院组成部门由 29 个调整为 28 个，此次改革政府机构变动并不大，其重点在于政府职能的转变，尤其是按照"决策、执行、监督"三权相协调的要求，对政府职能分工进行了重新的规划和分配。

2003 年 6 月，全国文化体制改革试点工作会议在北京召开，确定在 9 个地区和 35 个文化单位进行试点。在试点取得显著成效的基础上，2006 年初，《中共中央国务院关于深化文化体制改革的若干意见》下发，对文化体制改革作出全面部署。2006年3月，全国文化体制改革工作会议在北京召开，总结文化体制改革试点经验，部署全面推进文化体制改革，包括文化行政体制改革在内的一系列改革任务进一步明确。

2008年，国务院机构改革按照探索职能有机统一的大部门体制要求，围绕转变政府职能和优化政府结构，对一些职能相近的部门进行整合，实行综合设置，如合理配置宏观调控部门职能，加强能源环境管理机构，整合完善工业和信息化、交通运输行业管理体制，以改善民生为重点加强与整合社会管理和公共服务部门。在文化领域，行政体制改革继续按照《中共中央 国务院关于深化文化体制改革的若干意见》的部署进行。

从文化行政体制改革的角度看，2003—2012年的文化体制改革，可以概括为对公益性文化事业和经营性文化产业实行区别管理：公益性文化事业为社会提供公共文化产品，政府加大对公共文化服务的投入力度，同时推动其加大运行机制的创新力度；经营性文化产业为社会提供多层次、多样性的文化产品，其主体是各类文化企业，政府对企业进行宏观引导和管理。

在对文化企事业单位进行分类管理和发展的总体思路下，文化行政管理在改革中突破，交出了亮丽的成绩单：一方面，国有文化单位转企改制获得突破性进展，文化产业所有制结构不断优化，一批影响较大的民营骨干企业得到发展，以公有制为主体，多种所有制成分平等竞争、共同发展的文化产业格局初步形成，政府在文化领域的经济调节、市场监管和社会管理职能得到较为充分的发挥。另一方面，从中央到地方，不断加强对公益性文化事业单位的支持，各地文化基础设施建设得以加强，公共文化场所基本实现免费开放，乡镇和社区综合文化站、文化信息资源共享、农村电影放映、农家书屋等工程推进顺利，政府提供公共文化服务的能力显著增强。

行政审批制度改革是行政体制改革的重要组成部分。中央高度重视行政审批制度改革。2003年，十届全国人大常委会第四次会议通过《中华人民共和国行政许可法》（以下简称《行政许可法》）。国务院2004年发布《全面推进依法行政实施纲要》、2008年下发《关于深入推进行政审批制度改革的意见》。中共中央、国务院2005年下发的《中共中央 国务院关于深化文化体制改革的若干意见》明确提出，要完善行政许可，加快行政审批制度改革，清理、减少和规范文化行政审批事项。宣传文化系统按照中央要求，认真贯彻《行政许可法》，不断深化文化行政审批制度改革。此后，文化领域行政审批制改革力度进一步加大，不断取得新的突破。

四、文化行政体制的深化改革期（2013年至今）

2013年，根据党的十八届二中全会和十二届全国人大一次会议审议通过的《国务院机构改革和职能转变方案》，政府机构改革主要围绕理顺职责和转变职能，重点改革铁路、食品药品、新闻出版和广播电影电视等管理机构。在文化行政管理领域，将新闻出版总署和国家广播电影电视总局的职能整合，组建国家新闻出版广播电影电视总局，加挂国家版权局牌子。这一改革将新闻出版、广播电影电视领域的文化管理职能进行了归拢合并，有利于进一步顺政府文化管理职能，在一定程度上改变了文化行政领域多龙治水的弊病。

2014年2月，中央全面深化改革领导小组第二次会议审议通过了《深化文化体制改革实施方案》，明确我国文化领域改革总体思路和布局是紧紧围绕一个核心目标，着力抓住两个关键环节，加快构建五个体系。"一个核心目标"，即培育和弘扬社会主义核心价值观，建设社会主义文化强国；"两个关键环节"，即完善文化管理体制，深化国有文化单位改革；"五个体系"，即构建现代公共文化服务体系、现代文化市场体系、优秀传统文化传承体系、对外文化传播和对外话语体系、文化政策法规体系。其中，"完善文化管理体制"和"构建文化政策法规体系"规定了文化行政体制改革的方向和重点，文化行政体制改革进入新的加快推进时期。各相关部门坚持简政放权、放管结合、优化服务，不断提高文化市场管理水平。落实"先照后证"要求，定向修改了娱乐场所、营业性演出、互联网上网服务营业场所管理的法规，修订美术品、互联网文化市场管理等方面的规章，制定了改进审批工作的文件。2016年，中办、国办印发《关于进一步深化文化市场综合执法改革的意见》，文化部牵头建立了全国文化市场管理工作联席会议制度，制定了7个综合执法规范性文件。

第三节
文化行政体制改革的重要举措及其成果

改革开放以来，各地各有关部门适应社会主义市场经济发展要求，根据宣传文化工作的特点和规律，积极推进文化行政体制改革，加快推进政府职能转变，加强对文化导向等方面的管理，文化宏观管理的能力和水平显著提升。

一、推进政企、政事、政资分开和管办分离

推进政企、政事、政资分开和管办分离，进一步理顺文化行政管理部门与所属企事业单位的关系，是加快转变政府职能的重要前提。2003年《关于文化体制改革试点工作的意见》、2005年《关于深化文化体制改革的若干意见》、2011年党的十七届六中全会决定、2011年《国家"十二五"时期文化改革发展规划纲要》等都明确要求文化行政主管部门进一步明确职责，推进政企分开、政资分开、政事分开、政府与市场中介组织分开，进一步理顺与所属企事业单位的关系。

中央进一步明确了各文化行政管理部门的职能定位和责任分工。中央和省级文化行政管理部门主要负责制定战略规划、政策法规、标准规范和加强行业监督。市、县级文化行政管理部门着力抓好文化方针政策和法律法规的贯彻落实，强化行政执行和执法监管，面向基层群众做好公共文化服务。2008年7月，国办分别印发了文化部、国家广电总局、新闻出版总署的《"三定"规定》，明确了当时三部门各自的职能。文化部主要职责是拟订文化艺术领域各项事业发展的方针政策、战略规划，组织推进体制机制改革、公共文化服务和文化艺术产业发展，指导基层文化建设和保护非物质文化遗产，对文化艺术经营活动进行监管，指导管理全国对外文

化交流和对港澳台文化交流等。国家广电总局的主要职责是拟订广播电影电视宣传、创作的方针政策,组织推进广播电影电视领域的公共服务,指导、协调广播电影电视事业、产业发展,监管广播电影电视节目、信息网络视听节目和公共视听载体播放的视听节目,审查其内容和质量等。新闻出版总署的主要职责是研究拟订新闻出版业的方针政策,制定发展规划、宏观调控目标和产业政策并指导实施,对新闻出版活动实施监督管理,组织协调全国扫除黄色出版物、打击非法出版活动工作等。2009年,中央编办对《"三定"规定》中有关动漫、网络游戏和文化市场综合执法的部分条文进一步作出解释:明确文化部是动漫的主管部门,影视动漫和网络视听中的动漫节目由国家广电总局负责,新闻出版总署负责在出版环节对动漫进行管理;明确文化部是网络游戏的主管部门,新闻出版总署负责网络游戏的网上出版前置审批,一旦上网,完全由文化部管理,新闻出版总署负责对出版境外著作权人授权的互联网游戏作品进行审批,其他进口网络游戏的审批工作由文化部负责;明确文化部负责指导文化市场的综合执法工作,负责指导副省级城市和地市级以下的文化、广电、新闻出版等部门执法力量的整合,建立统一的文化市场执法力量,文化市场执法工作由统一的文化市场执法力量承担。为进一步理顺电影管理体制,中宣部、中央编办、文化部、国家广电总局于2008年联合下发《关于进一步理顺地方电影管理体制的通知》,将地方各级文化行政部门承担的电影发行放映管理职责和相关的机构编制、设施设备等,统一归口划入地方各级广电行政部门。经过职能调整和划转,文化行政管理部门进一步理顺了管理体制,增强了管理效能。

各地各有关部门积极推进政企分开、政事分开、政资分开和管办分离,进一步理顺了与所属文化企事业单位和市场中介组织的关系。省级新闻出版主管机构与出版社、广电主管机构与电视台基本完成了"局社分开""局台分开",基本做到职能分开、机构分设、财务分离,"两块牌子、一套人马"的问题得到了有效解决,逐步形成权责一致、分工合理、决策科学、执法顺畅、监督有力的行政管理体制。

二、推动文化行政管理部门全面履行政府职能

加强政策调节、市场监管、社会管理和公共服务是行政管理部门的四项重要职

能,是建设法治政府和服务型政府的必然要求。近年来,各级文化行政管理部门加快政府职能转变,强化政策调节、市场监管、社会管理、公共服务职能,实现了由主要管理直属单位向社会管理转变,由以行政管理手段为主向综合运用法律、经济、行政、技术等多种管理手段转变,文化行政管理部门的管理水平和服务能力得到有效提升。

具体来讲,一是通过制定战略规划和政策措施,强化政策调节职能。中央制定出台了国家"十一五""十二五""十三五"时期文化领域的改革发展规划纲要、文化产业振兴规划等。各地结合实际,也出台了本地区文化改革发展规划,有力引导和推动了文化事业和文化产业发展。有关部门制定了鼓励发展民营文艺表演团体的意见、支持经营性文化事业单位转制为企业的规定、鼓励和支持文化产品和服务出口的若干政策、非公有资本进入文化产业的若干决定、文化领域引进外资的若干意见等,向社会、广大文化企事业单位鲜明地指出了国家鼓励什么、支持什么、禁止什么,使政策调节成为推动文化改革发展的有力杠杆。二是正确处理政府与市场之间的关系,强化市场监管职能。近年来,各级文化行政主管部门着眼于建立依法经营、违法必究、公平交易、诚实守信的市场秩序和公开、公平、公正的市场竞争环境,深化文化市场综合执法改革,建立协调有序的综合执法运行机制,进一步改进管理方式,创新管理手段,加强各类监管平台建设,完善市场准入和退出机制,把好资质、资金、产品等准入关,做到依法管理、科学管理、有效管理,确保文化市场平稳有序运行。三是重视和加强各类行业协会、社会组织建设,强化社会管理职能。近年来,各级文化行政主管部门把社会管理工作摆在更加突出的位置,发挥行业协会作用,完善行业协会内部自律机制,培育、管好各类社会组织,推动社会组织健康有序发展,不断提高社会管理科学化水平,使文化改革发展成果更好地惠及全体人民。四是大力发展公益性文化事业,强化公共服务职能。近年来,各级政府把构建公共文化服务体系纳入经济社会发展总体规划,坚持政府主导,以公共财政为支撑,按照公益性、基本性、均等性、便利性的要求,积极扶持公益性文化单位,加强文化基础设施建设,完善公共文化服务网络,让群众广泛享有免费或优惠的基本公共文化服务,切实承担起保障人民基本文化权益的职责。

三、深化文化行政审批制度改革

深化行政审批制度改革是推进依法行政的重要内容，对于进一步转变政府职能、减少政府对微观经济活动的干预、加快建设法治政府和服务型政府具有重要意义。

各级文化行政主管部门加快深化文化行政审批制度改革，不断清理、减少和规范行政审批事项，进一步提高了行政效能。2012年以前，文化部陆续取消行政许可和非行政许可审批项目25项、下放5项、划转3项，并对有关部门规章和规范性文件进行了清理和修订。国家广电总局编写了《广播影视行政执法手册》，更新了《关于印发广播电影电视行政审批项目及实施机关的通知》，减少行政许可，规范许可行为，制定、修改几十项落实行政许可法的配套部门规章；按属地管理的原则，下放审批权，实行分级管理。新闻出版总署专门制定出台了《关于深化新闻出版行政审批制度改革的意见》，自2010年起共6次取消和下放行政审批项目，取消行政审批项目36项，下放到省市县7项。党的十八大后，文化领域有关部门按照中央部署认真开展行政审批制度改革各项工作，取得新的重要进展。

四、健全文化改革发展法律法规

文化战线把法制化、规范化建设作为深化文化体制改革、推动文化事业文化产业繁荣发展的重要内容，大力加强和改进文化领域立法工作。

一是加强文化立法。近年来，针对文化领域高层级的基本法律欠缺、效力偏低问题，文化战线切实加快文化立法步伐，提升文化立法层级，加强文化领域基本法律建设，取得积极成效。截至目前，我国文化领域已有7部法律。

二是修订和完善文化行政法规。结合新情况、新要求，宣传思想文化战线对文化艺术、广播影视和新闻出版等领域的法规进行了全面系统清理，对不适应形势发展需要及违反世界贸易组织规则和承诺的有关文化行政法规，进行相应修订和完善，同时抓紧对急需法规的起草制定。文化事业方面，2003年颁布的《公共文化体育设施条例》从规划、建设、经费、服务、管理和保护等方面确定了促进公共文化设施发展的基本制度,是公益文化事业领域的一部重要行政法规。此外,自2002年《中华人民共和国文物保护法》(以下简称《文物保护法》)修订后,2003年《中华人民共和国文物保护法实施条例》(以下简称《文物保护法实施条例》)颁布。2006年开始施行的《长城保护条例》是首次对单个文物项目进行立法保护。文化产业方面,2005年国务院颁布实施《关于非公有资本进入文化产业的若干决定》,明确鼓励非公有资本进入文化产业的原则,广泛动员社会资本开发建设文化市场。2005年和2006年,国务院先后通过并施行《营业性演出管理条例》和《娱乐场所管理条例》。其他方面,《著作权集体管理条例》和《信息网络传播权保护条例》的颁布,对完善我国著作权制度具有重要意义。

三是出台和完善部门规章和规范性文件体系。在做好有关文化法律、行政法规立法工作的同时,宣传文化各部门还根据形势任务的需要,及时开展了部门规章和规范性文件的制定、修改和废止工作,配套和完善了宣传文化领域相关法规制度,有力促进了文化法治建设、政府职能转变和依法行政。

延伸阅读

为电影产业持续健康发展保驾护航[①]

广受社会与业界关注的《中华人民共和国电影产业促进法》已于2017年3月1日起实施。这部自2003年起开始起草、历经13年的酝酿,被称为我国文化产业领域的第一部法律,究竟会对整个中国电影产业产生怎样的作用呢?3月10日,国家新闻出版广电总局政策法制司和电影局负责人就《电影产业促进法》的相关问题,回答了《中国新闻出版广电报》记者的提问。

问题1:重要意义

《中国新闻出版广电报》:《电影产业促进法》的实施对于规范我国电影市场秩序、

[①] 赖名芳:《为电影产业持续健康发展保驾护航——总局政策法制司和电影局负责人就〈电影产业促进法〉答记者问》,《中国新闻出版广电报》,2017年3月16日第8版。

促进电影事业产业发展有何意义?

政策法制司负责人:《电影产业促进法》是认真贯彻落实习近平总书记关于宣传思想文化工作系列重要讲话精神和中央关于加快文化立法的决策部署,第一次以国家法律的形式对电影予以全面规范,从事电影创作、摄制发行、放映、举办或参加电影节展等活动,都应当符合《电影产业促进法》的规定;对电影产业的支持、保障工作,都应当达到《电影产业促进法》的要求。《电影产业促进法》为电影产业持续健康繁荣发展提供了全面的制度保障,对于激活电影市场主体、规范电影市场秩序、促进电影事业产业发展具有十分重要的意义。

问题2:法律总则

《中国新闻出版广电报》:《电影产业促进法》在立法宗旨上坚持了哪些原则?

电影局负责人:一是在立法宗旨上,《电影产业促进法》兼顾文化社会属性和产业市场属性两个层面的价值,明确以促进电影产业健康繁荣发展,弘扬社会主义核心价值观,规范电影市场秩序,丰富人民群众精神文化生活为立法宗旨。二是在调整范围上,《电影产业促进法》除了明确规范电影创作、摄制、发行、放映等核心业务外,还对参与、举办电影节展、电影档案管理、电影衍生品开发、电影评价、电影人才培养、电影语言译制等电影活动进行了规范。三是在指导原则上,《电影产业促进法》规定,从事电影活动,应当坚持为人民服务、为社会主义服务,坚持社会效益优先,实现社会效益和经济效益相统一。

此外,《电影产业促进法》还对"电影"概念作了界定,对相关政府部门的职责作了分工。

问题3:产业促进

《中国新闻出版广电报》:这部法律备受社会各界关注的原因之一,就是其名称为《电影产业促进法》。请问它对我国电影产业在"促进"方面作出了哪些规定?

政策法制司负责人:一是电影产业引导措施。包括科技创新、知识产权、行业自律、电影评论、电影节展、境外推广等方面的规定。二是电影产业扶持措施。包括将电影产业发展纳入国民经济和社会发展规划、制定电影及其相关产业政策、创作摄制电影支持、财政资金扶持、税收优惠、电影院建设和改造支持、金融优惠、跨境投资优惠、人才扶持、为电影创作摄制活动提供便利和帮助、社会力量支持电影产业发展优惠等方面的规定。三是电影公益保障措施。包括扶持特定地区开展电影活动、农村电影公益放映、接受义务教育学生观影、为未成年人和老年人等特殊群体观影提供便利的补贴、少数民族及民族地区电影活动、电影档案、国际传播等方面的规定。

问题 4：创作摄制

《中国新闻出版广电报》：这部法律对电影创作、摄制问题，特别是对中外合作摄制电影的条件是否有明确的规定？

电影局负责人：一是有关电影创作、摄制的普遍规定，明确了创作原则、创作手段、创作内容标准、摄制主体、备案立项公示程序和摄制过程中的注意义务等问题。二是有关合作摄制的特殊规定，明确了摄制许可程序、摄制合作对象与参与主体、合作摄制电影视同国产电影的条件等问题。

问题 5：电影审查

《中国新闻出版广电报》：社会和业界一直高度关注电影审查问题，请问在这部法律中涉及审查的有哪些内容？

政策法制司负责人：一是有关摄制者的义务规定，包括电影送审、许可证标识和观众提示，以及内容变更重新送审。二是有关电影主管部门审查的规定，包括实际内容审查和技术审查、审查期限、审查标准和程序、专家评审程序。三是对未取得公映许可的电影，规定原则上禁止传播。

问题 6：发行放映

《中国新闻出版广电报》：涉及电影发行许可期限、放映质量等问题，是否在《电影产业促进法》中有明确说明？

电影局负责人：一是有关电影发行、放映的普遍规定，包括发行、放映许可和流动放映备案，发行、放映许可期限，禁止骗取农村电影公益放映补贴资金和如实统计、提供票房数据。二是有关电影放映的普遍义务，包括符合放映技术标准、保障放映质量、为特殊群体观影提供便利。三是有关电影院的特定要求，包括放映国产影片时间比例、安装计算机售票系统、对非法录音录像者的制止、广告放映注意事项、对观众安全与健康的保障。

问题 7：法律责任

《中国新闻出版广电报》：《电影产业促进法》有关法律责任的规定是怎样的？

政策法制司负责人：一是确立了违法投诉及信用记录制度。二是对擅自从事电影摄制、发行、放映活动等违法行为规定了明确的行政法律责任，并就从重处罚情形、行政处罚自由裁量问题、行政强制等问题作了规定。三是明确了依照其他法律法规追究相应法律责任的情形，包括对于某些情形的行政违法责任作了指引性规定，对于违反本法规定造成人身、财产损害时的责任竞合问题明确了处理原则。四是明确了对有关工作人员给予行政处分的情形。五是明确了当事人不服从行政行为的救济途径。

五、探索完善国有文化资产管理体制

国有文化资产不同于一般国有资产，承载着宣传文化教育功能，是推动社会主义文化大发展大繁荣的重要物质基础。随着文化体制改革深入推进，文化事业、文化产业快速发展，文化艺术、广播影视、新闻出版系统企事业单位占有和使用的国有资产总量不断增加，国有文化资产监管和国有资本运作方式都发生了新的变化，迫切要求尽快探索出一套适合中国国情、与社会主义市场经济体制相适应、与宣传文化工作特点相协调的新型国有文化资产管理体制。

中央把加强国有文化资产监管作为深化文化体制改革的重要任务，积极探索管人管事管资产管导向相结合的国有文化资产管理体制。2006年初颁布的《中共中央 国务院关于深化文化体制改革的若干意见》、2011年党的十七届六中全会决定以及国家"十一五""十二五""十三五"时期有关文化改革发展的规划纲要，都对加强国有文化资产的监督管理作出重要部署。总的来说，是要按照权利、义务、责任相统一，积极探索对转企改制后文化企业的有效管理措施和办法，建立和完善国有文化企业评估、监测、考核体系，完善管人管事管资产管导向相结合的国有文化资产管理体制，坚持社会效益优先，努力实现社会效益和经济效益的统一，确保国有资产保值增值。

为贯彻中央决策部署，在文化体制改革中，各地、各有关部门结合自身实际，在建立新型国有文化资产管理体制方面进行了有益探索，建立了主管主办制度与现代企业出资人制度有机衔接的工作机制。有关部门就加强国有文化资产监管制定出台了一系列重要文件：2007年9月，财政部、中宣部、文化部、国家广电总局、新闻出版总署制定了《关于在文化体制改革中加强国有文化资产管理的通知》；2008年9月，财政部、中宣部、新闻出版总署制定了《关于中央出版单位转制和改制中国有资产管理的通知》；2009年7月，财政部制定了《关于中央级经营性文化事业单位转制中资产和财务管理问题的通知》；等等。进一步明确了有关部门的监管职责，明确由财政部门履行对国有文化资产的监管职责；党委宣传部门负责文化企事业单位主要领导的管理、宣传业务工作的指导、重大国有文化资产变动事项的审查；有关文化行政主管部门在党委宣传部门的指导下，按照部门职责对所属企事业单位国有文化资产实施具体管理。此后，有关制度与时俱进，不断进行着新的完善。

在国有文化资产监管机构设置方面，中央成立了中央文化企业国有资产监督管理领导小组，2011年7月，根据中央编办批复，中央文化企业国有资产监督管理领导小组办公室（简称"中央文资办"）正式成立，承办中央文化企业国有资产监督管理领导小组的日常工作，挂靠财政部。2016年11月，财政部新设立"文化司"，把原来财政部教科文司的文化处与中央文资办职能进行合并，形成"大文化司"。北京、上海、重庆、广东等地结合实际以不同形式设立了相应管理机构，探索建立健全国有文化资产管理工作机构和建立有关工作机制。

第四节
文化行政体制改革展望

深入推进文化行政体制改革，一要坚持被实践证明行之有效的理念和做法，二要适应新情况、新要求，及时作出新的规划和设计。

一、借鉴既往实践中积累的经验

长期的文化行政体制改革实践积累了丰富的经验，概括起来主要有以下三个方面。

一是坚持从我国国情出发，走中国特色社会主义文化发展道路，在管理思路上不照搬照抄，在管理模式上不简单模仿。坚持党对宣传文化事业的领导，确保党始终掌握对重大事项的决策权、对资产配置的控制权、对宣传内容的终审权、对主要领导干部的任免权，坚持正确舆论导向，坚持党管意识形态、党管媒体、党管干部、党管人才。

二是坚持以管理促发展、促繁荣，围绕加强和改进文化宏观管理，通过完善管理，巩固文化改革发展成果。把好关、把好度，妥善处理意识形态领域问题，把增强宏观控制力和增强微观活力结合起来，确保放得开、管得住。强化政府文化管理和服务职能，坚持主管主办制度，落实谁主管谁负责和属地管理原则，严格执行文化资本、文化企业、文化产品市场准入和退出政策。坚持依法管理、科学管理、有效管理，运用多种手段，提高管理效能。

三是坚持统筹兼顾，注重文化宏观管理同其他领域改革、与国家不断完善的法律法规体系相互配套、相互衔接。充分考虑文化的意识形态特点和文化管理的特殊性、复杂性，把宏观管理体制改革的一般要求与文化管理的特殊要求结合起来，不断探索创新，增强管理的系统性、协调性。

二、推动文化行政体制改革取得新的突破

《文化部"十三五"时期文化发展改革规划》在"深化文化体制机制改革"部分，针对完善文化管理体制，明确提出："深化文化行政部门职能转变，建立健全行政权力和责任清单制度。继续深入推进行政审批制度改革，加强事中事后监管，促进简政放权、放管结合、优化服务'三管齐下'。深入推进政府管理与服务创新，综合运用法律、行政、经济、科技等手段提高管理效能。深化文化市场综合执法改革，逐步形成权责明确、监督有效、保障有力的文化市场综合执法管理体制，推进文化领域跨部门、跨行业综合执法。按照政企分开、政事分开原则，推动文化行政部门与其所属的文化企事业单位进一步理顺关系，依法赋予企事业单位更多的法人自主权。"同时，还就加大文化发展改革的政策和法治保障力度，进一步落实各项政策措施，有效发挥引导、扶持、激励、规范作用，营造良好的制度环境，确保各项工作顺利推进，提出以下具体要求：

1. 加强文化财政保障

进一步健全文化财政保障机制，加大政府投入力度。按照基本公共文化服务标准，推动落实基层提供基本公共服务所必需的资金。将购买公共文化服务资金纳入各级政府财政预算。加大政府性基金与一般公共预算的统筹力度，通过政府购买、

项目补贴、定向资助、贷款贴息等多种手段引导和激励社会力量参与文化建设，建立政府、社会、市场共同参与的多元文化投入机制。科学划分各级政府文化事权与支出责任，推动各级财政转移支付不断向精准投入转变。推动财政进一步优化完善转移支付机制，重点向贫困地区、革命老区、民族地区、边疆地区倾斜。建立健全财政资金监督管理机制，建立文化财政资金绩效评价结果与预算安排挂钩制度，提高资金使用效益。进一步夯实文化统计基础，提升文化统计服务能力。

2. 落实文化经济政策

落实国有经营性文化单位转企改制扶持政策。推动将文化用地纳入城乡发展规划、土地利用总体规划，在国家土地政策许可范围内，优先保证重要公益性文化设施和文化产业设施、项目用地。进一步完善文化税收政策体系，推动落实关于社会捐赠的税前扣除政策。推动落实有利于文化内容创意生产、非物质文化遗产生产性保护、小微文化企业发展的税收优惠政策。加大已有支持对外文化贸易各项优惠政策的落实力度。完善《文化产品和服务出口指导目录》，加大对国家文化出口重点企业和项目扶持力度。简化文化出口行政审批流程，加强对外文化贸易公共信息服务。

3. 健全文化法律制度

积极推进《文化产业促进法》《中华人民共和国公共图书馆法》（以下简称《公共图书馆法》）《故宫保护条例》《古籍保护条例》等重点立法项目进程，修订《文物保护法》《营业性演出管理条例》《互联网上网服务营业场所管理条例》《娱乐场所管理条例》，贯彻《公共文化服务保障法》《博物馆条例》《中华人民共和国非物质文化遗产法》（以下简称《非物质文化遗产法》）。建立健全重大决策合法性审查工作制度。推动文化部直属事业单位、地方文化行政部门普遍建立法律顾问制度。完善文化法制专家委员会制度。

4. 加强文化领域知识产权保护

建立健全知识产权保护机制，提升文化领域知识产权运用效益，发挥知识产权对文化创新发展的驱动作用。强化文化领域知识产权意识，营造良好发展环境，激发文化创造活力。开展文化领域知识产权统计工作，对文化资源的知识产权状况进行确权、登记、评估。构建知识产权信息咨询服务和交易平台,提升文化领域的知识产权管理能力和运用水平。支持文化企业开展涉外知识产权维权工作。

5. 建立健全文化安全工作机制

加强国家文化安全保障能力建设,建立健全文化安全监测预警和危机处置机制,提升危机应对能力,研究制定危机应对预案和程序,加快处置、有效化解危害文化安全的重大或突发事件。

文化部完善文化管理体制总体要求和有关具体任务的提出,反映了解放和发展文化生产力对改革文化行政体制的要求,揭示了下一阶段各相关部门对推进文化行政体制改革的基本思路。实现这些任务,需要贯彻以下理念。

一要进一步明确文化领域的政府宏观职能。政府职能转变是完善文化管理体制和文化生产经营机制、建立健全现代公共文化服务体系和现代文化市场体系的保障。党的十八大以来,政府职能转变的方向已经进一步明确,那就是向创造良好市场环境、提供优质公共服务、维护社会公平正义等宏观管理方向转变。

在重新定义政府与文化企业、政府与文化事业单位的关系的基础上,政府需要从宏观上明确自己在文化领域的各项职能:一是改革,通过不断改进文化管理的体制和管理方式,提升文化行政管理的素质和能力;二是规划,即把握宏观导向,为公益性文化事业和经营性文化产业的发展制定宏观政策和发展战略;三是监管,依法加强对文化企业、文化市场的监管,维护公平有序的文化市场环境,鼓励市场竞争,打击垄断侵权,保障文化市场主体的各项正当权益;四是培育,立足现阶段实际,在经营性文化产业领域,政府要通过适当的政策倾斜扶持、鼓励一批优质文化企业,培育合格的市场主体,在公益性文化事业领域,政府文化行政部门要积极提供公共文化教育和培育公共文化人才,保证公益文化事业的发展;五是供给,立足于政府公共服务职能,确保那些涉及公民基本文化权益和社会公共利益的公共文化服务和文化产品,都能实现有效供给。

二要充分调动社会各主体在文化领域的治理积极性。文化领域是一个非常特殊的领域,需要相当程度的宽松氛围才能维持其活力和发展。无论是国际还是国内文化行政体制改革多年的实践都证明,文化管理和规制极易陷入"一统就死,一放就乱"的怪圈。因此,要真正实现政府在文化行政管理的职能转变,还需要更好发挥社会力量在文化管理中的作用。政府角色要从单纯的行政管理者变成公共治理的主导者和参与者,要充分调动和发挥社会第三方力量。在国内尤其值得注意的一点是,文化领域的各类中介组织、行业协会、自治团体需要尽快与行政机关脱钩,摆脱其"二政府"的附庸角色和"官衙门"的作风,在明确自身职能和定位的基础上,全面提升自身综合能力和管理服务水平。除此之外,政府还可以通过加大政府购买公共文化服务力度,扩大政府文化资助和文化采购,充分调动社会力量在公共文化服务中的积极性和创造性。同时,积极构建文化志愿服务体系,鼓励个人、企事业单位、社会团体投身文化志愿服务,充分发挥三者在文化管理、服务领域的主体性。

三要发挥文化市场在文化资源配置中的积极作用。我国文化行政管理体制的基本路径归结到一点,就是为了适应从计划经济环境向市场经济环境转变的管理需求而进行的自我调整。出于历史原因,我国文化市场发展严重滞后。充分发挥文化市场在资源配置过程当中的积极作用,进而促进稳定的、规模性的文化消费需求,不仅是我国加快培育文化企业,促进文化产业发展的前提条件,更是我国文化行政体制改革的必然要求。

第六章
公共文化服务体系改革

在改革中发展公共文化服务体系是保障人民群众基本文化权益的需要，是提高全民文化素质的需要，是促进经济社会全面协调发展的需要。改革开放以来，我国公共文化服务体系改革发展经历了传统群众文化发展时期（2002年以前）、公共文化服务体系初步建设时期（2003—2012年）、现代公共文化服务体系建设时期（2013年至今）三个阶段。主要举措和成就包括加快公共文化基础设施建设、覆盖全社会的公共文化服务设施网络基本建成，实施重点文化惠民工程、基层公共文化服务资源总量大幅增加，加快改革创新、公共文化服务效能显著提升，推进社会化发展、公共文化服务体系建设力量有效激活等。在长期的实践中，我国公共文化服务体系建设积累了坚持导向、强化引领，政府主导、社会参与，重心下移、注重均衡，融合发展、共建共享，以人为本、人民至上，尊重实际、因地制宜等经验，值得在今后的工作中加以借鉴。针对公共文化服务体系建设存在的问题，今后工作尤需在完善体系、补齐短板、提升效能、扩大参与等方面下功夫。

第一节
在改革中发展公共文化服务体系的重要意义

构建中国特色的现代公共文化服务体系，是保障和改善人民群众基本文化权益的重要途径，是提高全民文化素质的重要举措，是弘扬社会主义核心价值观的重大任务,同时也是建设公共服务型政府、履行好政府公共服务职能的应有之义,对于全面建成小康社会、促进人的全面发展和经济社会全面协调发展具有重要意义。

一、在改革中发展公共文化服务体系是保障人民群众基本文化权益的需要

早在中华人民共和国成立之初,我国就将文化权利的保护就写入了国家宪法。但很长一段时间里,受制于经济社会发展环境,人民群众文化权益的满足让步于经济权益的满足。改革开放以来,伴随着我国经济社会的发展,人民群众在物质需求得到满足的基础上,对精神文化层面的需求日益增加。我们提出全面建成小康社会,不仅要实现物质上的小康,也要实现精神上的小康。这就需要通过增加公共文化方面的有效供给,来不断满足人民的文化需求。通过加强公共文化服务体系建设,让老百姓看电视、听广播、读书看报、进行公共文化鉴赏、参与公共文化活动等基本文化权益得到保障和实现,成为时代发展的要求。

二、在改革中发展公共文化服务体系是提高全民文化素质的需要

一个民族的精神文化素质是该民族是否能自立于世界民族之林并保持长盛不衰的关键所在。实践证明,任何一个民族或国家单一追求经济发展,并不会自然而然地带来社会的协调和进步,更不会有效推进人的全面发展。以人为本,尊重人的主体地位,促进人的全面发展,是中华优秀传统文化的精髓,也是科学发展的核心要义。在改革中发展公共文化服务体系,对于增强社会主义核心价值观的引导和教育功能、提高人民群众的精神文化素质、促进人的全面发展和全面建成小康社会,有着十分显著而积极的作用。

三、在改革中发展公共文化服务体系是促进经济社会全面协调发展的需要

公共文化服务贴近基层人民群众多样化的文化需求,体现着党和政府的价值追求,是建设和传播主流意识形态的重要渠道,是增进基层群众的文化认同、政治认同、国家认同和民族认同的重要抓手,是加强我国社会主义基层文化建设的主渠道。在改革中加强公共文化服务体系建设,提高全社会公共文化服务质量和水平,

有助于维护公正诚信、遵纪守法的社会秩序，有助于营造清明廉洁、尚德敬贤的社会风尚，也有助于优化积极健康、和谐稳定的发展环境。

第二节
公共文化服务体系改革发展的基本历程

改革开放以来，我国公共文化服务体系改革经历了以下历程。

一、传统群众文化发展时期（2002年以前）

虽然党和国家直到2005年才在党的十六届五中全会上首次提出"公共文化服务体系"，但是并不意味着党和国家到2005年后才开始着手"公共文化服务体系建设"。自1949年以来，我国就积极推进图书馆、博物馆、文化馆等群众文化发展。1954年颁发的《中华人民共和国宪法》（以下简称《宪法》）鲜明地提出："中华人民共和国保障公民进行科学研究、文学艺术创作和其他文化活动的自由。国家对于从事科学、教育、文学、艺术和其他文化事业的公民的创造性工作，给以鼓励和帮助。"1956年，文化部下发了《关于群众艺术馆的任务和工作的通知》，对群众艺术馆的性质、任务、编制、经费等作出了明确规定。随着大规模经济建设的开展，一大批文化设施在各地纷纷建立。到1965年，全国已有县级文化馆2598个，城乡影剧院2943个，县级以上图书馆562个，群众艺术馆62个，乡镇文化站2125个，为人民群众参与文化活动提供了保障。[①] 不幸的是，1966年"文革"爆发，图书馆、文化馆、博物馆等群众文化事业陷入停滞的状态。

党的十一届三中全会后，工农业生产不断发展，群众物质生活逐步改善，我国城乡人民对文化生活的需要越来越迫切，国家高度重视图书馆、博物馆和文化馆等

---

① 蔡武：《新中国成立60年文化建设与发展》，引自网页：http://www.gov.cn/test/2012-04/11/content_2110564.htm。

群众文化事业的恢复和重建。1979年，文化部恢复群众文化局，各地对群众文化事业的管理也不断加强。1980年，文化部下发了《关于加强群众文化工作的几点意见》，对"文革"时期的"群众文化"进行拨乱反正，提出要认真贯彻群众文化活动的方针政策，把公社所在地（小城镇）逐步建设成农村文化中心，加强文化馆、文化站和群众艺术馆的建设。1981年，《中共中央关于关心人民群众文化生活的指示》下发，要求各级党委和有关部门重视人民群众的文化生活，切实解决在这方面可能存在着的各种困难和问题，引导人民群众的文化娱乐活动走上更加丰富、更加健康的轨道。1983年，中央发出了《关于批转中共中央宣传部 文化部 中华全国总工会 共青团中央〈关于加强城市、厂矿群众文化工作的几点意见〉的通知》，切实加强群众文化工作。这些文件下发后，受到文化工作者的热烈欢迎，也一扫城乡人民群众文化生活单调、枯燥的局面，我国的群众文化工作逐步走上了健康发展的轨道，进入蓬勃发展的新时期。到1985年底，我国有群众艺术馆335个，是1975年的4.1倍；有文化馆2960个，是1975年的1.1倍；有乡镇文化站5281个，是1975年的1.9倍；有公共图书馆2344个，是1975年的3.7倍；有博物馆711个，是1975年的2.9倍。①

随着经济社会的发展，国家加大了对群众文化事业的投入。1990年，国务院同意了文化部《关于文化事业若干经济政策意见的报告》，该报告提出要逐年增加文化事业经费的投入，文化设施建设要列入议事日程，"八五"期间，要努力做到县县有图书馆、文化馆，乡乡有文化站，要切实解决各级公共图书馆购书经费紧张的问题。1996年，《国务院关于进一步完善文化经济政策的若干规定》下发，强调在加大各级财政对文化事业投入力度的同时，拓宽文化事业资金投入渠道，逐步形成适应社会主义市场经济要求的筹资机制和多渠道投入体制。2000年，国务院下发《国务院关于支持文化事业发展若干经济政策的通知》，强调要加大对图书馆、博物馆和文化馆等文化事业的财政税收支持。在这些政策的推动下，传统群众文化事业获得迅速发展，图书馆、文化馆、博物馆等文化单位收入渠道更加多元多样，

---

① 中华人民共和国文化部：《中国文化文物统计年鉴（2013）》，国家图书馆出版社，2013年版，第15页。

单位活力明显增强。据统计显示,全国群众文化机构数由 1979 年的 3965 个增加到 2001 年的 43397 个,组织文艺活动的次数也由 1979 年的 114307 次增加到 2001 年的 284316 次。

二、公共文化服务体系初步建设时期(2003—2012 年)

中央高度重视文化事业发展,深刻把握人民的新需求、时代的新特点,成功推动"传统群众文化事业"向"公共文化服务体系转变"。2002 年 11 月,党的十六大准确把握时代特点,提出公益性文化事业和经营性文化产业"两分开、两加强",强调"国家支持和保障文化公益事业,并鼓励它们增强自身发展活力""坚持和完善支持公益事业发展的政策措施,加强文化基础设施建设,发展各类群众文化"。

2005 年 10 月,党的十六届五中全会通过的《中共中央关于制定国民经济和社会发展第十一个五年规划的建议》,提出"要加大政府对文化事业的投入,逐步形成覆盖全社会的比较完备的公共文化服务体系",这是在党的文件中第一次提出"公共文化服务体系建设"。2006 年,党的十六届六中全会再次明确提出,加快建立覆盖全社会的公共文化服务体系。2006 年 9 月,中办、国办发布了《国家"十一五"时期文化发展规划纲要》,其中专辟一章,就"公共文化服务"问题作出重点的论述,内容包括完善公共文化服务网络、创新公共文化服务方式、健全公共文化服务体制和运行机制、维护低收入和特殊群体的基本文化权益以及加强农村文化建设五大方面。2007 年 8 月,中办、国办出台《中共中央办公厅 国务院办公厅关于加强公共文化服务体系建设的若干意见》,对全国的公共文化服务体系建设工作思路、目标任务作出系统论述和全面部署,这标志着我们党和国家对公共文化事业的认识进入历史新阶段。该意见提出了我国公共文化服务体系建设的基本思路:以保障人民群众基本文化权益、满足人民群众基本文化需求为目的,以政府为主导,以公共财政为支撑,以公益性文化单位为骨干,以全体人民为服务对象,以基层为重点,以保障人民群众看电视、听广播、读书看报、进行公共文化鉴赏、参与公共文化活动等基本文化权益为主要内容,鼓励全社会积极参与,不断创新公共文化服务方式，完善覆盖城乡、结构合理、功能健全、实用高效的公共文化服务体系。2009年7月，《国务院关于进一步繁荣发展少数民族文化事业的若干意见》出台，要求以完善公共文化服务体系为重点，以满足各族群众日益增长的精神文化需求为出发点和落脚点，繁荣发展少数民族文化事业。2010年5月，《国务院关于鼓励和引导民间投资健康发展的若干意见》出台，明确社会文化事业领域向民间资本开放。2010年10月，党的十七届五中全会明确提出在"十二五"时期要"基本建成公共文化服务体系"。2011年10月，党的十七届六中全会明确指出，"必须坚持政府主导，按照公益性、基本性、均等性、便利性的要求，加强文化基础设施建设，完善公共文化服务网络，让群众广泛享有免费或优惠的基本公共文化服务"。2012年7月，国务院出台《少数民族事业"十二五"规划》，强调要着力加大对少数民族文化事业的支持力度，进一步促进少数民族文化繁荣发展。2012年7月，国务院颁布《国家基本公共服务体系"十二五"规划》，将公共文化服务体系建设纳入其中。

需要指出的是，公共文化服务体系虽然由传统群众事业发展而来，但并不是"传统群众文化事业"的简单升级，与其相比有质的变化。这种变化集中体现为公共文化服务体系的四个基本特性——公益性、基本性、均等性、便利性。公益性，是指政府向人民群众提供免费或优惠的基本公共文化服务。均等性，是指不论东西南北、男女老少、富人穷人、城市农村，都应大致均等地享有基本公共文化服务。基本性，是指政府不是提供所有文化服务，而是尽力而为、量力而行，提供与公共财力相匹配、与人民群众基本需求相适应的基本文化服务，在现阶段，主要是满足人民群众看电视、听广播、读书看报、进行公共文化鉴赏、参加公共文化活动的需要，以及提供每个行政村每月放映一场数字电影等基本服务。便利性，是指设施布局和服务提供要网点化，广泛运用流动服务和数字服务的手段，方便群众就近参与、便利享受。这四个特性，深刻反映出公共文化服务体系以人民为中心的理念。

三、现代公共文化服务体系建设时期（2013年至今）

党的十八大以来，中央围绕建设社会主义文化强国，对公共文化服务体系建设提出了新的要求，积极推动公共文化服务体系向现代公共文化服务体系转变。党的十八大提出到 2020 年基本建成公共文化服务体系的战略目标，党的十八届三中全会明确将"构建现代公共文化服务体系"作为全面深化改革的重要任务之一。2014 年，中央全面深化改革领导小组对构建现代公共文化服务体系作出了部署。2015 年，中办、国办印发《关于加快构建现代公共文化服务体系的意见》，明确了现代公共文化服务体系的原则、目标和任务，强调要统筹推进公共文化服务均衡发展、增强公共文化服务发展动力、加强公共文化产品和服务供给、推进公共文化服务与科技融合发展、创新公共文化管理体制与运行机制和加大公共文化服务保障力度。2016 年 12 月 25 日，第十二届全国人大常委会第二十五次会议高票通过了《公共文化服务保障法》，这是我国文化领域的一件大事、喜事，标志着我国文化法治建设取得了新的进展，也标志着我国公共文化服务体系建设进入法治化阶段。

与传统公共文化服务体系相比，现代公共文化服务体系的"现代"集中体现在四化上：标准化、均等化、社会化和数字化。标准化，就是将基本公共文化服务的范围、种类、程度、质量等定出标准，把标准上升为政府政策、行业准则，乃至于国家法律，以强有力的刚性约束来促进基本公共文化服务的"有教无类"、普遍均等。均等化，就是指不论东西南北、男女老少、富人穷人、城市农村，都应大致均等地享有基本公共文化服务。社会化，就是打破公共文化服务由政府包办的现象，充分发挥好市场和社会的力量，形成政府、市场和社会三者的合力。数字化，就是促进政府向社会提供的公共文化设施、产品、服务、制度体系、服务方式和运营管理朝着数字化、智能化形态转化。①

---

① 李丹阳：《现代公共文化服务体系建设中的数字化探索》，《中国文化报》，2014 年 12 月 19 日。

> 延伸阅读

《中华人民共和国公共文化服务保障法》[①]
总则

第一条　为了加强公共文化服务体系建设，丰富人民群众精神文化生活，传承中华优秀传统文化，弘扬社会主义核心价值观，增强文化自信，促进中国特色社会主义文化繁荣发展，提高全民族文明素质，制定本法。

第二条　本法所称公共文化服务，是指由政府主导、社会力量参与，以满足公民基本文化需求为主要目的而提供的公共文化设施、文化产品、文化活动以及其他相关服务。

第三条　公共文化服务应当坚持社会主义先进文化前进方向，坚持以人民为中心，坚持以社会主义核心价值观为引领；应当按照"百花齐放、百家争鸣"的方针，支持优秀公共文化产品的创作生产，丰富公共文化服务内容。

第四条　县级以上人民政府应当将公共文化服务纳入本级国民经济和社会发展规划，按照公益性、基本性、均等性、便利性的要求，加强公共文化设施建设，完善公共文化服务体系，提高公共文化服务效能。

第五条　国务院根据公民基本文化需求和经济社会发展水平，制定并调整国家基本公共文化服务指导标准。

省、自治区、直辖市人民政府根据国家基本公共文化服务指导标准，结合当地实际需求、财政能力和文化特色，制定并调整本行政区域的基本公共文化服务实施标准。

第六条　国务院建立公共文化服务综合协调机制，指导、协调、推动全国公共文化服务工作。国务院文化主管部门承担综合协调具体职责。

地方各级人民政府应当加强对公共文化服务的统筹协调，推动实现共建共享。

第七条　国务院文化主管部门、新闻出版广电主管部门依照本法和国务院规定的职责负责全国的公共文化服务工作；国务院其他有关部门在各自职责范围内负责相关公共文化服务工作。

县级以上地方人民政府文化、新闻出版广电主管部门根据其职责负责本行政区域

---

① 节选自2016年12月25日第十二届全国人民代表大会常务委员会第二十五次会议通过的《中华人民共和国公共文化服务保障法》。

内的公共文化服务工作；县级以上地方人民政府其他有关部门在各自职责范围内负责相关公共文化服务工作。

第八条　国家扶助革命老区、民族地区、边疆地区、贫困地区的公共文化服务，促进公共文化服务均衡协调发展。

第九条　各级人民政府应当根据未成年人、老年人、残疾人和流动人口等群体的特点与需求，提供相应的公共文化服务。

第十条　国家鼓励和支持公共文化服务与学校教育相结合，充分发挥公共文化服务的社会教育功能，提高青少年思想道德和科学文化素质。

第十一条　国家鼓励和支持发挥科技在公共文化服务中的作用，推动运用现代信息技术和传播技术，提高公众的科学素养和公共文化服务水平。

第十二条　国家鼓励和支持在公共文化服务领域开展国际合作与交流。

第十三条　国家鼓励和支持公民、法人和其他组织参与公共文化服务。

对在公共文化服务中作出突出贡献的公民、法人和其他组织，依法给予表彰和奖励。

第三节
改革公共文化服务体系的主要举措和成就

改革开放以来，各地各部门根据中央部署，加快建设覆盖城乡的公共文化设施网络，努力加强公共文化产品生产和服务供给，深入实施重点文化惠民工程，持续推进公共文化服务运行机制创新。经过多年努力，我国公共文化服务体系基本框架已经形成，初步实现了从传统文化事业向现代公共文化服务体系的转变，有效保障了人民群众的基本文化权益，更好地满足了人民群众的基本文化需求。

一、加快公共文化基础设施建设，覆盖全社会的公共文化服务设施网络基本建成

公共文化设施是广大群众开展文化活动的基本场所，是社会主义文化建设的重要载体。公共文化服务建设体系所说的"体系"，主要指设施体系和组织体系。没有公共文化设施布局的网点化,就没有公共文化服务建设的体系化。早在1982年,有关领导同志曾提出,在"六五"期间要"基本上做到市市有博物馆,县县有图书馆和文化馆,乡乡有文化站"。1990年,文化部《关于文化事业若干经济政策意见的报告》再次提出,在"八五"期间要努力做到县县有图书馆、文化馆,乡乡有文化站。虽然党和国家一直高度重视公共文化服务设施网络的建设,但受经济发展水平的制约,到"九五"末,我们依然没有建立覆盖城乡的公共文化设施网络。近年来,国家全面加强市、县、乡镇、社区公共文化基础设施建设,基本建成覆盖省、市、县、乡、村的五级公共文化服务基础设施网络。截至2014年底,全国共建成县级以上公共图书馆3117个,文化馆(含群艺馆)3313个,乡镇(街道)文化站41110个,公共博物馆、纪念馆3473个,工人文化宫1300多个,青少年宫700多个,科技馆350多个,青少年校外活动中心3000多个。①

1. 县级公共文化设施建设

直到2000年,全国仍有620个县(含县级市)没有图书馆和文化馆,有339个县的图书馆或文化馆建筑面积小于300平方米。② 为改变这种状况,2001年,《中华人民共和国国民经济和社会发展第十个五年计划纲要》专门提出"加强图书馆、博物馆、文化馆、科技馆、档案馆和青少年活动场所等文化设施建设"。随后,国家计委、文化部下发《国家计委 文化部关于"十五"期间加强基层公共文化设施建设的通知》,提出在"十五"期间,各地要加强对公共文化设施建设工作的领导,重点加强县级文化馆、图书馆建设,力争到"十五"末期,在全国范围内基本实现县县有文化馆、图书馆的目标。在"十五"期间,中央通过财政转移支付了4.8亿元资金补助地方1086个县级公共图书馆、文化馆项目③,基本实现了"县县有图书馆、文化馆"的建设目标。

---

① 雒树刚:《国务院关于公共文化服务体系建设工作情况的报告》,引自网页:http://www.npc.gov.cn/npc/xinwen/2015-04/23/content_1934246.htm。
② 朱剑红:《我国将加强基层公共文化设施建设"十五"重点建设》,引自网页:http://news.sohu.com/06/91/news147189106.shtml。
③ 中华人民共和国文化部:《文化发展统计分析报告(2014)》,中国统计出版社,2014年版,第31页。

2. 乡镇文化设施建设

乡镇文化设施建设的主要依托是乡镇文化站。作为党的农村文化工作的基本阵地，长期以来，乡镇综合文化站在活跃农村文化生活、促进农村经济社会协调发展等方面发挥着重要作用，是公共文化设施体系的重要组成部分。截至2005年，全国已建立乡镇综合文化站机构34593个，占乡镇总数的97%。但实际上，全国有26712个乡镇没有文化站设施或站舍面积在50平方米以下，与《乡镇综合文化站管理办法》要求的乡镇综合文化站活动面积不低于300平方米的要求还有很大的差距。[①] 2007年10月，国家发改委、文化部联合制定了《"十一五"全国乡镇综合文化站建设规划》，提出对国家级贫困县，每个乡镇综合文化站建设项目平均补助20万元；对西部非国家级贫困县及中部享受西部待遇的县，每个乡镇综合文化站建设项目平均补助16万元；对其他中部地区，每个乡镇综合文化站建设项目平均补助12万元；对东部地区，一般项目中央不安排补助投资，由地方自筹资金负责乡镇综合文化站建设。对西藏自治区的项目予以全额补助，即每个乡镇综合文化站建设项目平均补助24万元，县级两馆建设项目平均每个补助75万元。在"十一五"期间，中央财政投入39.48亿元补助了2.67万个乡镇综合文化站建设项目，在全国范围内较高质量地实现了"乡乡有文化站"的建设目标。

3. 地市文化设施建设

在顺利完成"十五"县级公共图书馆文化馆建设、"十一五"乡镇综合文化站建设规划的基础上，国家发改委、文化部、国家文物局又针对地市级公共图书馆、文化馆和博物馆建设联合出台《全国地市级公共文化设施建设规划》。该规划规定，现有无馆舍或馆舍面积未达到标准下限、且近15年未曾大修过的地市级图书馆、文化馆项目可申请纳入项目储备库，馆藏文物数量不低于6000件、现有面积低于4000平方米的地市级博物馆项目可申请纳入项目储备库。经地方申报，国家发改委会同文化部、国家文物局审核后，共筛选了符合申报条件的532个项目纳入

---

① 国家发展改革委、文化部：《"十一五"全国乡镇综合文化站建设规划》，引自网页：http://www.360doc.com/content/11/0825/16/5170494_143221425.shtml。

项目储备库，其中，公共图书馆189个、文化馆221个、博物馆122个。申报总建设规模约为450万平方米，总投资约200亿元。中央安排专项投资，重点补助新建项目和中西部欠发达地区、少数民族地区建设项目。在"十二五"期间，中央补助投资约70亿元。

4. 社区文化中心建设

一般认为只有农村公共文化服务设施薄弱，其实社区公共文化服务设施也曾长期不健全。据资料显示，2010年，全国6524个街道中，共有街道文化站4545个，没有文化站的占30.33%；全国83370个社区居委会中，共建有社区文化活动室37732个，没有文化活动室的占54.74%。[①] 为加强社会公共文化基础设施建设，2015年中央财政从中央彩票公益金中，安排社区文化中心（街道文化站）和社区文化活动室设备购置专项资金，用于中西部地区城市已建成且具有一定规模、配备专人管理、常年开展文化活动的社区文化中心和文化活动室开展业务活动所需设备购置，以及对东部地区工作效果好的省份予以奖励。中央财政为每个社区文化中心（街道文化站）补助12万元，每个社区文化活动室补助5万元，2015年共安排专项资金2.5亿元，其中中西部地区设备购置2.32亿元，东部地区奖励0.18亿元。

二、实施重点文化惠民工程，基层公共文化服务资源总量大幅增加

重点文化惠民工程是公共文化服务体系建设的重要载体，是保障人民群众基本文化权益、提高公共文化服务均等化的重要手段。为了加快解决中西部贫困地区、边疆民族地区、革命老区、广大基层农村等公共文化基础设施条件差、资源供给不足、服务能力较低的问题，扩大基本公共文化服务对全国的均衡覆盖，中央启动了广播电视村村通工程、文化信息资源共享工程、乡镇综合文化站建设工程、农村电影放映工程、农家书屋工程，有效改进和提升了公共文化服务体系建设运行的质量和水平，这些工程如今已经成为广大基层群众真心拥护、获益良多的民生工程。

---

① 施耀忠：《大力推进社区文化建设，完善公共文化服务体系》，引自网页：http://theory.people.com.cn/GB/40537/16203726.html。

1. 广播电视村村通工程

为解决广大农民群众听广播、看电视难的问题，1998年，党中央、国务院决定启动广播电视村村通工程。根据对第一轮实施效果的评估，2004年8月，国家广电总局、国家发改委、财政部在北京联合召开全国广播电视村村通工作电视电话会议，要求各地继续加大力度推进村村通工作。2006年印发的《国务院办公厅关于进一步做好新时期广播电视村村通工作的通知》明确要求，充分发挥各地现有广播电视无线发射转播台（站）的作用，通过加快设备更新改造、增加转播节目套数、加强运行维护，大力提高农村地区的广播电视无线覆盖水平，使广大农民群众能够无偿收听收看到包括中央第一套广播节目、中央第一套和第七套电视节目，以及本省第一套广播电视节目的4套以上的无线广播节目和电视节目。2006年10月，国家广电总局、国家发改委、财政部为贯彻《国务院办公厅关于进一步做好新时期广播电视村村通工作的通知》，联合召开全国新时期广播电视村村通工作电视电话会议，对做好新时期"村村通"工作作出具体部署。2011年10月，广电总局组建成立广播电视卫星直播管理中心，安排包括维语、哈萨克语、蒙语、藏语、柯尔克孜语、朝语等少数民族语言节目在内的40多套广播电视节目通过直播卫星平台播出，"村村通"节目内容更加丰富多彩。2012年2月，国家广电总局、国家发改委、财政部联合召开了全国"十二五"广播电视村村通工作电视电话会议，提出了要实现"村村通"向"户户通""长期通""优质通"飞跃的新要求。2016年，国办印发《国务院办公厅关于加快推进广播电视村村通向户户通升级工作的通知》，提出统筹无线、有线、卫星三种技术覆盖方式，到2020年，基本实现数字广播电视户户通，形成覆盖城乡、便捷高效、功能完备、服务到户的新型广播电视覆盖服务体系。"十二五"时期，广播电视村村通工程顺利推进，已基本实现全国已通电农村地区广播电视村村通。截至2014年底，广播、电视节目综合人口覆盖率分别达到97.99%和98.6%[①]，解决了约1.5亿广播电视覆盖"盲村"群众听广播、看电视问题。

---

① 雒树刚：《国务院关于公共文化服务体系建设工作情况的报告》，引自网页：http://www.npc.gov.cn/npc/xinwen/2015-04/23/content_1934246.htm。

2. 文化信息资源共享工程

这项工程是采用现代信息技术,对文化信息资源进行数字化加工和整合,通过网络最大限度地为社会公众享用的文化工程。2002年,文化部和财政部联合下发了《关于实施全国文化信息资源共享工程的通知》,标志着全国文化信息资源共享工程正式启动。这项工程启动以来,得到党和国家的高度重视,先后被列入我国《中华人民共和国国民经济和社会发展第十一个五年规划纲要》《国家"十一五"时期文化改革发展规划纲要》《2006—2020年国家信息化发展战略》《中华人民共和国国民经济和社会发展第十二个五年规划纲要》《国家"十二五"时期文化改革发展规划纲要》等。2005年,中办、国办转发了《文化部 财政部关于进一步加强全国文化信息资源共享工程建设的意见》,提出到2010年,基本建成资源丰富、技术先进、服务便捷、覆盖城乡的数字文化服务体系,努力实现"村村通"。在中央和各地的努力下,截至2013年,全国文化信息资源共享工程已建成2843个市县中心,29555个乡镇(基层)服务店,60.2万个村(社区)服务点,资源总量达到200.3TB。①

3. 乡镇综合文化站建设工程

在公共文化服务体系建设中,乡镇综合文化站建设是至关重要的一环,承担着以镇带村、推进城乡文化一体化,开展农村基层公共文化服务的重要责任。为了加强乡镇综合文化站建设,文化部、国家发改委按照中央统一部署,在全国实施"乡镇综合文化站建设工程"。2007年,国家发改委、文化部共同制定实施"十一五"全国乡镇综合文化站建设规划。2009年9月,文化部对乡镇综合文化站从规划和建设、职能和服务、人员和经费、检查和考核作出具体规定。明确乡镇综合文化站指的是由县级或乡镇人民政府设立的公益性文化机构,其基本职能是社会服务、指导基层和协助管理农村文化市场。"十一五"期间,工程按照每个乡镇文化站300平方米的标准,新建和扩建2.67万个农村乡镇综合文化站,到"十一五"期末,全国基本实现"乡乡有综合文化站"的建设目标。与此同时,有关部门大力推进乡镇

---

① 中华人民共和国文化部:《文化发展统计分析报告(2014)》,中国统计出版社,2014年版,第8页。

综合文化站提高公共文化服务能力。近些年来，全国乡镇综合文化站组织文艺活动的次数、举办展览的次数和举办培训班的班次占到了群众文化总体比重的一半左右。

4. 农村电影放映工程

2005年11月，中央在部署农村文化建设工作时，把农村电影放映工程定性为公共服务，要求各级党委和政府要高度重视包括农村电影放映在内的农村公共文化服务。2007年5月，国办转发国家广电总局等部门《关于做好农村电影工作的意见》，提出要不断扩大农村电影覆盖面，到2010年基本实现全国行政村一村一月放映一场电影的公益服务目标。2008年，财政部、国家广电总局下发《农村电影公益放映场次补贴专项资金管理暂行办法》，中西部地区场次补贴专项资金100元/场部分，由中央和地方财政共同负担，其中，西部地区中央负担80%，中部地区中央负担50%。超出100元/场标准部分，由地方财政自行负担。东部地区场次补贴专项资金由地方财政自行负担，中央财政对工作成绩突出的省份予以奖励。工程实施以来，农村电影放映的基础条件、工程规模、运行机制、服务质量等方面取得了明显成效。截至2014年底，农村电影放映工程建设数字院线252条，放映队约5万支，年放映800万场，年观众人次约15亿。①

5. 农家书屋建设工程

2003年，新闻出版总署按照中央的部署和要求，开始试点建设农家书屋。2005年11月，中央在部署农村文化建设工作时，要求切实解决农民群众读书难、看报难的问题。2007年3月，新闻出版总署、国家发改委、财政部等八部门联合发文在全国全面推进农家书屋工程。8月，中办、国办下发《中共中央办公厅 国务院办公厅关于加强公共文化服务体系建设的若干意见》，将农家书屋工程确定为全国公共文化服务体系建设的五项重点工程之一。10月，新闻出版总署制定颁布了《农家书屋工程"十一五"时期建设规划》，明确"十一五"期间在全国建设农家书屋23.75万家，并将建设任务具体落实到全国每个县（市、区）。2008年8月，

---

① 雒树刚：《国务院关于公共文化服务体系建设工作情况的报告》，引自网页：http://www.npc.gov.cn/npc/xinwen/2015-04/23/content_ 1934246.htm。

新闻出版总署下发《农家书屋工程建设管理暂行办法》，并会同财政部下发《农家书屋工程专项资金管理暂行办法》，提出按照每个书屋 2 万元的标准，分别对中部地区补助 50%，对西部地区补助 80%，对东部地区按照 10% 给予奖励。2010 年上半年，农家书屋工程"十一五"建设规划提前完成。2010 年 5 月，新闻出版总署会同财政部下发《关于提前启动"十二五"时期农家书屋工程建设的通知》，明确要求从 2010 年起提前启动"十二五"时期农家书屋工程建设工作，到 2012 年底基本实现农家书屋覆盖全国所有行政村的目标。在中央和各地的共同努力下，农家书屋工程建设快速推进。截至 2012 年底，中央和地方财政共计投入资金 120 多亿元，全国建成农家书屋 600449 家，覆盖了全国具有基本条件的行政村。全国共计配送图书 9.4 亿册、报刊 5.4 亿份、音像制品和电子出版物 1.2 亿张，农民人均图书拥有量达到 1.13 册，初步解决了 8 亿农民群众读书难、看报难的问题。

三、推进免费开放，加快改革创新，发展数字文化，公共文化服务效能显著提升

1. 公共文化设施免费开放

推进公共文化设施建设只是公共文化服务体系建设的第一步，仅仅有这一步还不够，还必须让公共文化设施运转起来。2003 年，杭州图书馆首推免证阅览制度，从 2006 年开始取消了图书年费，2008 年又推出市民基本身份证件（市民卡、居民身份证）作为读者证，并与杭州市政府联合征信系统连接，取消借阅押金的创新举措，实现"零门槛"服务，为全国公共文化设施免费开放积累了成功的经验。2008 年，中宣部、财政部、文化部、国家文物局下发《关于全国博物馆、纪念馆免费开放的通知》，启动实施了博物馆、纪念馆免费开放工作。2011 年初，中央又将免费开放的范围由博物馆（纪念馆）推向美术馆、公共图书馆、文化馆（站），财政部、文化部下发了《关于推进全国美术馆、公共图书馆、文化馆（站）免费开放工作的意见》。2013 年财政部《中央补助地方博物馆、纪念馆免费开放专项资金管理暂行办法》和《中央补助地方美术馆、公共图书馆、文化馆（站）免费开放专项资金管理暂行办法》，对免费开放的补助标准和经费使用作了详细的规定。

对于博物馆、纪念馆，2008年、2009年纳入免费开放名单的门票收入减少部分由中央财政全额负担，运转经费增量部分由中央财政按照东部20%、中部60%和西部80%的比例补助。2008年以前立项建设、2010年及以后年度建成并纳入免费开放名单的，以及新增命名为全国爱国主义教育示范基地的，运转经费补助按照省级馆每馆每年500万元，地市级馆每馆每年150万元，县区级馆每馆每年50万元的标准安排。对于美术馆、公共图书馆、文化馆（站），地市级美术馆、公共图书馆、文化馆每馆每年50万元；县级美术馆、公共图书馆、文化馆每馆每年20万元；乡镇综合文化站每站每年5万元。基本补助标准可以根据文化事业发展需要和财力实行动态调整。中央财政对东、中、西部地区分别按照基本补助标准的20%、50%和80%的比例安排补助资金，其余部分由地方财政负责安排。在中央和各地有力推动下，公共文化服务设施免费开放工作进展顺利，取得良好效果。截至2014年，中央财政共安排252.3亿元，共支持地方1815个博物馆、纪念馆，1005个市级和5542个县级美术馆、公共图书馆和文化馆，以及34706个乡镇文化站面向社会免费开放[①]，广大群众尤其是低收入群体的参观人数大幅增加。

2. 创新运行机制

2007年，中办、国办下发的《中共中央办公厅 国务院办公厅关于加强公共文化服务体系建设的若干意见》，明确提出"要按照增加投入、转换机制、增强活力、改善服务的要求，深化公益性文化事业单位人事和内部收入分配制度改革，全面实行聘用制度和岗位管理制度，加强财务管理和经济核算，建立健全竞争、激励、约束机制，努力提高公共文化服务能力和水平"。2013年，党的十八届三中全会在部署构建现代公共文化服务体系时，特别提到"要明确不同文化事业单位功能定位，建立法人治理结构，完善绩效考核机制。推动公共图书馆、博物馆、文化馆、科技馆等组建理事会，吸纳有关方面代表、专业人士、各界群众参与管理"。2015年1月，中办、国办下发的《关于加快构建现代公共文化服务体系的意见》，强调要创新公共文化管理和运行机制，并就公共文化单位改革明确了推进管办分

---

① 李丽辉：《中央财政投入约50亿元支持文化场馆免费开放》，引自网页：http://politics.people.com.cn/n/2014/0812/c1001-25446429.html。

离、建立法人治理机构、加强和改进党组织建设等六项任务。通过10多年的持续推进，公益性文化事业单位"责任明确、行为规范、富有效率、服务优良"的运行机制逐步形成，服务质量和效率显著提高。

3. 发展数字文化

在数字化、信息化、全球化的时代背景下，将信息技术、数字技术、网络技术等现代科学技术和传播手段应用于公共文化服务体系建设，进一步加强公共数字文化建设，是适应时代发展的必然要求和战略选择。2002年，文化部、财政部共同组织实施了全国文化信息资源共享工程、数字图书馆推广工程和公共电子阅览室建设计划，并取得积极进展。2011年，文化部下发《关于进一步加强公共数字文化建设的指导意见》，提出重点实施文化共享工程、数字图书馆推广工程和公共电子阅览室建设计划三大公共数字文化惠民工程，在此基础上，广泛动员各方面力量，逐步拓展范围，带动数字美术馆、数字文化馆、数字博物馆、数字爱国主义教育基地等建设。截至2014年底，文化共享工程累计资源总量达到412TB，地方特色资源项目613个。数字图书馆推广工程已完成与34家省、市级图书馆的专网、骨干网建设。通过数字图书馆专用网络，国家图书馆向各地图书馆开放了总量超过130TB的中外文数字资源，包括100余万册中外文图书、700余种中外文期刊、7万余个教学课件、1万余张图片、18万余份档案全文以及3000余种讲座和地方戏曲等，全国各地读者在当地图书馆就可以享受到国家数字图书馆丰富的数字资源。实施公共电子阅览室建设计划方面，已建成55918个标准化电子阅览室，其中乡镇公共电子阅览室31377个，街道/社区公共电子阅览室21332个。[①]

四、整合部门资源，尊重地方创造，推进社会化发展，公共文化服务体系建设力量有效激活

1. 各有关部门公共文化服务资源整合

由于历史的原因，我国的公共文化服务资源分散在文化、广电、新闻、工会、

---

① 刘新成等：《中国公共文化发展报告（2014—2015）》，社科文献出版社，2015年版，第11页。

共青团、妇联、科协、教育等各个系统里，在很长一段时间里都是"各自为政"，导致公共文化服务多头管理、业务重叠、重复建设、孤岛运行、资源分散等问题严重。为加强公共文化服务资源整合，2005年，党的十六届五中全会通过的《中共中央关于制定国民经济和社会发展第十一个五年规划的建议》，首次提出要逐步形成覆盖全社会的比较完备的公共文化服务体系。2006年9月发布的《国家"十一五"时期文化发展规划纲要》，明确提出要加强图书馆、博物馆、文化馆、美术馆、电台、电视台、广播电视发射转播台（站）、互联网公共信息服务点等公共文化基础设施建设，这表明建设公共文化服务体系并非只是文化部门的事，而是包括新闻、广电等众多部门共同承担的任务。党的十八届三中全会进一步提出，要建立公共文化服务体系建设协调机制，统筹服务设施网络建设，促进基本公共文化服务标准化、均等化，要建立群众评价和反馈机制，推动文化惠民项目与群众文化需求有效对接，要整合基层宣传文化、党员教育、科学普及、体育健身等设施，建设综合性文化服务中心。2014年3月，国家公共文化服务体系建设协调组第一次全体会议在北京召开，讨论了《公共文化服务体系建设协调机制工作方案》，审议通过《国家公共文化服务体系建设协调组议事规则》和《成员单位职责分工方案》，这标志着国家层面的公共文化服务体系建设协调机制正式运转。协调组由文化部牵头，组成单位包括中宣部、中央编办、全国总工会、教育部等20个部门。其工作目标是围绕建设现代公共文化服务体系的总任务，按照分工协作、共建共享、科学规划、服务基层、循序渐进、完善体系、重点突破、整体推进的工作原则，统筹推进现代公共文化服务体系建设。为推进基层公共文化资源有效整合和统筹利用，提升基层公共文化设施建设、管理和服务水平，2015年，国办下发了《国务院办公厅关于推进基层综合性文化服务中心建设的指导意见》，提出到2020年，全国范围的乡镇（街道）和村（社区）要普遍建成集宣传文化、党员教育、科学普及、普法教育、体育健身等功能于一体，资源充足、设备齐全、服务规范、保障有力、群众满意度较高的基层综合性公共文化设施和场所。经过多年努力，"公共文化服务全社会共建共享"的"大文化"发展思路已经取代原"公共文化服务文化部门办"的"小文化"发展思路，公共文化服务融合发展、共建共享的局面正在形成。

2. 地方创建国家公共文化服务示范区（项目）

我国地域辽阔、区域差距较大，各地的地域风貌、民俗风情、资源禀赋各不相同。为充分发挥地方的积极性，2011年，文化部与财政部实施了国家公共文化服务体系示范区（项目）创建工作，提出在"十二五"期间，在全国东、中、西部创建一批结构合理、发展平衡、网络健全、运行有效、惠及全民的公共文化服务体系示范区，培育一批具有创新性、带动性、导向性、科学性的公共文化服务示范项目，为我国公共文化服务体系建设探索路径、积累经验、提供示范。党的十七届六中全会明确提出要"推进国家公共文化服务体系示范区创建"，标志着这项工作由文化系统的部门行为上升为党中央的战略决策。在创建过程中，参与创建的城市尤其是中西部创建示范区城市修订完善了其"十二五"发展规划，许多原未列入规划的重大公共文化设施项目得以开工建设，长期存在的乡镇文化站人员编制问题和村（社区）文化管理员的问题得到了有效解决。不少创建示范区城市对公共文化服务社会力量参与、绩效考核评估等难题进行了制度设计研究，并上升为政府文件，形成长效机制。此外，各地在示范区创建过程中通过实施文化惠民项目，较好地满足了人民群众的精神文化需求，使人民群众真正享受到了创建带来的成果，示范区创建工作因此被各地群众亲切地誉为"最走群众路线"的项目①。总之，创建工作的开展，有力地激发了各地的创新创造活力，不仅推动当地公共文化服务体系实现了跨越式发展，还为全国的公共文化服务体系建设积累了丰富的经验。

3. 公共文化服务社会化发展

党的十八届三中全会明确提出"推动公共文化服务社会化发展"。2013年，国办下发了《关于政府向社会力量购买服务的指导意见》，提出到2020年在全国基本建立比较完善的政府向社会力量购买服务制度，形成与经济社会发展相适应、高效合理的公共服务资源配置体系和供给体系的目标。2015年5月，国办转发文化部、财政部、国家新闻出版广电总局、国家体育总局《关于做好政府向社会力量购买公

---

① 刘新成等：《中国公共文化发展报告（2014—2015）》，社科文献出版社，2015年版，第21页。

共文化服务工作的意见》，对建立健全政府向社会力量购买公共文化服务机制，完善公共文化服务供给体系，提高公共文化服务效能作出重要部署。此后，文化部印发《文化部向社会力量购买公共文化服务管理暂行办法》，并发布了本级购买公共文化服务具体目录。辽宁、江苏等多个省（区、市）出台了适用于本地区的购买公共文化服务实施意见。

第四节
公共文化服务体系建设展望

前瞻我国公共文化服务体系建设之路，一要从既有经验中看路径，二要从不足与问题中寻突破口，三要从有关规划中找关键点。

一、公共文化服务体系建设积累的经验为下一步工作提供了遵循

改革开放以来，我国公共文化服务体系建设积累了丰富的经验，概括起来看，主要有以下几个方面：

1. 坚持导向，强化引领

"以文化人"、礼乐教化是我国的重要文化传统。文化的使命，决定了公共文化服务首先要承担以社会主义核心价值观引领社会思潮、凝聚社会共识、培育合格公民的重任。我国公共文化服务体系建设始终坚持中国特色社会主义文化建设道路，发展先进文化，创新传统文化，扶持通俗文化，引导流行文化，改造落后文化，抵制有害文化。在建设公共文化服务体系的过程中，一方面，积极提供、传播当代中国价值观念、体现中华文化精神、反映中国人审美追求的文化作品，让中华民族优秀文化和社会主义先进文化走进千家万户，通过群众喜闻乐见的文化艺术形式推进社会主义核心价值观融入群众的日常生活。另一方面，积极推动公共文化服务活动场所面向群众广泛开展理论政策宣讲、乡风文明弘扬、文明礼仪教化、文化知识传

授等活动,把公共文化设施活动场所建成弘扬社会主义先进文化的重要阵地。实践证明,社会主义核心价值观是公共文化服务发展的"指南针",公共文化服务体系是培育和弘扬社会主义核心价值观的"主阵地"。公共文化服务体系建设只有坚持以社会主义核心价值观为引领,才能真正发挥文化润物无声、熏陶教化的作用。

2. 政府主导,社会参与

公共文化服务是社会公共产品,提供公共文化服务是政府义不容辞的责任。改革开放以来特别是近年来,政府不断加大对公共文化服务的财政投入,2014年全国文化事业投入费用比1978年增长130倍。政府努力建设以公共文化产品生产供给、设施网络、资金人才技术保障、组织支撑和运行评估为基本框架的覆盖全社会的公共文化服务体系,切实保障人民群众看电视、听广播、读书看报、进行公共文化鉴赏、参加公共文化活动等基本文化权益。同时,有关方面坚持政府主导而不是政府包办,充分发挥市场、社会的力量,广泛吸收群众参与到公共文化服务的建设中来,变政府的独唱为政府、市场和社会的合唱。比如,积极推进公共文化服务政府向社会购买,打破"体制内""体制外"界限,打破"国有""民营"界限,为社会各方力量提供平等的竞争机会,促进公共文化服务社会化发展;充分利用市场在资源配置中的积极作用,大力培育文化消费,促进公共文化服务与文化产业有机结合;大力发展公共文化服务社会组织、文化志愿者,百万文化志愿者已成为我国公共文化服务乃至全社会一支非常重要的力量;等等。实践证明,没有政府的大力支持,就没有公共文化服务体系建设的基本框架;没有全社会的积极参与,就没有公共文化服务体系建设的跨越式发展。公共文化只有坚持以政府为主导,充分发挥政府、市场、社会三者的合力,才能不断增强公共文化事业发展壮大的内生动力,激发全社会的文化创造活力。

3. 重心下移,注重均衡

统筹城乡和区域文化均等化发展,加快形成覆盖城乡、便捷高效、保基本、促公平的现代公共文化服务体系,是公共文化服务体系建设的根本目标。有关方面根据我国还处在社会主义初级阶段、公共财政实力有限、公共文化需求快速增长的实际情况,采取"重点领域优先保障",同时兼顾"全面均衡发展"的发展策略,把公共文化服务体系建设的工作重心下移、资源配置下移、服务提供下移，深入推进农村基层文化建设；积极实施乡镇文化站建设规划、县级文化馆图书馆建设规划，实现"县县都有文化馆图书馆，乡乡都有文化站"的目标；大力实施广播电视村村通工程、文化信息资源共享工程、乡镇综合文化站建设工程、农家书屋建设工程、农村电影放映工程等重点惠民工程，将公共文化服务的触角延伸到农村，全面保障农村地区群众的基本文化权益。在此基础上，切实加大老少边穷地区公共文化服务体系建设的扶持力度，解决中西部贫困地区、边疆民族地区、革命老区、广大基层农村等公共文化基础设施条件差、资源供给不足、服务能力较低的问题，扩大基本公共文化服务对全国的均衡覆盖。实践证明，没有农村公共文化服务体系建设的发展，就没有全国公共文化服务体系的基本建成；没有老少边穷地区公共文化服务体系的广泛覆盖，就没有全国公共文化服务体系的全面覆盖。在社会主义初级阶段，公共文化服务体系建设只有紧紧抓住基层这个重点难点，才能让公共文化服务的阳光雨露洒满全国大地，实现公共文化服务体系基本建成的建设目标。

4. 融合发展，共建共享

公共文化服务体系建设是全社会共同的事业，发展成果也应由全社会共享。有关方面打破原有"公共文化服务文化部门办"的"小文化"发展思路，坚持"公共文化服务全社会共建共享"的"大文化"发展思路，积极推进公共文化服务融合发展、共建共享；积极整合文化、广电、新闻出版等方面的资源，形成公共文化服务体系的基本框架；积极推进公共文化服务运营改革创新，通过建立总分馆制、发展数字文化，打通各个行政层级的行政壁垒，实现公共文化服务体系内的资源共享；积极统筹教育、工会、共青团、妇联、文联、作协等部门资源，加强对不同部门公共文化服务设施、项目和资源的统筹，在设施上互联互通，在资源上相互融通，在服务上相互借鉴，做到物尽其用、人尽其才；积极推动公共文化与科技、教育、旅游等行业融合，充分利用其他行业发展公共文化服务，也通过公共文化服务为其他行业注入新的活力，推动公共文化与其他领域相融共生。实践证明，公共文化服务体系不仅仅是文化事业的重要组成部分，也是教育事业、科技事业、旅游事业等其他事业的重要组成部分，是全社会共同的事业。公共文化服务建设只有坚持融合发展、共建共享的发展思路，才能实现公共文化设施资源的有效利用，才能深深融入群众的日常生活，从根本上保障人民群众的文化权益。

5. 以人为本，人民至上

公共文化服务要保障的是人的基本文化权益，要满足的是人的基本文化需求，所以，公共文化服务是以人为中心的服务。有关方面坚持以人为本、人民至上的理念，让所有人都有条件、有保障、能就近方便地享有文化服务和文化活动；以人民群众基本文化需求为导向，围绕看电视、听广播、读书看报、参加公共文化活动等群众基本文化权益，根据国家经济社会发展水平和供给能力，明确国家基本公共文化服务的内容、种类、数量和水平；将老年人、未成年人、残疾人、农民工、农村留守妇女儿童、生活困难群众作为公共文化服务的重点对象，全面保障特殊群体的基本公共文化权益；充分利用互联网技术，逐步建立"自下而上、以需定供"的互动式、菜单式服务方式，推动公共文化服务供给与人民群众文化需求有效对接。实践证明，没有人民群众的广泛参与和积极创造，公共文化服务实施就会成为"孤家寡人"，公共文化服务体系就只能"空转"。公共文化服务体系建设只有坚持以人为本、人民至上的发展理念，想百姓之所想，供百姓之所需，让人民群众有更多的公共文化服务获得感，才能获得人民群众的真心拥护。

6. 尊重实际，因地制宜

我国地域辽阔、区域差距较大，各地的地域风貌、民俗风情、资源禀赋各不相同，公共文化服务体系建设必须因地制宜、分类指导。有关方面立足我国的国情，充分尊重各地的创新创造，分类指导各地的发展，推动各地走出了一条符合当地实际的公共文化发展之路；根据经济社会发展水平发展，逐步调整基本公共文化服务的标准，推动基本公共文化服务由2007年的"6大任务"调整为2015年的"3大类、14项、22条"指导标准；在制定国家基本公共文化服务指导标准的基础上，要求各地结合当地群众需求、政府财政能力和文化特色，制定适合本地区的实施标准，为各地创新公共文化服务内容形式留有空间，充分激发地方的积极性；大力实施国家公共文化服务体系示范区（项目）创建工作，鼓励各地根据自己的实际进行大胆创新，推动各地涌现一大批创新成果，很多地方经验直接吸收进中央的政策文件，为指导全国公共文化服务体系建设提供了有益的借鉴；根据东中西部地区的差异，在资金配套、建设标准上对东中西部提出不同要求。实践证明，对于我们这样一个处于社会主义初级阶段、各区域发展迥异的国家，任何一刀切的政策都行不通，任何超越时代的发展都将适得其反，公共文化服务体系建设只有尊重当前经济社会发展的实际，尊重各地的发展实际，才能走出一条适合自己发展的公共文化发展之路。

二、公共文化服务体系建设存在的问题呼唤新的突破

我国公共文化服务体系建设虽然取得了一些成绩，但总体来看，由于文化建设底子薄、欠账多，公共文化服务体系建设还存在"三个不适应"：一是与全面建成小康社会的目标要求还不相适应；二是与我国当前的经济社会发展水平还不相适应；三是与基层群众日益增长的精神文化需求还不相适应。

1. 体系不完善

从设施体系看，虽然我国基本建成覆盖省、市、县、乡、村的五级公共文化服务基础设施网络，但是，这个基础设施体系是按行政层级的"全设置"，并不是按有效服务半径的"全设置"，覆盖面和服务能力有限。按国际图联标准，每5万人应拥有一所图书馆，有效服务半径标准为4千米，而我国平均46万人才有一所馆，平均辐射半径为57千米；我国平均42万人拥有一所文化馆，日本平均7700人就拥有一所公民馆。目前，我国还有22.8%的县级图书馆和27%的县级文化馆的建筑面积小于800平方米，14.2%的乡镇综合文化站的建筑面积小于300平方米。[①]

从投入体系看，虽然各级财政对文化建设的投入不断增加，但由于长期以来文化建设经费基数低，财政投入的增长与文化发展的需求之间仍有不小差距。2016年，教育事业占全国财政支出的比例达15.10%，卫生事业为6.65%，科技事业为3.46%，而文化事业不到0.4%。与世界其他国家相比，我国对文化事业的投入也有不小的差距。根据经济合作与发展组织（OECD）发布的2013年世界主要国家文化事业支出显示，法国的文化支出占公共财政支出的比例达2.56%，德国为

---

① 雒树刚：《国务院关于公共文化服务体系建设工作情况的报告》，引自网页：http://www.npc.gov.cn/npc/xinwen/2015-04/23/content_1934246.htm。

1.87%，英国为1.68%①。

从组织体系看，我们公共文化服务机构及所属公共文化服务设施还是一个一个的点，没有形成一张互联互通、资源共享的网。正如有的学者所指出的，"单体设施我们可以建得很高大上，但不成体系，没有互联互通效能；单一机构也可以把服务搞得有声有色，但不成体系，体现不出均衡发展效果"②。近些年来，虽然一些地方积极探索通过建立总分馆制建设公共文化服务圈，让公共文化服务机构和设施联网，但现在还处在起步阶段，任重而道远。

2. 发展不均衡

从城乡比较看，到2014年底，全国还有130多个县级行政区域没有公共图书馆。另外，我们也有全世界面积最大的单体公共图书馆，总面积达10万平方米以上的省级公共图书馆已经有五六所。

从覆盖群体看，目前公共文化服务当中针对残疾人、农民工、老年人、边疆少数民族地区群众等特殊群体的服务普遍较少。以农民工为例，2015年全国农民工总量达到27747万人，占全国总人口的20%，外出农民工16884万人，占全国总人口的12%③。一方面，农民工常年在外工作导致其不能享受到户籍所在地提供的公共文化服务；另一方面，工作所在地按户籍人口投入导致农民工不能享受工作所在地提供的公共文化服务，最终使其成为公共文化的弱势群体。

3. 服务效能不高

从运行情况看，由于经费和人员的双重不足，很多文化设施难以正常运行运营。另外，不少地方存在"重设施建设，轻管理使用"的问题，建好了就闲置，处于"空壳"状态。

从提供方式看，大多数机构仍沿用旧的方式和手段向群众提供服务，文化场馆被

---

① 李国新：《对我国现代公共文化服务体系建设的思考》，引自网页：http://www.npc.gov.cn/npc/xinwen/2016-04/06/content_1986532.htm。

② 李国新：《对我国现代公共文化服务体系建设的思考》，引自网页：http://www.npc.gov.cn/npc/xinwen/2016-04/06/content_1986532.htm。

③ 国家统计局：《2015年国民经济和社会发展统计公报》，引自网页：http://www.stats.gov.cn/tjsj/zxfb/201602/t20160229_1323991.html。

动等着群众"走进来",内容上不考虑群众的爱好和接受能力,数字和网络技术在公共文化服务领域的应用还不够普及,导致公共文化服务人群覆盖面小、服务效益低。

从群众参与看,虽然这些年来基本建成了覆盖全社会的公共文化服务设施网络,也积极推进公共文化单位免费开放,但总体而言群众参与的积极性不高,与发达国家相比,还有很大的差距。另外,群众的参与结构也不均衡,参与公共文化服务及活动的群体呈现老年人多、年轻人少,城里人多、农村人少,东部地区人多、中西部地区人少的现象。

4. 发展动力不足

从资源整合看,全社会公共文化服务资源尚未有效整合。比如,全国工、青、妇、科、教等系统拥有服务设施6800所,比全国县以上公共图书馆和文化馆的总和还多,但真正纳入公共文化服务体系的并不多。

从激励机制看,吸引和鼓励社会力量参与公共文化服务的政策动力、激励机制尚不健全。比如我们的捐赠税收减免政策和实现减免的程序设计的水平,就和发达国家有不小的差距。

从社会参与途径看,社会力量参与公共文化服务的方式、途径有限。公共文化服务领域实行政府购买、政府和社会资本合作、基层公共文化设施社会化管理运营等社会化发展方式刚刚起步,仍然处于探索阶段。

三、文化行政部门的规划揭示了新阶段工作布局的关键点

针对上述问题,有关部门通过认真的调研,着力在"十三五"时期采取有力措施加以解决。《文化部"十三五"时期文化发展改革规划》在"构建现代公共文化服务体系"部分,提出了"坚持政府主导、社会参与、重心下移、共建共享,以基本公共文化服务标准化均等化为突破口,立足人民群众基本文化需求,构建体现时代发展趋势、符合文化发展规律、具有中国特色的现代公共文化服务体系"的总体任务,并就以下方面作出规划。

1. 全面推进基本公共文化服务标准化、均等化

以县为基本单位,全面落实国家基本公共文化服务指导标准和地方实施标准。

健全公共文化设施运行管理和服务标准体系，规范各级各类公共文化机构服务项目和流程。以标准化促进均等化，填平补齐公共文化资源，推动区域间、城乡间公共文化服务均衡协调发展。开发和提供适合老年人、未成年人、残疾人、农民工、农村留守妇女儿童、生活困难群众等群体的基本公共文化产品和服务。

2. 完善公共文化设施网络

以公共图书馆、文化馆、博物馆、乡镇（街道）综合文化站、村（社区）综合性文化服务中心为重点，以流动文化设施和数字文化设施为补充，统筹规划，均衡配置，推动各级公共文化设施基本达到国家建设标准。采取盘活存量、调整置换、集中利用等方式，着力推进乡镇（街道）和村（社区）综合性文化服务中心建设。加强贫困地区的流动服务点建设，配备流动文化服务设备器材，实现流动服务常态化。

3. 加大贫困地区公共文化服务体系建设力度

与国家扶贫攻坚战略相结合，加强对中西部地区特别是老少边穷地区公共文化建设的帮扶。加大资金、项目、政策的倾斜力度，补齐公共文化服务短板。盘活贫困地区文化资源，大力推动文化惠民。将公共文化帮扶纳入行业扶贫、东西部扶贫协作和定点扶贫工作内容，通过对口支援、合作共建、区域文化联动等形式，建立与扶贫开发工作重点县的结对帮扶机制。深入实施文化扶贫项目，动员社会力量积极参与，实现"一县一策"、精准扶贫。

4. 提高公共文化服务效能

创新公共文化管理体制和运行机制，完善公共文化服务体系建设协调机制，推动基层党委和政府统筹实施各类重大文化工程和项目。建立健全县级文化馆、图书馆总分馆制。深入推进公共图书馆、博物馆、文化馆（站）、美术馆等公共文化设施免费开放，提升免费开放服务水平，提高群众文化参与程度。建立健全基层公共文化服务监督评价机制，开展常态化的公共文化服务效能评估。建立群众文化需求反馈机制，推广"菜单式"服务模式。丰富公共文化产品供给，拓宽供给渠道。推动公共数字文化建设，加快数字图书馆、文化馆、博物馆、美术馆建设，统筹实施重大公共数字文化建设工程，加强数字产品和服务的开发，提高优质资源供给能力。建立以效能为导向的评价激励机制，研究制定公众参与度和群众满意度指标。

深入开展艺术普及活动。繁荣群众文艺，完善扶持机制，搭建展示平台。

5. 推动公共文化服务社会化发展

促进公共文化服务项目化管理、市场化运作、社会化参与。建立健全政府购买公共文化服务工作机制。培育文化类社会组织。运用政府与社会资本合作、公益创投等多种模式，支持企业、社会组织和个人提供公共文化设施、产品和服务，推动有条件的公共文化设施社会化运营。鼓励和引导社会力量在符合条件的情况下结合历史街区和传统村落建设等兴办公共文化项目。推进文化志愿服务，建立和完善文化志愿者注册招募、服务记录、管理评价和激励保障机制，提高文化志愿服务规范化、专业化和社会化水平。

6. 全面加强边境地区文化建设

以边境县为主体，以县、乡、村三级为重点，以公共文化服务体系建设为主要方面，全面加强边境地区文化建设，推动文化稳边、固边、兴边。加强边境地区公共文化设施建设，改造提升设施条件，增加多层次、多语种文化产品供给，加强网络建设和数字资源建设。鼓励文艺工作者深入边境地区开展采风创作和慰问演出，丰富边民文化生活。加大文化人才、文化科教支边力度，加强人才培训。挖掘和保护边境特色文化资源，扶持特色文化产业发展。建立边境地区文化市场执法协作机制，加大违法案件查办力度，维护文化安全。支持边境地区与周边国家和地区开展形式多样、内容丰富的文化交流与合作，发展文化边贸。

这个规划就现代公共文化服务体系建设重点工程（项目）列出了专栏：

专　栏

现代公共文化服务体系建设

国家级文化设施建设工程：实施国家美术馆、中国工艺美术馆（中国非物质文化遗产馆）、"平安故宫"、国家图书馆国家文献战略储备库等重大文化设施建设，推动中国国家画院扩建、中央芭蕾舞团业务用房扩建、中国交响乐团团址重建等项目，形成比较完备的国家级文化设施网络。

贫困地区公共文化服务体系建设项目：为贫困地区每个县配备流动文化车。加大中央财政支持力度，对贫困地区村级文化设施建设给予支持，推动普遍建立村级综合性文化服务中心。为贫困地区村级综合性文化服务中心配备设备。

基层综合性文化服务中心建设项目：在乡镇（街道）和村（社区）统筹建设综合性文化服务中心，配套建设文体广场、文化活动室、简易戏台并配备阅报栏（屏）、文化器材（含灯光音响设备和部分乐器）、广播器材和体育健身设施等。

公共数字文化建设项目：统筹实施全国文化信息资源共享工程、数字图书馆推广工程和公共电子阅览室建设计划，完善国家公共文化数字支撑平台，建设国家基本公共数字文化资源库，资源总量达到3500百万兆字节（TB）以上。

全民文化艺术普及项目：发挥各级文艺院团、艺术院校作用，开展面向基层、面向学校的公益性演出。推动在高等院校和中小学普及艺术教育，持续推进高雅艺术进校园。依托公共文化机构开展形式多样的公益性艺术培训，规范引导社会艺术水平考级健康发展。制定繁荣群众文艺发展规划，创作推出更多优秀群众文艺作品。

特殊群体文化产品扶持计划：组织实施面向老年人、未成年人、残疾人、农民工、农村留守妇女儿童等特殊群体的文化活动，开展特殊群体优秀文化产品征集推广，培育一批特殊群体文化服务品牌。推进文化系统老年大学规范化建设。

全国文化志愿服务行动计划：每年实施100个左右具有示范意义的志愿服务项目，培育文化志愿服务品牌。实施"阳光工程"——中西部地区农村文化志愿服务行动计划。建立健全各级文化志愿服务组织，壮大文化志愿者队伍，加强分级分类管理和培训。

边境地区文化建设工程：加强边境县公共文化设施建设。建设边疆万里数字文化长廊，基本实现边境地区公共数字文化网络全覆盖。实施边疆博物馆提升工程。实施"春雨工程"，开展文化志愿者边疆行活动。支持边境地区建设具有富民效应和示范效应的文化产业园区基地，鼓励发展传统工艺和文化旅游，支持搭建外向型展会平台，开展原创动漫边疆推广工作。实施文化睦邻工程，积极开展跨境文化交流和贸易合作。

《文化部"十三五"时期文化发展改革规划》专栏2

理解和实施上述规划，要把握以下关键点：

1. 完善体系

设施网络是推进基本公共文化服务标准化、均等化的基础条件。要合理规划建设各级各类公共文化设施，填平补齐基层文化资源。改善市县公共图书馆、文化馆、博物馆设施条件，重点支持中西部地区新建、改扩建县级公共图书馆和文化馆，在乡镇（街道）和村（社区）整合资源，统筹建设集宣传文化、党员教育、科技普及、普法教育、体育健身等功能于一体的基层综合性文化服务中心。

2. 补齐短板

虽然我国公共文化设施基本实现了按行政层级"全设置"，但农村基层特别是城乡接合部、老少边穷地区还有空白点。这是公共文化服务体系建设的难点和短板，完成全面建成小康社会的文化任务就是要从这些基础差、难度大的地方抓起。要加大对贫困地区资金、项目、政策的倾斜力度。对贫困地区未建成或未达标的县级公共图书馆、文化馆进行新建和改扩建，为贫困地区每个县配备流动文化车，因地制宜开展流动文化服务。要将老年人、未成年人、残疾人、农民工、农村留守妇女儿童、生活困难群众作为公共文化服务的重要对象，让文化的阳光普照大众。

3. 提升效能

目前，一些公益性文化单位存在活力不足、效率不高的问题，不少地方公共文化设施闲置，"重设施建设、轻管理使用"的现象依然存在，这些问题影响了公共文化服务的效能。要坚持设施建设和运行管理并重，全面落实《国家基本公共文化服务指导标准（2015—2020年）》，制定公共文化服务提供目录，丰富公共文化产品供给。要进一步完善公共文化设施免费开放的保障机制，扩大免费开放范围，提升免费开放服务水平。要着力创新公共文化管理体制和运行机制。要完善公共文化服务体系建设协调机制，探索整合基层公共文化服务资源的方式和途径，实现共建共享，提升综合效益。推动公共图书馆、博物馆、文化馆、科技馆等组建理事会，吸纳有关方面代表人士参与管理，完善内部机制，提升服务质量，提高群众文化参与程度。同时，要适应科技发展和人们生活方式变化，加快公共数字文化建设，使公共文化服务更加方便、快捷、高效。

4. 扩大参与

人民群众是公共文化的主体,是享受主体,也是参与主体。政府主导不是政府包办,而是要引入市场机制,激发各类社会主体参与公共文化服务的积极性,形成政府、社会、市场三者之间的良性互动。要针对基层缺乏文化人才的问题,建立健全文化志愿服务制度,壮大文化志愿者队伍。要积极培育文化类社会组织,鼓励社会力量通过捐助设施设备、兴办实体、资助项目、赞助活动参与公共文化服务体系建设。要加大政府购买力度,将适合由社会组织提供的公共文化服务事项交由社会组织承担,促进公共文化服务提供主体和提供方式多元化。

第七章
文化产品创作生产引导体系改革

文化产品创作生产引导体系改革的过程就是加强对文化产品创作生产的引导的过程。加强对文化产品创作生产的引导,是发展社会主义先进文化的需要,是不断满足人民精神文化需求的需要,是多出优秀人才、培养名家大师的需要。改革开放以来,我国在文化产品创作生产引导体系改革上经历了开创和探索时期(1978—2002年)、全面加强时期(2003—2012年)、全面深化时期(2013年至今),在各个阶段都取得了可圈可点的成绩。长期的实践积累了丰富的经验,其中的基本理念值得长期坚持。在未来的实践中,各有关方面将适应新形势的要求,在加强文化产品创作生产的引导上更加注重树立以人民为中心的创作导向、更加注重弘扬和践行社会主义核心价值观、更加注重把社会效益放在首位。

第一节
加强对文化产品创作生产的引导的重要意义

文化改革发展的一个重要目标,就是多出精品、多出人才、多出效益。在文化改革发展工作的总体布局上,加强对文化产品创作生产的引导,有利于确保文化改革发展始终沿着正确方向顺利推进。

一、加强对文化产品创作生产的引导是发展社会主义先进文化的需要

社会主义先进文化是以马克思列宁主义、毛泽东思想、中国特色社会主义理论

体系为指导，面向现代化、面向世界、面向未来的，民族的科学的大众的社会主义文化，是激励全党全国各族人民团结奋斗的精神支柱。加强对文化产品创作生产的引导，有利于坚持正确的创作方向，创作出反映时代主旋律、深受广大群众喜爱的优秀文化产品。在文化产品中，思想观念、精神追求、价值取向是灵魂、是根本。如果忽视文化产品的思想内涵和精神要义，文化产品创作生产就会迷失方向、丧失灵魂。只有牢固树立马克思主义文化观，用社会主义核心价值观引领文化产品创作生产方向，用多彩乐章奏响主旋律，用优秀作品礼赞伟大时代，在人民的历史创造中进行文化的创造，在人民的伟大中获得文化的伟大，才能使社会主义先进文化永葆生机和活力，始终走在时代前列。①

二、加强对文化产品创作生产的引导是不断满足人民精神文化需求的需要

满足人民日益增长的精神文化需求，是文化建设的目标所在。随着我国经济社会持续快速发展和人民生活水平的不断提高，城乡居民文化需求越来越旺盛，文化消费进入快速增长期。人民精神文化需求不仅有了新的变化，精神文化消费的层次也越来越丰富，对于文化产品内容和形式的要求越来越多样。这为繁荣发展社会主义文化提供了广阔空间和强大动力，同时也对文化产品创作生产提出了更高的要求。只有加强对文化产品创作生产的引导，坚持正确创作方向，顺应人民群众对精神文化生活的新期待，贴近实际、贴近生活、贴近群众，在提高文化产品数量的同时，全面提升文化产品的质量，才能更好地满足人民精神需求、丰富人民精神生活、增强人民精神力量。

三、加强对文化产品创作生产的引导是多出优秀人才、培养名家大师的需要

名家大师是文化长期积淀的结果和文化繁荣的重要标志，集中体现了一个国家、一个时代文化发展的水平。近些年来，我们已经建设形成一支宏大的文化人才队伍，但有影响的文化名家、文化大师和各领域领军人物还不够多。当今时代是一

---

① 杨志今：《坚持正确创作方向》，《求是》，2011年第22期。

个需要也能够产生名家大师的时代。催生更多传世之作、涌现更多名家大师，需要引导广大文化工作者自觉把德艺双馨作为追求目标，深入了解国情，积累丰富知识，提高精神境界，培养高尚人格，心无旁骛、潜心创作，努力攀登文化艺术高峰。需要创立和完善有利于优秀人才健康成长和脱颖而出的体制机制，充分发扬艺术民主和学术民主，大力弘扬创新精神，宽容挫折和失败，尊重劳动、尊重知识、尊重人才、尊重创造，最大限度地调动广大文化工作者的积极性、主动性、创造性。

第二节
文化产品创作生产引导体系改革的基本历程和主要成就

改革开放以来，我国在文化产品创作生产引导体系改革上经历了开创和探索时期（1978—2002年）、全面加强时期（2003—2012年）、全面深化时期（2013年至今），在各个阶段都取得了可圈可点的成绩。

一、1978—2002年，加强对文化产品创作生产的引导所进行的开创性工作和有益探索

以邓小平同志1979年在第四次文代会上的讲话为标志，我国文化产品创作生产迎来春天。第四次文代会最重要的意义就是拨乱反正，结束了过去在文艺指导思想上的错误，明确阐述了加强和改善党对文艺工作领导的正确方针，促进文化产品创作生产真正回到了正确的道路上。

1. 明确了文化艺术"为什么人"的问题

文化艺术"为什么人"的问题，是一个根本的问题、原则的问题。邓小平同志在第四次文代会上的祝辞中指出："我们要继续坚持毛泽东同志提出的文艺为最广大的人民群众、首先为工农兵服务的方向，坚持百花齐放、推陈出新、洋为中用、

古为今用的方针，在艺术创作上提倡不同形式和风格的自由发展，在艺术理论上提倡不同观点和学派的自由讨论。"1980年夏，党中央根据邓小平同志的思想正式提出要坚持"文艺为人民服务、为社会主义服务"的方向。

2. 以重要文艺活动开展正面引导

有关方面采取多种有力措施，把握方向，宏观引导，加大财政支持，加强政府作为。举办国家级的艺术节就是重要举措之一。1987年创办的中国艺术节，作为全国性、群众性的重要国家文化艺术节日，以绚丽多彩的艺术形式，集中展示了中国文化艺术事业的辉煌成就和广大文化工作者崭新的精神面貌，体现了党和政府对艺术创作的氛围营造和价值引领，对文化产品创作生产发挥着重要的引导作用。

3. 设立一系列重要的全国奖项

文艺评奖是我国加强对文化产品创作生产的引导的重要制度。相关部门设立了精神文明"五个一工程"等全国性奖项，对引导文艺创作、繁荣文艺生产发挥了重大作用。

自1992年起，由中宣部开始组织的精神文明建设"五个一工程"评选活动，贯彻文艺为人民服务、为社会主义服务的方向和百花齐放、百家争鸣的方针，弘扬主旋律，提倡多样化，对繁荣社会主义文艺创作，促进富有鲜明时代精神和浓郁生活气息、思想性与艺术性的完美结合、为广大人民群众喜闻乐见的文艺精品的问世，起到了有力的推动作用。

1991年设立的"文华奖"是文化部主办的专业舞台艺术政府奖，它坚持"二为"方向和"双百"方针，坚持弘扬主旋律、提倡多样化，坚持导向性、权威性、公正性的评奖原则，极大地调动了广大文艺工作者的创作积极性。

二、2003—2012年加强对文化产品创作生产的引导的主要做法和成就

党的十六大强调，"要大力发展先进文化，支持健康有益文化，努力改造落后文化，坚决抵制腐朽文化。文艺工作者要深入群众、深入生活，为人民奉献更多无愧于时代的作品。新闻出版和广播影视必须坚持正确导向，互联网站要成为传播先进文化的重要阵地。立足于改革开放和现代化建设的实践，着眼于世界文化发展的

前沿,发扬民族文化的优秀传统,汲取世界各民族的长处,在内容和形式上积极创新,不断增强中国特色社会主义文化的吸引力和感召力"。中央对文化产品创作生产的引导工作作出一系列重要部署。2010年7月,胡锦涛同志在十七届中央政治局第二十二次集体学习时的讲话中明确指出,要加强对文化产品创作生产的引导,将其作为现阶段文化改革发展"三加快、一加强"总体布局的重要方面。2011年11月,胡锦涛同志在中国文联第九次全国代表大会、中国作协第八次全国代表大会开幕式上发表重要讲话,强调广大文化工作者要认清时代和人民赋予的神圣使命,坚持为人民服务、为社会主义服务,坚持百花齐放、百家争鸣,坚持贴近实际、贴近生活、贴近群众,高擎民族精神火炬,吹响时代前进号角,创作生产出更多无愧于历史、无愧于时代、无愧于人民的优秀作品,奋力开创文艺发展新局面,为推动社会主义文化大发展大繁荣、建设社会主义文化强国贡献智慧和力量。党的十六大、十七大和十七届六中全会以及国家"十一五""十二五"时期文化改革发展规划纲要等,都对切实加强对文化产品创作生产的引导、多出精品力作、多出优秀人才作出深刻阐述与重要部署。

中宣部高度重视对文化产品创作生产的引导,指导、推动宣传文化部门和单位加强文化精品创作生产的规划,精心组织实施精神文明建设"五个一工程"评选等一系列文化精品工程,规范评奖活动,积极探讨科学的引导方式,着力营造有利于出精品、出人才的良好环境;改造组织工作方式,加强创作规划,抓好选题论证,健全符合文艺特点、适应社会主义市场经济规律的精品创作生产机制,完善文化产品评价体系和鼓励机制,把更多的优势资源集中到带动性强、影响力大的重点项目。重视加强文艺评论工作,倡导客观公正、实事求是的风气;倡导与人为善、以理服人的风气;倡导讲真话、建净言的风气。加强对文艺现象的科学分析,增强文化评论的说服力、影响力、公信力,更好地发挥文艺评论在引导创作方向、提升鉴赏水平等方面的重要作用;通过研修培训、项目资助、实践锻炼等途径,造就更多年轻文艺人才和文化名家,让文艺工作者才华有施展空间、抱负有实现途径、贡献得到社会尊重。

1. 深入实施文化精品工程

文化精品是一个国家、一个时代文化发展水平的集中反映，是文化发展方向的重要引领。宣传文化部门和单位，进一步加强对文化精品创作生产的规划，精心组织实施了精神文明建设"五个一工程"、国家重点出版工程、国家舞台艺术精品工程、国家重大历史题材美术创作工程、重大革命和历史题材影视创作工程、重点文学作品扶持工程等，着力用社会主义核心价值体系引领文化产品创作生产，推出了一大批代表国家水准、体现民族特色的优秀出版、影视、舞台艺术和文学作品。十年间，"五个一工程"评选活动开展了四次，推出了700多部弘扬主旋律、体现多样化的优秀电影、电视剧、广播剧、戏剧、歌曲等。自2003年以来，国家舞台艺术精品工程资助了200多部优秀作品，推出了85部舞台精品。"十一五"期间，国家重大出版工程出版了《中华大典》《中华古籍全书》《中国大百科全书》《大辞海》等一批重点图书、音像、电子、网络出版物。重大革命和历史题材影视创作工程及广播影视精品工程实施以来，重点扶持重大革命和历史题材、现实题材、农村题材、青少年和少数民族题材的广播影视创作，推出了一批有重要影响的电影、电视剧和广播剧。从2004年起，重点文学作品扶持工程对数百部作品进行了支持扶助，推出了一批反映中国革命和现代化建设事业以及当代现实生活的优秀长篇小说、报告文学、长诗等。

这些精品工程始终突出两个特点：一是坚持把政治性要求与艺术性观赏性要求结合起来，始终坚持社会主义先进文化前进方向，用社会主义核心价值体系引领文化创造生产，同时把群众评价和专家评价结合起来，确保工程推出的精品体现国家文化水准，具有中国特色、中国风格、中国气派，是深受群众喜爱的优秀文化作品；二是坚持把出成果与出人才结合起来，出成果和出人才是实施工程的两大目标，这些工程始终牢固树立精品意识和人才培养意识，努力使工程成果成为经得起历史和时间检验的精品力作，使工程实施的过程成为培养造就文化名人名家的过程。精品工程以其独特的吸引力和巨大影响力，成为引导创作生产、催生优秀作品的有效途径，成为弘扬社会主义先进文化、建设社会主义精神文明的响亮品牌，成为党领导文艺工作、凝聚文艺队伍的重要平台。

2. 加大对优秀文化产品的扶持力度

加大对优秀文化产品的扶持力度，是加强文化产品创作生产引导的有力手段。各地各有关部门坚持公开、公正、公平的原则，加大对优秀文化产品的扶持力度，在打造精品、引领方向、繁荣文化、促进发展等方面发挥了重大作用。

各类文化基金、专项基金规模不断扩大。国家出版基金规模从2007年设立之初的1亿元增长到2012年的3亿元，累计12亿元，资助了一大批优秀图书出版，扶持了900多个体现国家意志、传承中华文明、弘扬时代精神的出版项目。民族文字出版专项资金在2007—2011年累计安排1.8亿元，切实加大对民族文字出版事业的扶持力度。国产电影精品专项资金规模达到每年1.5亿元，重点对优秀儿童农村题材和科教影片的制作进行资助，对获中国电影华表奖的电影作品进行奖励。从2012年起，广电总局设立优秀剧本奖励基金，每年拿出3000万元，向社会征集奖励弘扬社会主义核心价值体系的优秀剧本。国家文化产品发展专项基金资金、扶持动漫产业发展专项资金、优秀剧（节）目创作演出专项资金等也都在鼓励原创和现实题材创作，不断推出精品方面发挥出重要作用。各地也纷纷设立各类精品扶持专项资金，加大对优秀文化产品创作文化的扶持。2011年，广东省设立文艺精品创作专项扶持资金，明确截至2015年，总额度为每年5000万元，5年共计2.5亿元，主要扶持文学、电影、电视剧、舞台艺术、动画片、歌曲等社会影响大的艺术门类，一部作品总扶持金额最高可达2000万元。2011年，上海市设立扶持电影精品专项资金，资助额度为每年2500万元，主要采用资助方式，每年扶持3~5部重点精品影片的拍摄与制作，重点培养优秀青年电影人才，扶持4~5部新人新作。各地各部门的重点扶持，为新品创作提供了保障、创造了条件。

在规模不断扩大的同时，这些专项资金和基金在项目评审工作中突出公开、公平、公正的原则，在项目规划、评选宗旨、基本原则和审批程序方面都作出了相关规定。在课题申报环节，明确要求申请人必须如实填写申报材料，并保证没有知识产权争议。在评审环节，为确保评审的独立性和客观性，对评审程序、评审要求、操作流程、评审纪律等作出了具体规定，严格按章操作。评审结束后，普遍将立项名单上网公布，公开接受学界和社会监督。这些措施取得了较好的效果，得到了广大文化工作者的肯定。

通过扶持和引导，我国文化创作生产持续繁荣，各个门类百花齐放、异彩纷呈，涌现出一大批代表国家水准、体现民族特色、文化社会影响广泛、深受人民喜爱的优秀作品。特别是在迎接党的十七大和十八大、纪念党的十一届三中全会召开30周年、庆祝中华人民共和国成立60周年、庆祝中国共产党成立90周年、纪念辛亥革命100周年和举办北京奥运会残奥会、上海世博会等大事喜事中，在成功抗击低温雨雪冰冻灾害，汶川玉树抗震救灾和应对国际金融危机冲击的过程中，文艺界推出一大批昂扬向上、振奋人心的优秀作品，举办一系列有声势、有影响的文艺活动，唱响了社会主义好、共产党好、改革开放好、伟大祖国好、各族人民好的时代主旋律，为成功举办大事喜事、妥善应对难事急事提供强大精神动力，作出了突出贡献。

在图书出版方面，马克思主义理论研究和建设工程成果丰硕，先后推出一批重要理论成果，编辑出版了十卷本《马克思恩格斯文集》和五卷本《列宁专题文集》，推出了《中国特色社会主义理论体系学习读本》《科学发展观学习读本》《社会主义核心价值体系学习读本》等重要通俗理论读物，出版了涉及哲学、经济学、社会学、政治学、法学、新闻学、历史学、文学等各学科领域的30多种重点骨干教材，初步形成了一个全面反映马克思主义中国化最新成果，反映各学科领域最新进展，具有中国特色、中国风格、中国气派的哲学社会科学教材体系。通俗理论读物《理论热点面对面》自2003年推出以来，回应社会热点和民生关切，社会各界反响强烈。2012年6月，《辩证看务实办》作为这一系列的第十部读物，发行二十天就突破了200万册。国家重点出版工程精品迭出，经过知识界、出版界长达十几年的共同努力，精心打磨，《中国大百科全书》（第二版）、新修订的《辞海》在庆祝中华人民共和国成立60周年之际胜利完成，全面系统地反映了人类文明特别是中华文明的优秀成果，体现了我国科学文化发展的最新水平，展示了中国特色社会主义事业的伟大历程和辉煌成就。整理出版了"二十四史"等历史典籍，出版了一大批国史、党史、军史和社会主义现代化建设奋斗史的精品力作，留下了中华民族的精神记忆。中国出版集团公司等出版企业推出的《大中华文库》，系统全面地向世界推出外文版中国文化典籍，弘扬中华民族优秀传统文化，目前已出版汉英对照版 90 余种、170 余册，多语种对照版 40 余种、80 余册。

在文学创作生产方面，涌现出了《张居正》《解放战争》《八月狂想曲》等一批优秀文艺类图书。2012 年 10 月，莫言获得了诺贝尔文学奖，成为第一位获得这个奖项的中国籍作家。从 1981 年开始，莫言陆续发表长篇小说《红高粱家族》《天堂蒜薹之歌》等 11 部，中篇小说《透明的红萝卜》等 20 余部，短篇小说《白狗秋千架》等 80 余篇，多次获得国内和国际文学奖，2011 年，他的长篇小说《蛙》获得第八届茅盾文学奖。莫言获得诺贝尔文学奖，既是中国文学繁荣进步的体现，也是我国综合国力和国际影响力不断提升的体现。

在舞台艺术创作方面，涌现出京剧《廉吏于成龙》、昆曲《公孙子都》、话剧《生命档案》、儿童滑稽剧《一二三，起步走》、歌舞《云南映象》、杂技《天鹅湖》等一批代表我国舞台艺术发展水平的精品剧目，较好实现出精品、出人才、出效益的目标，带动全国舞台艺术创作沿着良性循环轨迹前进。

在美术创作方面，文化部、财政部历时 5 年组织完成重大历史题材美术创作工程，以我国波澜壮阔的新民主主义革命和社会主义建设重大历史事件为主题内容，在中国美术馆举办作品展览，为国家留下一笔宝贵的精神财富和物质财富。

在影视创作生产方面，涌现出了《张思德》《云水谣》《太行山上》《梅兰芳》《高考 1977》《建国大业》《杨善洲》《建党伟业》《唐山大地震》等一批电影艺术精品，部分电影单部票房实现过亿元。2009 年《建国大业》票房超过 4.5 亿元，2010 年《唐山大地震》票房超过 6.5 亿元。2011 年过亿元的国产电影达 20 部，其中《金陵十三钗》超过 6 亿元，《龙门飞甲》达到 5.5 亿元，投资仅 1000 万元的影片《失恋 33 天》票房达 3.6 亿元。电视剧产量平稳增长，质量显著提升，出现了《恰同学少年》《亮剑》《闯关东》《潜伏》《解放》《媳妇的美好时代》等一批收视率高、深受观众喜爱的精品。

在动漫创作生产方面，民族动漫产业初步实现由小到大、由弱到强的转变。从 2004 年起，动画片生产全面提速，当年产量就达到 2 万多分钟，此后连续 8 年保持快速增长，动画节目的黄金时间由以进口片为主转为以国产片为主。涌现出《喜羊羊与灰太狼》《三国演义》《兔侠传奇》等一批精品，国产电视动画片《喜羊羊与灰太狼》一经开播，便受到广大小朋友的喜欢。

在广播剧方面，涌现出了《代表中国》《小米》《京城第一家》《伟大的转折》等一批精品。

3. 完善文化产品评价机制

完善文化产品评价机制是加强创作生产引导的重要手段，是推动文艺繁荣的杠杆。有什么样的评价体系和激励机制，就会形成什么样的文化创作氛围和文艺生态。各地各有关部门坚持把遵循社会主义先进文化前进方向、人民群众满意度作为评价作品的最高标准，坚持社会效益与经济效益的统一，把群众评价、专家评价和市场检验统一起来，形成科学的文化产品评价标准。

在作品评价上，改变以往忽视市场、无视群众需求的倾向，将观众的接受和满意程度作为评奖的根本标准，科学设置反映市场接受程度的发行量、收视率、点击率、演出场次、票房收入等量化指标。全国精神文明建设"五个一工程"评选对文化产品提出了三个重要标准：富有鲜明的时代精神和浓郁的生活气息、思想性与艺术性完美结合、为广大人民群众喜闻乐见。

在评奖方式上，规范各类文化评奖，精简评奖种类，改进评奖办法，提高权威性、示范性、指导性和公信度。制定科学的评判标准和评价体系，扩大群众对文艺评奖的参与面，合理增加市场评价、社会影响在评选中的权重。推动制定全国性文艺演出和作品评奖的管理办法，确保文艺评奖充分体现社会主义核心价值体系的根本要求，确保评奖活动的广泛性、权威性和公正性，切实发挥文艺评奖的引导激励作用。

在激励机制上，加大对优秀文化产品的奖励和推广力度，设立专项艺术基金，支持收藏和推介优秀文化作品，运用主流媒体、公共文化场所等资源，在资金、频道、版面、场地等方面为展演、展映、展播、展览弘扬主流价值的精品力作提供条件。

在文艺批评上，不断加强文艺评论阵地建设，充分发挥主流媒体及文化类专业报刊和网站的阵地作用，党报党刊、专业文艺报刊、都市类报刊和广播电台、电视台的文艺评论栏目或节目的影响力不断增强。不断加强文艺理论建设和文艺评论队伍建设，深入开展形式多样的影评、戏评、书评、乐评等活动，倡导主流价值取向，引导群众审美鉴赏，坚决抵制低俗之风，评论与创作良性互动的生动局面已经形成。

4. 健全文化产品生产经营管理机制

建立既符合现代企业制度要求、又符合文化产品创作生产规律的文化产品创作生产管理制度，是加强和改进文化宏观管理的重要任务，也是促进精品力作不断涌现的重要保障。各地各有关部门立足文化产品创作生产单位新变化，充分把握文化产品创作生产规律，不断完善文化企业的组织领导体制、创作生产管理机制、考核分配机制，逐步建立符合文化企业特点的文化产品生产管理体制。

在组织领导体制方面，国有文化企业探索在集团层面设立党委（党组），并通过党委成员"交叉任职、双向进入"的方式进入集团公司和控股公司的董事会、监事会等重要机构，建立了有关决策规则和议事制度，努力使党组织的核心作用与法人治理结构相适应，保证党委（党组）对重大事项和重要人事的决策权。

在管理机制上，国有文化企业普遍设立负责主业和导向管理的高管岗位或专门机构，保证主业有人抓、导向有人管。比如，一些出版企业明确总编辑等统筹内容生产的专门岗位和机构设置，将总编辑视为出版策划的总设计师、编辑质量的总把关人和编辑队伍的总带头人，有效地促进了内容生产，加强了导向管理。一些出版企业同时还设立了编辑委员会，明确其在企业架构中的地位、职责、权力，赋予其对出版业务工作的决策权。编辑委员会由总编辑直接负责领导，从制度上保证文化企业内容生产的正确导向。

在考核分配机制方面，国有文化企业普遍推进了干部、用工、薪酬"三项制度"改革，一些文化公司设置包括舆论导向、社会影响、文化价值等内容的社会效益考核指标，量化并提高社会效益占业绩考核的比重，对导向问题实行"一票否决"。考核结果直接影响收入分配，并与晋级晋职挂钩。很多文化企业注重企业文化建设，把思想政治工作与培育优秀企业文化结合起来，提出符合文化企业特点和自身战略目标的企业文化理念，营造有利环境氛围，增强企业的凝聚力、创造力和核心竞争力。

三、党的十八大以来，对文化产品创作生产的引导取得的新的重大成就

2012年，党的十八大提出："让人民享有健康丰富的精神文化生活，是全面建成小康社会的重要内容。要坚持以人民为中心的创作导向，提高文化产品质量，为人民提供更好更多精神食粮。"2014年10月15日，习近平总书记主持召开文艺工作座谈会并发表重要讲话，深刻论述了文艺工作的战略地位和重要作用，全面分析了文艺工作的基本形势和主要任务，清晰地阐释了做好文艺工作的基本原则和主要路径，对文艺工作提出了新要求新期待。文艺工作座谈会以来，党对包括文艺作品在内的文化产品创作生产的领导不断加强，繁荣发展文化创作生产的良好环境进一步形成。2016年11月30日，中国文学艺术界联合会第十次全国代表大会、中国作家协会第九次全国代表大会在北京人民大会堂开幕。习近平总书记出席大会开幕式并发表重要讲话，进一步阐明时代发展对文艺工作的新要求、回答事关我国文艺事业长远发展的重大问题、揭示社会主义文艺发展规律，创造性地丰富和发展了马克思主义文艺观和社会主义文艺理论。各有关方面积极落实习近平总书记重要讲话精神，使加强对文化产品创作生产的引导开拓出新境界。

1. 各种利好政策不断出台、政策红利逐步显现

艺术创作生产离不开政策支撑和资金扶持。2015年，《中共中央关于繁荣发展社会主义文艺的意见》出台，全面部署、细化落实习近平总书记文艺工作座谈会讲话精神，为文艺发展绘制了清晰的路线图、任务书。同年，国办下发了《关于支持戏曲传承发展的若干政策》。中宣部、文化部在京召开全国戏曲工作座谈会，全面部署戏曲传承发展工作；文化部当年启动全国地方戏曲剧种普查工作，扶持"三个一批"戏曲剧本26个、"名家传戏"师徒141组，实施了针对戏曲企业的戏曲剧本孵化计划。江苏、福建、安徽、辽宁、重庆等省市制定了落实戏曲政策的措施和办法。

各地党委政府大力支持艺术创作，并在政策和资金上予以扶持。上海、山西、湖南、广西等省区市的主要领导同志调研当地的艺术创作情况，研究出台了相关政策措施。上海市对18家市属国有文艺院团，实施"一团一策"的政策，尊重艺术规律，创新管理手段，各文艺院团从目标、创作、演出、管理、保障与考核等方面

找准定位,激发了院团的艺术创作生产活力。

2. 各类文化创作专项资金、重大工程发挥积极作用

2016年,中央财政安排国家电影精品专项资金2.9亿元,着力打造一批体现民族精神和时代特色的电影精品;安排资金5.8亿元,推动文化部直属文艺院团实行事业单位企业化管理改革,中直院团剧节目创排经费和演出场次补贴得到大幅增长。2015年,国家文化产业发展专项资金支持重点影视项目1.1亿元,电影剧本孵化计划2000万元,戏曲剧本孵化计划600万元,有力地推动了文化产品创作生产,同时,中央财政还大力支持文艺人才培养。2016年安排预算2亿元,支持实施文化名家暨"四个一批"人才培养工程,加大对文艺名家资助扶持、宣传推广。安排1亿元,用于支持全国文化工作者培训计划。各地也纷纷出台政策,拿出真金白银,大力支持文化产品创作生产。党的十八大以来,湖南、陕西、吉林、山东、浙江等地也纷纷出台扶持艺术创作和文化惠民的政策措施。2013年,吉林省委省政府召开"吉剧振兴工程"工作会议,出台支持地方戏曲发展的政策,从2014年起,每年安排1000万元。2015年,湖南省设立了文化艺术基金,金额达5000万元;省财政安排艺术创作专项扶持资金1500万元。

3. 对文化产品创作生产的评价制度不断完善

2015年10月,中办、国办印发了《关于全国性文艺评奖制度改革的意见》。中宣部认真贯彻意见精神,出台《全国性文艺评奖改革方案》,明确了清理压缩的评奖项目和继续保留的评奖项目;中央文化体制改革和发展工作领导小组将该意见所列工作项目逐条分解到具体部门。2016年1月,中宣部约请中央宣传文化单位和相关部门负责人,召开落实意见任务分工协调会,形成推动改革的强大合力。经过清理,节庆活动中文艺评奖压缩了87.5%,常设全国性文艺评奖的数量压缩75.4%,所有常设全国性文艺评奖都已按照中央改革要求落实到位。中宣部举办的精神文明建设"五个一工程"奖的评奖数额从原来的268个压缩为60个;文化部常设评奖项目仅保留政府奖1项,而子项文华奖、群星奖、动漫奖的评奖数量,则压缩89%,同时取消所属单位举办的所有全国性文艺比赛和展演中的评奖活动;国家新闻出版广电总局仅保留中国广播影视大奖1项,子项中国电影华表奖、中国电视剧飞天

奖均为两年评一次，评奖数额从176个压缩到60个；中国文联举办的13项常设全国性文艺评奖，取消1项，保留12项，保留的12个奖项的评奖数量由1123个压缩为248个，子项数量由229个压缩为67个，三级分项全部取消；中国作协的4个奖项评奖统一调整为四年评一次，评奖数量从107个压缩为88个。文艺评奖不但要规范，更要建立健全科学的文化产品评价体系。为此，文化部修订了《文华奖章程》，制定《文华大奖评奖办法》和《文化表演奖评奖办法》两个细则，起草《动漫奖评奖办法》；中国文联修订了《中国文联全国性文艺评奖管理办法》《中国文联全国性文艺评奖评委库建立实施规范》以及12个全国性评奖的章程、细则，力求严格标准、强化监督。随着奖项和评奖数量的大幅减少，评奖质量得到明显提升，真正凸显了评奖的价值，对文化工作者的激励更加有力，对创作生产的导向更加鲜明。

4. 文艺评论和文艺实践之间频繁互动、互补提高

文艺评论和文艺创作好比文艺事业的两翼，应当互补共进、两翼齐飞。但是，一段时期以来，科学理性的文艺批评滞后于文艺创作，一些文艺评论盲目套用西方文艺理论来剪裁中国人的审美，用简单的商业标准取代艺术标准，弱化了褒贬甄别的功能，文艺批评的指导功能逐渐弱化。近年来，宣传文化部门大力倡导健康的文艺批评，更加科学的文化产品评价标准体系正在形成。中国文艺评论家协会成立，一批文艺评论阵地加快建设。针对不良艺术思潮、作品、现象，敢于亮剑、及时发声的越来越多，"一剧一评""一戏一评""一团一评"切实发挥作用，文艺评论逐渐摆脱了虚话、套话、假话的怪圈。令人眼前一亮的是，近年来见诸微博、微信、网上社区的民间文艺评论风生水起，影响力逐步扩大，这种现象体现了民众对文化产品的关注，对提高文化产品质量起到了推动作用，已经成为群众进行文艺鉴赏和文化消费的重要参考，文艺评论对创作生产的引导、镜鉴和促进作用更加突出。

5. 创立国家艺术基金，不断优化资助方式

中国国家艺术基金成立于2013年底，是由中央财政拨款，同时依法接受自然人、法人或其他组织捐赠，旨在繁荣艺术创作、打造和推广原创精品力作、培养艺术创作人才、推进艺术健康发展的公益性基金。中国国家艺术基金的成立和运行，借鉴了国内外基金制管理的有益经验，是党的十八大后深入推进文化体制改革、创

新文艺引导方式的重要举措,对于提升文化管理水平具有深远意义。中国国家艺术基金正式运行以来,围绕着艺术基金的制度、机制、程序等顶层设计,积极探索实践,成立了决策机构——理事会、执行机构——管理中心,组建了包括各类艺术专家在内的5000多人的专家库,走通了指南发布、项目申报、专家评审、项目实施监督和宣传推广的全流程,资助范围包括十几个大的艺术门类和近80个小的艺术品种。2014年、2015年、2016年,共立项资助了2087个艺术项目,资助总额18.8亿元。这2087个资助项目,是按照严格的回避原则、通过计算机随机抽取专家,经过项目审核、项目初评复评、公示公告,最终确定的。中国国家艺术基金面向社会进行艺术资助,受理项目的申报,大比例使用专家评审项目,激发全社会的艺术创造力,不以身份、地域、系统、行业、体制和所有制形式为界限,符合指南条件的艺术机构和艺术家个人均可以自由申报,目的是为了倡导艺术民主,推动艺术竞争,使更多优秀作品和优秀人才获得机会与空间,从而优化艺术发展的生态环境。中国国家艺术基金作为公益性、专业性的基金,特别支持基础性、原创性、源头性的艺术创造;支持那些通过市场很难有效配给资源,而国家、民族、社会、人民又十分需要,体现艺术创造力、想象力的优秀作品。青年是民族的未来、艺术的未来,中国国家艺术基金专门设立了"青年艺术创作人才资助项目",为有才华、有天分、有潜力的青年艺术家提供发展空间和平台。

第三节
文化产品创作生产引导体系改革的前景

前瞻文化产品创作生产引导体系改革,一要深入总结既往实践经验并加以坚持,二要深入理解有关规划,掌握其中传递的精神要义。

一、既往的实践证明是行之有效的理念必须坚持

改革开放以来,对文化产品创作生产的引导积累了丰富的经验,概括起来,主

要有以下方面：

1. 必须把社会主义核心价值观融汇到全部创作实践之中

核心价值观是一个民族赖以维系的精神纽带，是一个国家共同的思想道德基础。加强文化产品创作生产的引导，必须把中国精神作为社会主义文艺的灵魂。要以社会主义核心价值观引领艺术创作生产，把社会主义核心价值观作为艺术创作的"指南针"和"导航仪"。文化工作者要当好灵魂工程师，以鲜明的态度、充沛的激情、生动的笔触，用栩栩如生的作品形象告诉人们什么是应该肯定和赞扬的，什么是必须反对和否定的，追求真善美，抵制假恶丑，传递向上向善的价值观。

2. 必须坚持以人民为中心的创作导向

社会主义文化，从本质上讲，就是人民的文化。坚持以人民为中心的创作导向，是文艺创作和文艺工作的基本前提。文化产品要反映好人民心声，就要坚持为人民服务、为社会主义服务这个根本方向。要做好四个"把"：把满足人民精神文化需求作为文艺和文艺工作的出发点和落脚点；把人民作为文艺表现的主体；把人民作为文艺审美的鉴赏家和评判者；把为人民服务作为文化工作者的天职。

3. 必须坚持深入生活、投身火热的当代生活实践

文艺创作方法最根本、最关键、最牢靠的办法是深入生活、扎根人民。深入生活是文艺繁荣发展的成功经验，也是文艺界的优秀传统，创作实践告诉我们，优秀作品的产生与深入生活紧密相连。[①] 文化工作者要正确把握创作和生活的关系，坚持深入生活、扎根人民，做好长期的思想准备和工作安排，以此作为文艺创作的基本功和必修课。

4. 必须尊重和遵循创作生产规律

尊重创作生产规律，戒除浮躁与急功近利，是文化产品创作生产繁荣发展的前提条件。实践证明，文化艺术的发展有其自身的规律，遵循规律时，文化艺术就得到发展；违背规律时，文化艺术的发展就受到影响。在艺术与生活、继承与创新、创作与技巧、体裁与风格、内容与形式、创作与批评等一系列事关文化艺术创作得

[①] 雒树刚：《牢牢把握社会主义文艺的方向》，《求是》，2015年第17期。

失成败的关键性问题上，都存在是否尊重文化艺术规律这一根本问题。研究文化艺术规律、掌握文化艺术规律、遵循文化艺术规律，就要力戒浮躁和急功近利，不仅艺术家要有甘于寂寞的情操、志存高远的理想、脚踏实地的心态，各级文化艺术主管部门更要尊重规律，不能拔苗助长，要坚持重在建设、重在积累，坚守文化艺术精神，充分发扬学术民主和艺术民主，提倡不同观点和学派充分讨论，提倡题材、体裁、形式、手段充分发展，推动观念、内容、风格、流派积极创新，推动提高文化艺术生产机制科学化水平，形成创新精神和创造活力竞相迸发、文化艺术精品和文化艺术人才不断涌现的生动局面。

二、深入理解有关规划，把握基本趋向

《文化部"十三五"时期文化发展改革规划》在"繁荣艺术创作生产"部分，提出"坚持'二为'方向、'双百'方针，深入贯彻习近平总书记关于文艺工作的重要讲话精神，贯彻落实《中共中央关于繁荣发展社会主义文艺的意见》，坚持以人民为中心的创作导向，把创作生产优秀作品作为文艺工作的中心环节，努力创作生产更多传播当代中国价值观念、体现中华文化精神、反映中国人审美追求，思想精深、艺术精湛、制作精良的文艺精品"的总体任务，并就以下方面作出规划。

1. 把握正确的创作导向

聚焦"中国梦"时代主题，以中华优秀传统文化为根脉，以创新为动力，大力弘扬社会主义核心价值观，唱响爱国主义主旋律。持续开展"深入生活、扎根人民"的主题实践活动，建立健全长效机制。围绕重大节庆纪念活动，开展主题创作和展演展览活动。

2. 创作生产优秀文艺作品

实施精品战略，把握发展态势，尊重艺术创作规律，加强艺术创作规划和资源统筹。抓好现实题材、爱国主义题材、重大革命和历史题材、青少年题材、军事题材等的创作生产，合理集聚和有效配置资源打造精品，努力攀登艺术高峰。推动传统戏曲和民族歌剧传承发展，培育有利于民族艺术活起来、传下去、出精品、出名家的良好环境。扶持剧本创作，解决优秀剧本不足问题。扶持西部及少数民族地区

艺术发展，鼓励东西部艺术交流，发挥国家艺术基金引导作用，推动舞台艺术和美术领域作品量质齐升。

3. 完善文艺评价激励机制

充分发挥文艺评奖的导向激励作用，进一步完善评奖机制。把遵循社会主义先进文化前进方向和人民满意作为最高标准，把群众评价、专家评价和市场检验统一起来。建立获奖作品跟踪考核机制，推动获奖作品面向公众多演出。开展积极健康的文艺批评，加强文艺评论阵地建设、理论研究和成果推广。

4. 加强优秀作品的传播推广

发挥中国艺术节等重大艺术活动的示范引导作用，扩大优秀艺术作品的知名度和观众覆盖面。发展网络文艺，创新艺术传播渠道，促进优秀文艺作品多渠道传输、多平台展示、多终端推送。支持建设综合性剧目排练中心，鼓励有条件的国有排练场所向民营院团开放。加强对剧场、演艺区发展的支持和引导，统筹艺术产品的创作生产与剧场资源的整合利用。探索剧场建设、运营、管理的科学模式，研究制定剧场运营管理规范。提升美术馆专业化建设水平，使优秀美术成果惠及更多群众。

5. 提升文化艺术科研水平

以重大理论和现实问题为主攻方向，坚持基础研究和应用研究并重，加强全国艺术科学研究规划及项目管理，推出一批高质量的文化艺术研究成果。加大对全国艺术研究院所建设的指导和支持，努力将中国艺术研究院建设成我国文化艺术领域的高端智库。

规划对重点工程和重点项目列出了专栏：

专 栏

艺术创作生产

国家舞台艺术精品创作扶持工程：制定中长期文艺创作规划，评选发布年度全国舞台艺术重点创作剧目名录和国家舞台艺术精品创作工程重点扶持剧目，推出50部左右舞台艺术优秀作品，加强宣传推广，推动开展交流演出。

国家艺术基金项目：面向社会进行项目申报和项目实施，在舞台艺术创作、美术创作、艺术传播交流推广、艺术人才培养、新兴艺术门类创作等方面实施4000项资助项目，进一步健全管理制度，完善资助机制，提高资助质量。

戏曲振兴工程：开展戏曲剧种普查。实施"名家传戏"，组织京剧、昆曲和地方戏名家传授经典折子戏1000人次。实施中国戏曲"像音像"工程。录制昆曲传统折子戏，抢救、保护戏曲文献资料。加大对国家级非物质文化遗产保护名录中传统戏剧项目的扶持力度。推动戏曲进校园、进农村、进基层，将地方戏曲演出纳入基本公共文化服务目录，支持戏曲艺术表演团体到各级各类学校演出。组织中国京剧艺术节、中国昆剧艺术节、全国基层院团戏曲会演等展演活动。加强戏曲艺术专业人才培养。

剧本扶持工程：通过征集新创、整理改编、买断移植，扶持100部舞台艺术剧本创作。实施戏曲剧本孵化计划。

民族音乐舞蹈杂技扶持工程：扶持重点民族音乐、舞蹈、杂技艺术院团，组织重点剧（节）目创作、展演，开展民间乐种和民族舞蹈样式普查，抢救保护传统民族音乐舞蹈资源。

民族歌剧传承发展工程：制定并实施民族歌剧重点剧目创作计划和遴选指导制度，推动原创民族歌剧的创作和经典民族歌剧的复排。办好中国歌剧节等活动，打造展示传播平台。加强民族歌剧人才培养和理论研究。

"深入生活、扎根人民"主题实践活动：制定支持文艺工作者长期深入生活的政策措施，建立健全长效保障和激励机制。组织文化系统艺术单位深入城乡基层开展采风创作、结对帮扶、慰问演出等活动。

国家美术发展和收藏工程：加强重大题材美术创作，推出一批优秀主题性美术作品。加强对当代美术创作的引导。完成全国美术馆藏品普查。加大国家美术收藏力度，对国家重点美术馆实施的捐赠性收藏项目予以奖励扶持。加强国家美术藏品的保护修复和研究推广，推出150个左右美术馆馆藏精品展览。推进美术馆和画院专业化建设。

《文化部"十三五"时期文化发展改革规划》专栏1

窥一斑而知全豹。研读文化部的这一规划，可以大致了解到各有关部门在加强文化产品创作生产的引导上的重点关切：

一是将更加注重树立以人民为中心的创作导向。导向问题是根本问题，关乎事业成败，关乎阵地得失，关乎人心向背。做好文化产品创作生产工作，最根本的要求就是要树立以人民为中心的创作导向。坚持把满足人民精神文化需求作为工作的出发点和落脚点，解决好"为了谁，依靠谁，我是谁"的问题，在创作什么、反映什么、提供什么的问题上做到旗帜鲜明，将成为反复强调的理念。

二是将更加注重弘扬和践行社会主义核心价值观。核心价值观是一个民族赖以维系的精神纽带，是一个国家共同的思想道德基础。在文艺创作中生动活泼、活灵活现地体现社会主义核心价值观，用作品形象地告诉人们什么是应该肯定和赞扬的，什么是必须反对和否定的，将成为对文化产品创作生产者的根本要求。

三是将更加注重把社会效益放在首位。文化产品既有意识形态属性，也有商品属性。一部好的作品，应该是既把社会效益放在首位又能实现社会效益和经济效益相统一的作品。优秀的文化产品，最好是既能在思想上、艺术上取得成功，又能在市场上受到欢迎。社会效益放在首位，当社会效益和经济效益发生矛盾时，经济效益要服从社会效益。这一理念将被反复强调并贯彻到各项有关制度安排中。

第八章
中华优秀传统文化传承发展体系改革

在改革创新中传承发展中华优秀传统文化是保护中华民族赖以生存发展的文化根基的需要，是立足时代实践、顺应时代潮流不断进行新的文化创造的需要，是吸纳融汇外来优秀文化成果、在与世界文化对话交流中丰富发展中华文化的需要。改革开放以来，传承发展中华优秀传统文化的基本历程可以分为恢复发展（1978—1991年）、稳步发展（1992—2002年）、拓展深化（2003—2012年）、创新突破（2013年至今）四个阶段。近四十年来，中华典籍整理传承能力稳步提升，文物保护状况切实改善，非物质文化遗产传承发展水平不断提高，逐步建立起一套适合我国国情和优秀传统文化特点的传承发展机制，并在传承发展实践中积累了一系列宝贵的经验。2017年1月，中办、国办印发了《关于实施中华优秀传统文化传承发展工程的意见》，为推进有关工作作出了顶层设计。

第一节
在改革创新中传承发展中华优秀传统文化的重要意义

没有文明的继承和发展，没有文化的弘扬和繁荣，就没有"中国梦"的实现，中华民族能够在几千年的历史长河中顽强生存和不断发展，正是因为没有抛弃传统、没有丢掉根本、没有隔断精神命脉。在新的历史条件下，构建中华优秀传统文化传承发展体系，延续民族的"根"与"魂"，对于维系民族的文化根基、促进优秀传统文化的现代化发展、推动世界文明的交流互鉴都具有十分重要的现实意义。

一、在改革创新中传承发展中华优秀传统文化是保护中华民族赖以生存发展的文化根基的需要

民族精神是一个民族发展历程中一脉相承的精神特征或思想意识,是在民族的延续发展过程中逐渐形成、不断丰富、日趋成熟的精神,它总是与一个民族的历史文化血脉相连,是民族文化传统不断积淀和升华的产物。① 我们强调的以爱国主义为核心的团结统一、爱好和平、勤劳勇敢、自强不息的伟大民族精神,正是在不断继承、吸收优秀传统文化精髓的基础上把握时代规律的产物,如"求大同"思想就是中华民族爱好和平、与各国各民族共谋发展意识的重要体现,"尚和合"反映了各族儿女团结友爱、崇尚统一的爱国情怀,"讲仁爱"作为中华民族的核心价值理念集中体现了人际交往、国家治理和文明互鉴的基本原则,是爱国思想、和平理念、自强精神等思想意识的重要前提,等等。因而,在新的历史条件下,要振奋中华民族精神,为改革开放和社会主义现代化建设提供强大的精神力量,就必须从优秀传统文化中吸取营养,通过弘扬优秀传统文化所蕴含的优秀品质和高尚精神,来塑造和鼓舞中华民族自强日新、厚德载物的"最深沉"的精神追求,赋予中华民族生生不息的生命力。

民族团结是我国顺利进行社会主义现代化建设的基本保证,是社会稳定和谐的前提,也是实现"中国梦"的强大动力。实现民族团结、维护祖国统一,长远和根本的是增强文化认同和民族凝聚力,建设各民族共有的精神家园。中华民族是一个兼容并蓄、海纳百川的民族,在漫长的历史进程中,各民族在求同存异中不断融合、创新,逐渐形成了一套包容、开放的文化体系和完整的文化传统,我们祖先将这些共同的历史记忆、共同的文化认可凝聚在一起,以感情、理想、价值观念、思维方式的形态蕴藏在每一个民族成员之中,形成强大的民族凝聚力和战斗力,成为民族认同与国家认同的主要依据和中华民族自强不息、团结奋进的重要精神支撑,使民族面临危机时能够和衷共济、团结一心攻坚克难。因而,优秀传统文化作为中华民族的集体记忆和精神家园,是中华民族凝聚力深厚的思想渊源和持久不竭的文

---

① 侯颖芝:《新时期民族精神问题现状与弘扬》,《理论学习》,2011 年第 11 期。

化源泉,传承发展中华优秀传统文化,就是保护中华民族共同的精神家园、维护民族的灵魂和血脉,是凝聚共识、增强民族认同的不竭动力,对于维护民族团结、促进社会和谐、实现中华民族伟大复兴的"中国梦"具有重要的现实意义与促进作用。

二、在改革创新中传承发展中华优秀传统文化是立足时代实践、顺应时代潮流不断进行新的文化创造的需要

不同民族、不同国家由于其自然条件和发展历程不同,产生和形成的核心价值观也各有特点。一个民族、一个国家的核心价值观必须同这个民族、这个国家的历史文化相契合,① 从历史文化中汲取丰富营养,否则就不会有生命力和影响力。中华传统文化作为中华民族的精神命脉和维系民族生存发展的精神纽带,蕴藏着社会主义核心价值观的思想资源,是涵养社会主义核心价值观的重要源泉。中国古代历来讲格物致知、诚意正心、修身齐家、治国平天下,从某种角度看,格物致知、诚意正心、修身是个人层面的要求,齐家是社会层面的要求,治国平天下是国家层面的要求,② 社会主义核心价值观所强调的富强、民主、文明、和谐、自由、平等、公正、法治,爱国、敬业、诚信、友善等思想内涵,把涉及国家、社会、公民的价值要求融为一体,充分体现了对中华优秀传统文化的传承和升华。因而,培育和弘扬社会主义核心价值观必须立足于中华优秀传统文化之根。牢固的核心价值观,都有其固有的根本,抛弃传统、丢掉根本,就等于割断了自己的精神命脉。③

任何一种文化体系都必须根据时代发展的要求,不断进行自我扬弃、改造和整合,才能实现与时俱进、永葆活力。中华传统文化在其形成和发展的过程中,受当时人们的认识水平、时代条件、社会制度的局限性的制约和影响,不可避免会存在陈旧过时或已成为糟粕的东西。如作为中华文化核心观念之一的传统孝道就有精华与糟粕两重特性,既存在"奉先思孝""善事父母"等正向、积极的价值观念,也

---

① 习近平:《青年要自觉践行社会主义核心价值观》,《人民日报》,2014年5月5日。
② 习近平:《青年要自觉践行社会主义核心价值观》,《人民日报》,2014年5月5日。
③ 叶友琛:《文化遗产与社会主义核心价值观的涵养》,《科学社会主义》,2014年第6期。

有"不顺乎其亲,不可以为子""亲亲得相隐""厚葬久丧"等不合时宜的、落后愚昧的思想理念。传统治国理念中的"君为臣纲""刑不上大夫"等思想也与当前"公民在法律面前一律平等"的时代特征不相符合。这就要求我们在学习、研究、应用传统文化时坚持批判继承、推陈出新,结合新的实践和时代要求进行正确取舍,①把弘扬优秀传统文化与发展现实文化有机统一起来。优秀传统文化中包含着中华民族最基本的文化基因,蕴涵着深厚的创新精神底蕴,是中华文明成果根本的创造力和中国文化之根。中国文化现代化发展应首先立足于中华传统文化,坚持取其精华、去其糟粕,从优秀传统文化中汲取营养、寻找动力,对自身的文化体系进行改造、整合,以优秀传统文化的创造性转化和创新性发展来推动中华文化的现代化。只有坚持从历史走向未来,从延续民族文化血脉中开拓前进,才能巩固中国文化的根基,更好地推动中国文化的现代化建设与发展,使中华民族最基本的文化基因与当代文化相适应、与现代社会相协调,从而做到与时俱进、永葆活力。

三、在改革创新中传承发展中华优秀传统文化是吸纳融汇外来优秀文化成果、在与世界文化对话交流中丰富发展中华文化的需要

一个国家、一个民族要建设文化强国,首先必须具有高度的文化自信。中华文明源远流长,在五千多年文明发展历程中,各族人民紧密团结、自强不息,共同创造了博大精深的中华文化,留下了浩如烟海的文化典籍,为人类文明的发展做出了重大贡献。中华民族素有文化自信的气度,中华文化深厚的底蕴、中华民族独特的文明遗产、精神记忆和文化心理结构,构成了我们培养高度文化自信的深厚基础和底气。保护和传承优秀传统文化,挖掘其具有时代价值的有益资源,明确优秀传统文化的历史渊源、发展脉络、基本走向,以古鉴今、以史资政,是我们增强文化自信的重要思想支撑,不仅有利于坚定对中华文化生命力的信念、促进公众以客观的姿态肯定和坚守自身优秀文化和以开放的胸怀甄别与吸纳外来文化,同时,对于促进民族的文化自觉,更好地把握中华文化的地位、作用、发展历程和未来趋势也具

---

① 李翔海:《从延续民族文化血脉中开拓前进——论习近平中国传统文化观的时代意义》,《中共中央党校学报》,2015年第6期。

有积极的推动作用。因而，培育民族文化自信与文化自觉，应将弘扬优秀传统文化作为重要抓手，充分发挥优秀传统文化的文化基因作用。

文明因交流而多彩，因互鉴而丰富，文明交流互鉴是推动人类文明进步和世界和平发展的重要动力。中华文明是在中国大地上产生的文明，也是同其他文明不断交流互鉴而形成的文明，弘扬中华文化，推动中外文明的交流互鉴，是推动中华文明繁荣创新、实现世界文明和谐的重要动力。博大精深的中华优秀传统文化是我们在世界文化激荡中站稳脚跟的根基，是中华文明在世界文明互鉴中的重要支撑，向世界传播中华文化、推动中外文明交流互鉴，首先应从优秀传统文化中汲取精神力量。优秀传统文化是中华文明的不竭源泉，蕴藏着中华民族世世代代在生产生活中形成和传承的世界观、人生观、价值观、审美观等，不仅对中国历史发展产生了巨大作用和重要影响，而且对世界历史发展和人类文明进步也产生了积极作用和深远影响，不仅是中国的，也是世界的，因此，保护和传承中华优秀传统文化，是维护世界文明多样性的需要。优秀传统文化是中华民族的突出优势和中国特色社会主义的沃土，是我们最深厚的文化软实力，保护和传承优秀传统文化，也是塑造良好的国家文化形象的重要途径，是明确国家历史传统、文化积淀、基本国情的重要抓手，对于讲述好中国故事、传播好中国声音，促进中外民众相互了解和理解、增进各国人民友谊都具有十分重要的推动作用，是中华文化"走出去"、吸纳融合外来优秀文化不断丰富发展的重要依托。

第二节
传承发展中华优秀传统文化的基本历程

改革开放以来，传承发展中华优秀传统文化的基本历程可以分为恢复发展（1978—1991年）、稳步发展（1992—2002年）、拓展深化（2003—2012年）、创新突破（2013年至今）四个阶段。

一、恢复发展阶段（1978—1991年）

1978年，党召开具有历史意义的十一届三中全会，重新确立解放思想、实事求是的思想路线，作出把党和国家工作重点转移到社会主义现代化建设上来和实施改革开放的重大战略决策。随着党和国家工作重心的转移，文化领域开始拨乱反正，传统文化的传承发展工作也开启了新的征程，在思想意识、政策法规、机构队伍建设和文化遗产保护等方面开展了大量卓有成效的工作，传承发展事业走上正确的发展轨道。这一时期，优秀传统文化的传承发展工作主要聚焦于文化遗产保护尤其是文物保护层面。

1. 对新时期传承发展工作规律认识的深化

随着改革开放的持续推进，各种西方的文化思潮开始涌入国门，不断冲击和考验着传统的思想文化和国人的思维观念。党中央高度重视文化建设工作，反复强调物质文明与精神文明"两手抓、两手都要硬"，并在具体工作中不断加强对优秀传统文化尤其是文化遗产传承发展事业的关注度与建设力度。1984年4月和10月，中宣部和文化部在北京先后召开全国文物工作会议和文物工作座谈会，研究贯彻《文物保护法》和文物博物馆事业发展相关问题。1984年7月和1985年11月，中共中央又先后召开书记处会议，研究讨论加强文物保护、促进社会主义精神文明建设问题。1987年11月，在多次深入探讨和实践经验总结的基础上，国务院发出了《国务院关于进一步加强文物工作的通知》，在全面总结中华人民共和国成立以来文物事业成就和问题的基础上，提出了文物工作的任务和方针——"加强保护，改善管理，搞好改革，充分发挥文物的作用，继承和发扬民族优秀的文化传统，为社会主义服务，为人民服务，为建设具有中国特色的社会主义作出贡献"，为改革开放新形势下进一步深化对文物保护工作规律的认识、推动文物保护事业的建设发展起到了重要的指导作用。①

---

① 中国文物信息咨询中心：《中国文物事业改革开放30年》，引自网页：http://www.cchicc.org.cn/art/2011/3/24/art_ 412_ 2027.html。

2. 法制建设开始起步

十年内乱期间，我国传统文化传承发展事业尤其是文物事业受到了严重冲击。新时期，为了彻底扭转十年内乱对文物事业造成的干扰破坏，文物法制建设开始提上日程。1979 年 7 月，全国人大将违反文物法规、破坏国家保护的珍贵文物等行为列入《中华人民共和国刑法》（以下简称《刑法》），开始加大对文物犯罪的惩处力度。1980 年 5 月，国务院发出了《关于加强历史文物保护工作的通知》，针对文物频遭破坏和文物工作面临的严峻形势，提出了加强文物保护管理工作的具体措施。这是改革开放后，国务院发出的第一个关于文物工作的重要文件。1982 年 12 月，为适应新时期文物保护的需要，国家发展博物馆事业、国家保护名胜古迹、珍贵文物和其他重要历史文化遗产等工作被列入《宪法》。1982 年 11 月，在《文物保护管理暂行条例》（1961 年）及中华人民共和国成立以来发布的一系列有关文物保护法令、指示和办法的基础上，第五届全国人大常委会第二十五次会议通过了《中华人民共和国文物保护法》，这是我国文化领域第一部由国家最高立法机关颁布的法律。随着《文物保护法》的颁布，相关部门、各地方也结合各地文物工作实际，陆续出台了一批加强文物保护和管理的法规和规范性文件，我国的文物事业逐步走向法制化的轨道。

3. 保护机构建设掀起高潮

改革开放后，文物事业的发展为文物保护机构建设尤其是博物馆的发展打开了新局面。20 世纪 80 年代，博物馆建设迎来了改革开放后的第一个高潮，1980—1985 年，全国范围内平均 10 天就新建一座博物馆，1984 年到达发展的高峰，每 2.4 天全国就有一座新博物馆出现，到 80 年代末，我国已有 1000 座博物馆。[①] 与此同时，其他文物机构的建设与修缮工作也取得重要进展，这期间开展了布达拉宫、曲阜三孔、承德避暑山庄、临潼华清池等重要文物保护工程，修缮了大量的文物古迹，三星堆祭祀坑、余杭良渚遗址、偃师商城遗址等考古发掘工作也稳步推

---

① 苏东海：《试析改革开放中我国博物馆第二个发展高潮》，《科学发展：社会秩序与价值建构——纪念改革开放 30 年论文集》，2008 年 11 月。

进,这些重要工作的开展为我国文化遗产的传承发展提供了有力的支撑。

4. 各项工作逐步铺开

改革开放后,有关文物保护的重要举措相继出台,文物保护的各项工作陆续展开。1981年1月,国务院批转国家文物局《关于加强文物工作的请示报告》,就文物保护、经费投入、市场管理、人才培养、管理体制和博物馆事业发展等文物保护相关工作提出了具体意见和措施。从1981年起,开始在全国范围内开展文物普查、复查工作。1982—1988年,国务院相继公布了第一、二批国家历史文化名城和第二、三批全国重点文物保护单位,国家历史文化名城和全国重点文物保护单位公布制度逐步完善。文博人才培训也形成规模,集中培训、院校合作培训、部门协作培训和人才对外交流取得进展。对外交流与合作取得突破:1983年7月,中国博物馆学会加入联合国教科文组织下属的国际博物馆协会;1985年11月,中国加入《保护世界文化和自然遗产公约》;1987年12月,中国的第一批6项遗产进入《世界遗产名录》,等等,标志着我国文物事业开始进一步与世界接轨。此外,涉外考古、文物保护、馆际交流等合作项目,数量不断增多,规模也不断扩大,交流合作体系初步形成。民族民间文化保护工作也深入推进,"文革"期间被迫中断的民族民间文化的调查、整理、研究工作得到恢复和发展,众多有关民族民间文化遗产研究和保护的学术机构在各级政府支持下相继成立。

二、稳步发展阶段(1992—2002年)

1992年初,邓小平同志视察南方发表重要谈话,从理论上回答了长期困扰和束缚人们思想的许多重大问题。同年召开的党的十四大,确定了建立社会主义市场经济体制的目标,对改革开放和社会主义现代化建设作出了重要战略部署。随着社会主义市场经济的逐步建立和改革开放的不断深入,中华优秀传统文化传承发展事业进入了一个新的发展时期。

1. 确立新时期传承发展工作方针与原则

随着传承发展工作客观形势的变化,以往工作方针、原则中存在的问题和不足之处逐渐暴露,如何处理好传承发展与经济建设、经济效益与社会效益之间的关系，成为中华优秀传统文化传承发展要解决的重大课题。文物保护领域首先在这方面进行了有益的探索。1992年5月，国务院在西安召开全国文物工作会议，这是中华人民共和国成立以来规格最高、规模最大的一次文物工作会议。会议在总结1949年以来文物工作经验的基础上，针对文物保护与利用的关系，明确提出了"保护为主、抢救第一"的新时期文物工作方针。1995年9月，全国文物工作会议再次在西安召开，针对市场经济条件下经济发展与文物保护的关系，进一步提出了"有效保护、合理利用、加强管理"的原则，推动了文物工作方针和原则的进一步确立和完善。文物工作方针和原则的确立，体现了新时期党和国家对文物工作规律认识的突破，对于发展社会主义市场经济新形势下的文化遗产事业和中华优秀传统文化传承发展事业，具有积极的引导和推动作用。①

2. 开展大规模的抢救性保护工程

在新时期文物工作方针的推动下，文物保护各项工作扎实推进，优秀传统文化的保护工作取得重要进展。从1992年开始，我国开始了1949年以来规模最大的文化遗产抢救保护工程。文物方面，包括天津独乐寺、河北清东陵和清西陵、浙江天一阁、河北隆兴寺大悲阁在内的一批重要文物保护工程陆续完成。小浪底水库、三峡水利工程等国家大型基础建设项目中的考古和文物保护工程也有序地展开。与此同时，国家历史文化名城、全国重点文物保护单位和大遗址保护工作也明显加强。1994年，国务院核定公布了第三批国家历史文化名城；1996年和2001年，国务院先后公布第四、第五批全国重点文物保护单位，各地也陆续公布了省、市、县一级的文物保护单位，到21世纪初，各省市已公布省级文物保护单位7000多处。

3. 传承发展开始与市场接轨

随着社会主义市场经济体制的确立和改革开放的不断深化，中华优秀传统文化传承发展开始与市场接轨，尤其是文物市场的繁荣发展，为保护民间文物、推动文化遗产的合理利用起到了积极的推动作用。1992年10月，北京举办了我国第一次

---

① 中国文物信息咨询中心：《中国文物事业改革开放30年》，引自网页：http://www.cchicc.org.cn/art/2011/3/24/art_412_2027.html。

文物拍卖活动，到 1995 年，在全国范围内举办的各种文物拍卖活动达几十场，从事文物拍卖的公司也发展到数十家。1998 年初，全国专营或兼营文物拍卖的公司达 100 余家。文物商店也呈繁荣之势，90 年代初期就已经形成了覆盖 30 个省、自治区、直辖市的文物商店网点分布格局。然而，由于体制机制的不健全和相关政策法规的不完善，文物市场存在较为严重的不规范问题，为此，国家层面相继出台相关法律法规、意见和工作条例，积极推动文物市场的合法化、规范化发展。1996 年 7 月，第八届全国人民代表大会常务委员会第二十次会议审议通过《中华人民共和国拍卖法》（以下简称《拍卖法》）；1993 年，国家文物局发布了《关于加强和改善文物市场工作的意见》；1996 年国家文物局发布了《关于一九九六年文物拍卖实行直管专营试点的实施意见》，这些法规政策与《文物商店工作条例》（1981年）一起，为规范文物市场提供了有力的法律与政策支撑。

三、拓展深化阶段（2003—2012 年）

进入 21 世纪，党和国家对弘扬中华优秀传统文化、发展社会主义先进文化重要性的认识达到了新高度，对新时期中华优秀传统文化传承发展的工作规律也有了新的认识，传承发展事业开始进入拓展深化阶段。

1. 文化遗产概念进一步扩展

21 世纪之前，我国的文化遗产保护主要以文物保护和以民俗文化为代表的民族民间文化保护为主。2003 年 10 月，联合国教科文组织第三十二届会议正式通过了《保护非物质文化遗产公约》，2004 年 8 月，我国作为第六个缔约国正式加入该公约。为了进一步深化非物质文化遗产保护意识、推动非物质文化遗产保护工作的落实，2005 年 3 月，国办颁布了《国务院办公厅关于加强我国非物质文化遗产保护工作的意见》，并制定了相应的保护办法，"非物质文化遗产"这一外来词语和概念正式进入中国官方语言。[①]"非物质文化遗产"概念的引入，为我国文化遗产保护注入了新的理念和精神，促进了文化遗产理论框架的完善，对我们在文化遗产

---

① 乌丙安：《非物质文化遗产的界定和认定的若干理论与实践问题》，《河南教育学院学报（哲学社会科学版）》，2007 年第 1 期。

保护过程中不断更新思维方式和实践方式、积极探索新的保护办法与措施起到了重要的推动作用。非物质文化遗产保护工作的启动,标志着我国文化遗产保护开始进入一个新的阶段。

2. 法制建设取得重要进展

进入21世纪,我国不断加大对文化遗产保护法制工作的建设力度,中华优秀传统文化传承发展的法制建设取得重要进展。文物保护方面,2003年5月,根据2002年10月第九届全国人大常委会第三十次会议通过修订后的《文物保护法》的相关规定,国务院颁布了《文物保护法实施条例》,为文物保护各项具体工作的实施提供了有力的指导。2007年12月,第十届全国人大常委会第三十一次会议通过《关于修改〈中华人民共和国文物保护法〉的决定》,推动了文物保护法律体系的不断完善。在非物质文化遗产传承发展方面,2005年3月,颁布《国务院办公厅关于加强我国非物质文化遗产保护工作的意见》。2005年12月,国务院发布《国务院关于加强文化遗产保护的通知》,进一步明确文化遗产保护的指导思想、总体目标和具体措施。2008年,国务院颁布《历史文化名城和历史文化街区、村镇保护条例》。2011年2月,第十一届全国人大常委会第十九次会议通过《非物质文化遗产法》,成为文化立法的标志性成果。这些法律法规与政策措施的出台,充分体现了我们党和国家对保护文化遗产、继承和弘扬优秀传统文化的高度重视。

3. 传统优秀文化传承发展与公共文化服务结合

党和国家积极出台各种措施,不断推动传统优秀文化传承发展与公共文化服务相融合。2004年,一些地方性的博物馆、纪念馆开始实施免费开放试点工作。2008年,全国博物馆向社会免费开放工作正式启动,各文化文物部门归口管理的博物馆陆续面向全社会免费开放。免费开放的全面实施使得更多的公众能够走进博物馆,加快了博物馆融入社区、校园和整个社会的步伐。2005年后,"文化遗产日"活动开始在全国范围内推行,各相关部门依托公共文化服务体系建设工作,积极推动文化遗产的宣传展示,各种形式的展示展演和宣传教育活动如火如荼地展开,为文化遗产保护和公共文化服务的融合提供了有效的平台。

4. 传承发展机制逐步完善

在国家有关法规政策的推动下，中华优秀传统文化传承发展的各项工作机制逐步完善。在文化遗产调查建档方面，2006年5月，国务院核定公布了第六批全国重点文物保护单位；2006年和2008年，国务院先后批准第一批和第二批国家级非物质文化遗产名录；2007年4月，第三次全国文物普查全面展开；2009年9月，历经30年、使用百亿字以上基础资料的《中国民族民间文艺集成志书》首次发布。在传承发展方面，文化遗产传承发展的模式方法不断完善，各项大遗址和灾后文化遗产抢救保护工作也有效地展开。此外，人才培养、安全保障、宣传教育以及对外交流机制等基础工作迈出坚实的步伐，传承发展科技工作也进入跨越式发展阶段，为保护民族文化遗产、弘扬中华优秀传统文化、推动社会主义文化大发展大繁荣提供有力的保障。① 2009年之后，文化部通过下发《关于加强国家级文化生态保护区建设的指导意见》，举办中国非物质文化遗产博览会，与中央党校合作举办地市领导非物质文化遗产保护专题研讨班等办法，持续推进传承发展机制创新，取得可喜成绩。

四、创新突破阶段（2013年至今）

党的十八大以来，党和国家高度重视文化建设，作出了一系列重要决策和部署。2014年9月24日，习近平总书记在纪念孔子诞辰2565周年国际学术研讨会暨国际儒学联合会第五届会员大会开幕会上的讲话中，指出："要坚持古为今用、以古鉴今，坚持有鉴别的对待、有扬弃的继承，而不能搞厚古薄今、以古非今，努力实现传统文化的创造性转化、创新性发展，使之与现实文化相融相通，共同服务以文化人的时代任务。"2014年10月15日，习近平总书记进一步强调："传承中华文化，绝不是简单复古，也不是盲目排外，而是古为今用、洋为中用、辩证取舍、推陈出新，摒弃消极因素，继承积极思想，'以古人之规矩，开自己之生面'，实现中华文化的创造性转化和创新性发展。"这是对中华优秀传统文化传承发展规律

---

① 中国文物信息咨询中心：《中国文物事业改革开放30年》，引自网页：http://www.cchicc.org.cn/art/2011/3/24/art_412_2027.html。

的科学把握，是对中华优秀传统文化传承发展提出的更高要求。这些重要论断和要求，成为中华优秀传统文化传承发展工作的基本遵循。

近年来，各地各有关单位深入贯彻落实习近平总书记有关重要论述精神，以改革创新精神，推动中华优秀传统文化传承发展事业实现新突破。在本节中，我们重点介绍以下方面：

一是发挥有关资源的社会教育功能。国家文物局面向全社会开展社会主义核心价值观主题展览项目征集工作，秉承"见人、见物、见精神"的理念，举办"全国博物馆展览季"活动，重点推介25项精品展览，使社会主义核心价值观的弘扬从文物宝库中得到资源、得到启迪、得到涵养、得到支撑，赢得良好的社会反响。此举为各地开展相关工作提供了鲜活范例。

二是加强革命文物保护利用。2015年，国家文物局组织排查了186处全国重点文物保护单位（简称"国保单位"）抗战遗址状况，完成八路军太行纪念馆、哈尔滨侵华日军七三一部队遗址群、阜新万人坑遗址等46项抗战文物保护修缮和展示利用工程，实现文物系统管理使用的113处抗战类国保单位全部对外开放，集中推出333个抗战文物陈列展览，弘扬伟大的抗战精神。在加强革命文物保护方面，完成延安革命旧址群保护提升工程，开展赣南等原中央苏区革命旧址修缮保护工程，大力发展红色旅游，支持革命老区振兴发展。

三是开展传统村落整体保护利用。2014—2015年，中央财政安排资金54亿元，支持1500个传统村落保护利用项目。2016年，文物系统继续完成第一批51个国保省保集中成片传统村落保护利用项目，推进第二批100个国保省保集中成片传统村落保护利用项目，启动第三批项目，努力实现文物保护与延续使用功能、改善居住条件相统一。

四是以人为本，落实活态传承。非物质文化遗产是承载在人的身上、活态的文化遗产。从2014年起，文化部陆续对国家级非物质文化遗产代表性传承人开展抢救性记录工作，截至2015年底，已支持各地对318名代表性传承人开展抢救性记录，超额完成"十二五"规划设定的300人的目标。同时，各地纷纷设立与生产性保护相关的基础设施，据不完全统计，全国已建传习所、展示馆8720余所。

五是促进文物保护与经济社会发展的深度融合，共享文物保护成果。有关部门坚持做好三峡工程、南水北调、西气东输、高速铁路、高速公路、新型城镇化等国家重大建设项目中的文物抢救保护工作，有效确保了国家重点项目实施和地方经济建设。2015年，三峡工程文物保护专项验收全面完成，累计完成保护项目1128项，考古勘探面积1283万平方米，考古发掘面积179万平方米。

六是对外交流合作活跃，成为中外人文交流新亮点。围绕国家重大外交活动，有关单位成功举办了一批具有中国内涵、国际表达的对外文物展览，"文物带你看中国"数字展示系统在驻外中国文化中心及外国博物馆相继落地，推动了中华文化"走出去"。为配合国家"一带一路"倡议，陆上丝绸之路跨国联合申遗圆满成功，海上丝绸之路申遗加紧推进，在国内外相继举办丝绸之路文物展。文物保护援外工程范围不断扩展，援助柬埔寨吴哥古迹有关工程基本完成，援助肯尼亚文物考古、乌兹别克斯坦希瓦古城和蒙古科伦巴尔古塔修缮工程进展顺利，援助尼泊尔加德满都神庙修复工程前期工作全面启动。

第三节
传承发展中华优秀传统文化的主要成就

改革开放以来，传承发展中华优秀传统文化的成就主要体现在以下三个方面。

一、中华典籍整理传承能力稳步提升

党和国家高度重视典籍整理与普及推广工作，相继实施了《中国文化与文明》出版工程、《大中华文库》工程、"中华再造善本工程"、"经典中国国际出版工程"和《儒藏》工程等一系列重大有影响的文化工程，并将中华典籍整理纳入国家"十三五"发展规划，使之成为推动典籍整理传承工作的有力抓手。

一是《中国文化与文明》出版工程。1990年，中国外文局与耶鲁大学出版社联合启动了"中国文化与文明"系列丛书大型合作出版项目,丛书包括画册、经典和思想史三个系列,其中,涉及《吕氏春秋》《诗经》《孙子兵法》《颜氏家训》《孝经》《道德经》等一系列古代经典译著。丛书首卷获得了美国的"霍普金斯出版奖",在海外取得了良好的传播效果,推动了中华民族优秀传统文化的弘扬与传播。

二是《大中华文库》工程。1995年,新闻出版总署、国务院新闻办公室等部门启动了《大中华文库》工程,这是我国历史上首次系统、全面地向世界推出外文版中国文化典籍的国家重大出版工程。工程计划从我国先秦至近代文化、历史、哲学、经济、军事、科技等领域最具代表性的经典著作中选出100种进行校勘、整理和翻译。① 截至目前,汉英版文库丛书已出齐110种,汉阿、汉西、汉法、汉俄、汉德、汉日、汉韩等多语种出版工作也相继完成。

三是"中华再造善本工程"。2002年,由文化部、财政部共同主持的国家重点文化工程——"中华再造善本工程"正式启动实施。工程出版共分为《唐宋编》《金元编》《明代编》《清代编》《少数民族文字文献编》等五编,选录范围以我国内地收藏为主,并陆续与香港、澳门、台湾地区进行接触,最大范围涵盖了中华文化典籍的精髓。② 截至2014年底,"中华再造善本工程"出版工作已基本完成,两期工程共影印出版珍稀古籍达1300余种。该工程的实施使散藏于各地的古籍善本得到系统的整理与完善,并有效地解决了善本收藏与利用的矛盾。国家图书馆出版社还以此为基础开发建设了"中华再造善本工程"数据库,将"中华再造善本工程"中影印出版的珍贵古籍善本进行图像数字化,为文化典籍的数字化保护利用与优秀传统文化的多渠道推广提供了经验。

四是"经典中国国际出版工程"。2009年,新闻出版总署启动了"经典中国国际出版工程",重点资助《中国学术名著系列》和《名家名译系列》等一批外向型优秀图书选题的翻译和出版。工程得到社会各界的广泛关注和各地出版单位的热烈

---

① 李征:《中国典籍翻译与中国形象——文本、译者与策略选择》,《长春大学学报》,2013年第9期。
② 施芳:《继绝存真传本扬学》,《人民日报》,2002年12月30日。

响应,申报机构范围和资助范围不断扩大,国家层面也不断加大对项目的财政支持力度,2013年对项目的资助金额从1500万元增加至3500万元,① 有力地推动了包括文化典籍在内的经典图书的对外出版工作。

五是《儒藏》工程。2003年,由北京大学主持的中华人民共和国成立以来最大规模的系统整理海内外儒学典籍的工程——《儒藏》工程正式启动,工程联合了国内及韩、日、越三国共50家高校和学术机构的近500名学者,计划通过现代技术手段对儒学的典籍文献进行全面整理与研究,并集大成地编纂成为一个独立的文献体系。

典籍整理传承工作机构与人才队伍建设日益加强。随着一系列重大文化工程的推进,典籍整理传承工作者的积极性普遍高涨,全国范围内诸多高校、研究机构均陆续承担了相应的典籍整理、翻译、出版和研究等工作,典籍整理传承的工作队伍得到较大的调整与充实,逐渐形成全社会广泛参与的良好氛围。2012年7月,经中央编办批复,国家图书馆挂牌成立了我国首家典籍博物馆——国家典籍博物馆。该馆以展示中国典籍、弘扬中华文化为宗旨,集典籍收藏、展示、研究、保护、公共教育、文化传承、文化休闲等功能于一体,被称为中华典籍文物的收藏中心、典籍文化的展示和研究中心。在国家的高度重视和重大文化工程的推动下,一些高校也相继设立了相关的机构或学科,有力地推动了我国典籍整理传承工作的开展。如北京大学于2003年设立"儒家思想与儒家经典"学科方向,把人才培养与典籍编纂研究工作紧密结合在一起;上海交通大学也于2012年12月成立了古代典籍与中国文化研究中心,旨在通过对中国古代文人典籍的发掘、整理和研究,为优秀传统文化的传承发展和社会主义先进文化的建设提供经典素材与学术资源支撑,等等。民族典籍的工作队伍也不断壮大,有效地促进了民族典籍翻译与研究工作的规模化发展。

典籍交流传播工作取得重要进展。自2002年起,我国已连续召开九届全国典籍英译研讨会,研究探讨精品打造、批评建设和理论研究等工作,有效地推动了文

---

① 《"经典中国国际出版工程"资助金增至3500万》,引自网页:http://politics.people.com.cn/n/2013/0516/c70731-21505004.html。

化典籍的英译工作。此外，我国还先后举办了三届"汉学家文学翻译国际研讨会"，邀请英国、美国、德国、法国、俄罗斯、意大利、韩国、日本等多个国家的汉学家与翻译家为中国文学的外译工作出谋划策，促进了中外学术的交流与我国文化典籍外译出版工作的开展。

二、文物保护状况切实改善

1. 文物法制建设不断加强

改革开放后，党和国家高度重视文物法制工作，相继出台了一系列涉及文物事业的法律法规、部门规章和规范性文件。初步形成了以《文物保护法》为核心的法律法规体系框架。文物保护事业逐渐步入法制化、规范化的轨道。

2. 文物普查建档工作取得重要进展

文物普查是一项重大的国情国力调查，是加强和改善文化遗产保护和管理的重要基础性工作。[①] 改革开放后，国家先后于1981年和2007年启动了第二、第三次文物普查，对革命遗址、纪念建筑、古建筑、石窟寺、石刻、古遗址、古墓葬等文物进行普查登记，全国文物资源库和"文物身份证"体系基本建成，可移动文物普查登记工作取得重要突破。此外，文物调查及数据库管理系统建设项目也在全国范围内推广开来，推动了我国馆藏文物管理的信息化和现代化水平的进一步提升。第二批至第七批全国重点文物保护单位记录档案备案基本完成，各省市县级文物保护单位申报工作也稳步开展。

3. 文物队伍建设成效显著

改革开放后，经过长期不懈的规划统筹、制度建设和教育培训，文物系统的人才队伍规模不断壮大，全国文物从业人员从改革开放初期的2.6万发展到2015年的13.7万，文物人才知识结构、学历结构和职称结构也逐步完善，形成了一支德才兼备、结构合理、素质优良的文博工作队伍。[②] 国家层面不断加大对文博人才培

---

① 孙波：《第三次全国文物普查成果正式对外发布》，《中国文物报》，2011年12月30日第1版。
② 中国文物信息咨询中心：《中国文物事业改革开放30年》，引自网页：http://www.cchicc.org.cn/art/2011/3/24/art_412_2027.html。

养的力度。2014年,国家文物局下发《全国文博人才发展中长期规划纲要(2014—2020年)》,明确了"十二五"中后期和"十三五"期间的文博人才培养任务,同年开始实施文博人才培养"金鼎工程",并设立"文博人才与队伍建设"专项资金,用以推动文博行业综合管理类人才和专业技术人才的培养。2015年,国家文物局开始实施文博人才培训示范基地试点工作,并公布了北京建筑大学、故宫博物院、中国文化遗产研究院等9家单位为国家文物局文博人才培训示范基地(试点单位),推动了全国范围内文博人才培养平台的建设。

4. 文物安全保障机制不断完善

改革开放尤其是21世纪以来,国家不断加大文物安全保障建设的力度,2009年3月,为构建文物安保工作运行的长效机制,国家文物局成立了专门的督查司。2012年以来,国家文物局联合其他部委先后下发了《关于加强和改进文物安全工作的指导意见》《博物馆和文物保护单位安全防范系统技术要求》《关于加强历史文化名城名镇名村及文物建筑消防安全工作的指导意见》等政策意见和行业标准,为文物安全保障工作的开展提供了有力的政策支持。近年来,国家文物局还相继部署了文物安全隐患排查整治专项行动、文物平安工程、文物安全设施建设工程等文物安全相关工作,推动了文物安全监管和设施建设的深入开展,文物执法力度不断加大,连续多年在全国范围内部署开展文物行政执法专项督查,并与公安部建立打击和防范文物犯罪联合长效工作机制,成立全国文物犯罪信息中心,强化执法巡查和文物违法案件查处机制。

5. 行业科技化、信息化水平不断提升

近年来,党和国家高度重视文物事业的科技建设,编制了文化遗产保护科技发展规划,并开展中长期科技发展规划战略研究,组织实施了"指南针计划""中华文明探源工程"等一批重大科技攻关项目。文物保护科研机构建设也取得重要进展,初步形成了以中国文化遗产研究院为代表的包括国家文化遗产保护科研机构、行业重点科研基地以及文物博物馆单位和其他科研机构在内的三个层次的科技创新体系。行业信息化标准建设也卓有成效,初步形成了涵盖数据采集、存储、传输、交换、应用等领域的行业信息化标准体系。① 文物普查数据采集专用软件、博物馆藏品综合信息管理系统以及馆藏文物数据库、流失海外文物信息资料数据库、文物行政部门机关办公自动化系统等行业软件相继开发并投入使用，进一步提高了文物保护的工作效率和信息化服务水平。

6. 文物保护力度不断加大

建立了比较完善的文物普查制度、文物保护单位公布制度和历史文化名城名镇名村保护制度。国家累计公布全国重点文物保护单位4296处。文物保护维修规范化、制度化建设成效明显，制定实施了一系列管理办法、技术规范和指导性文件，并启动了明清皇陵保护工程、重点石窟保护工程、故宫维修工程、西藏重点文物保护工程、长城保护重点工程以及涉外文物保护工程等文物保护重点工程，一大批重点文物保护单位得到修缮保护，汶川大地震、青海玉树地震等灾后文化遗产抢救修复工程也迅速展开。文物保护领域不断得到拓展，工业遗产、乡土建筑、文化景观、文化线路等新型文化遗产保护工作稳步实施。

7. 考古工作扎实推进

改革开放以来，我国考古工作不断取得突破，四川广汉三星堆祭祀坑、四川成都金沙遗址、河南偃师商城遗址、湖南里耶战国秦代古城遗址、江西南昌西汉海昏侯墓等一系列关于古城址、古墓葬、古陵寝和古遗存的重要考古发现层出不穷，极大地提升了我国考古事业的社会影响力。国家大型基本建设工程考古工程和水下考古工作也卓有成效，三峡工程、南水北调、西气东输、青藏铁路等国家重点工程考古发掘和文物保护工作深入开展，"南海Ⅰ号""南澳Ⅰ号""小白礁Ⅰ号"等沉船遗址抢救性发掘工作和鄱阳湖、丹江口水库等内水水下遗产保护工作也有序推进。考古管理进一步规范，国家印发一系列规范考古工作的文件，同时还组织全国考古发掘资质证书审查和到期更换工作，多方面着手规范考古工作的开展。此外，遗址研究、考古报告出版、考古成果宣传等研究性工作也积极推进。

---

① 中国文物信息咨询中心：《中国文物事业改革开放30年》，引用网页：http://www.cchicc.org.cn/art/2011/3/24/art_412_2027.html。

8. 大遗址保护卓有成效

新世纪以来，国家高度重视大遗址保护工作，制定了专门的大遗址保护专项规划，并相继颁发了《关于大遗址考古工作的指导意见》《大遗址考古工作要求》等规范性文件和《大运河遗产保护管理办法》《邙山陵墓群保护条例》等大遗址专项管理法规。2010年以来，国家文物局还先后与湖北、陕西、甘肃、四川等省人民政府签署了共建大遗址片区的协议，初步建立大遗址保护管理体系，并基本形成了以五片（西安片区、洛阳片区、荆州片区、成都片区、曲阜片区）、四线（长城、大运河、丝绸之路、茶马古道）、一圈（边疆和海疆）为重点，150处重要大遗址为支撑的我国大遗址保护新格局。① 国家考古遗址公园建设也取得重要进展，2009年，国家文物局印发了《国家考古遗址公园管理办法（试行）》，随后相继公布第一批和第二批国家考古遗址公园名单和立项名单，并在全国范围内建设与推广这一模式，为国内考古遗址保护提供了更为开阔的思路。

9. 世界文化遗产工作取得突破

自1985年加入《保护世界文化和自然遗产公约》以来，我国世界文化遗产申报屡获佳绩，截至2017年，我国已拥有世界遗产52项。为了规范和推动世界文化遗产申报与保护工作，国家层面相继出台了《世界文化遗产保护管理办法》《中国世界文化遗产监测巡视管理办法》《世界文化遗产申报工作规程（试行）》等一批政策法规，国家文物局还在中国文化遗产研究院设立了中国世界文化遗产监测中心，推进中国世界文化遗产预警监测系统研发和启用，世界文化遗产保护体系日趋完善。

10. 社会文物管理日趋规范

改革开放后，国家相继出台了《拍卖法》《文物拍卖管理暂行规定》《文物进出境审核管理办法》等一系列法律法规和规范性文件，推动我国文物市场进入依法管理的新阶段。目前，我国民间文物收藏呈现快速发展趋势，收藏的规模、范围、

---

① 单霁翔：《解放思想，开拓创新，携手共创大遗址保护的美好明天》，《中国文物报》，2010年12月29日第1版。

品质和社会影响力都达到前所未有的高度,截至 2015 年,全国文物商店文物藏品达 728.02 万件,文物拍卖也日趋活跃,成为社会关注的热点之一。文物进出境审核进一步加强,国家在对外交流的主要口岸设立了 14 个文物进出境审核管理处,并启动国家文物进出境审核信息管理系统试点工作,有效遏制了文物流失的现象。抢救流失文物工作也取得重要进展。改革开放以来,我国先后加入了联合国教科文组织《关于禁止和防止非法进出口文化财产和非法转让其所有权的方法的公约》与国际统一私法协会《关于被盗或非法出口文物公约》,在国际公约的框架下,我国积极开展文物追索、征集工作,推动文物返还国际合作,1998 年以来,我国成功从英国、美国、日本、丹麦等国家追回大批流失海外的文物。

11. 文物机构服务能力与水平不断提高

(1) 博物馆事业蓬勃发展。改革开放后我国先后经历了博物馆发展的两次高潮,博物馆数量大幅增加,截至 2014 年底,全国博物馆总数达到了 4510 家,结构体系也不断调整完善,综合类、历史纪念类、艺术类、自然科学类、专题类等不同类型的博物馆发展日趋均衡,非国有博物馆的增量也十分显著,初步形成了门类丰富、特色鲜明的博物馆发展新格局。文化藏品数量也快速增长,截至 2014 年底,各类博物馆共有文物藏品 2929.97 万件,占全国文物藏品总量的 72.1%,[①] 馆藏文物保护管理的具体工作如登记、鉴定、分类、分级、编目、建档和库房管理等也逐步实现规范化。博物馆基础设施和信息化建设也不断完善,一批数字博物馆、文物中心库房的建设和百余项文物保护技术的研发、推广和应用,大大地提高了我国馆藏文物保护的规范性和科技保护水平。博物馆免费开放取得突破。截至 2015 年 4 月,全国已有 2780 个公共博物馆实现免费开放,其中,超过 1000 个博物馆、纪念馆被确定为爱国主义、科学普及等方面的教育基地;[②] 博物馆的展陈数量和水平也显著提高,2008 年以来,我国博物馆每年举办陈列展览 2 万多个,年参观人次达

---

① 文化部财务司:《中华人民共和国文化部 2014 年文化发展统计公报》,《中国文化报》,2015 年 5 月 19 日第 4 版。

② 中国文物信息咨询中心网站:《中国文物事业改革开放 30 年》,引自网页:http://www.cchicc.org.cn/art/2011/3/24/art_ 412_ 2027. html。

6亿多。① 此外,博物馆相关产品与技术博览会、博物馆文化产品创意设计推介活动也在探索开展,为满足公众多层次文化需求、推动文化创意产业的发展起到了积极作用。

(2) 其他文物机构也呈繁荣发展趋势。截至2014年底,全国文物系统共有除博物馆外的其他文物机构4763个,比2011年增长了54.74%,其中,文物科研机构118个,文物保护管理机构3280个,文物商店71个,其他文物机构1294个。随着数量的不断增长,这些文物机构在民间文物征集、文物保管保护、科学研究、社会服务、市场发展等方面发挥的作用日益突出。截至2014年底,这些文物机构的藏品总数达1133.6万件,接近同时期博物馆文物藏品数的40%,年举办展览也达1275个,参观人次近9636.17万,为公众了解我国历史文化遗产、促进优秀传统文化的宣传教育提供了多元化的便捷渠道。

2016年5月,国办转发文化部等部门的《关于推动文化文物单位文化创意产品开发的若干意见》。文博机构积极利用文物资源开发文创产品,取得了良好的社会效益和经济效益。

文物外事工作开创新局面。改革开放以来,我国对外文化遗产保护交流与合作不断深化,政府间文物交流与合作深入发展。先后与秘鲁、印度、意大利、美国、澳大利亚等多个国家签署了打击文物盗窃、盗掘和非法进出境双边协定或谅解备忘录及其他文物领域的相关合作协定,促进了政府间交流合作内容与形式的不断丰富,并在信息交流、人员培训和文物返还等多个方面取得了实质性的合作成果。② 随着政府间交流合作的不断扩大,相关规章、制度也逐步完善,《国家文物局关于博物馆涉外工作的通知》《中华人民共和国考古涉外工作管理办法》《关于加强文物对外交流与合作的意见》《文物出国(境)展览暂行管理办法》等一系列涉外法规性文件相继颁布,为我国文物外事工作的顺利开展提供了有力保障。改革开放以来,我国先后加入了国际博物馆协会(ICOM,1983年)、国际古迹遗址理事会

---

① 新华网:《国家文物局首次举办"全国博物馆展览季"》,引自网页:http://news.xinhuanet.com/politics/2015-10/15/c_1116838259.htm。

② 文宣:《对外交流与合作不断深化》,《中国文物报》,2012年8月31日第3版。

(ICOMOS，1993年)、国际文化财产保护与修复研究中心（ICCROM，2001年）3个文化遗产国际组织，以及《保护世界文化和自然遗产公约》（1985年）、《关于禁止和防止非法进出口文化财产和非法转让其所有权的方法的公约》（1989年）、《关于被盗或者非法出口文物的公约》（1997年）和《武装冲突情况下保护文化财产的公约》4个国际公约，推动了文物保护工作与国际社会的接轨。进入本世纪后，与国际组织的交流合作进一步深化，相继获得2004年第28届世界遗产大会、2005年国际古迹遗址理事会第15届大会等一系列文物领域国际会议的主办权，2010年还在西安成立了国际古迹遗址理事会国际保护中心。在国际舞台的突出表现为我国文物事业争取了更多的话语权，我国正在努力成为国际有关文物保护法规、管理措施和保护技术准则的主要制定者之一。①

12. 文物出入境展成为外交亮点

对外文物展览是中外文化交流中最有影响、最受欢迎、最具特色的活动之一。进入本世纪以来，随着对外文物交流规模的不断扩大，我国对外文物展览亮点频现，无论在数量上还是在质量上都有了很大的提升，特别是中法文化年、中意文化年、中俄文化年、中美"走向盛唐展"等重大外事活动的相继举办，引起国内外的热烈反响，对于传播中华民族优秀传统文化、增进世界各国人民对中国人民的友好感情起到了十分重要的促进作用。涉外馆际交流规模逐步扩大，自2004年以来，故宫博物院先后与法国卢浮宫博物馆、英国大英博物馆、美国大都会博物馆等世界级博物馆签署了全面合作协议，并举办了博物馆馆长高峰论坛"紫禁城对话"等一系列交流活动，丰富和拓展了文物交流合作的广度与深度。同时，我国文博单位与外国民间机构和非政府组织的合作也逐步扩大，为中国文物保护事业争取到了更多的资金、技术和人才支持。②与港澳台的交流也取得了重要进展，自1992年大陆文物首次赴台以来，祖国大陆先后赴台湾地区举办"敦煌艺术大展"等多项文物展览，

---

① 国家文物局办公室（外事联络司）：《文物对外交流与合作改革开放30年》，《中国文物报》，2008年11月7日。
② 国家文物局办公室（外事联络司）：《文物对外交流与合作改革开放30年》．《中国文物报》，2008年11月7日。

受到台湾地区民众的广泛欢迎,同时,与香港和澳门地区的展览交流也愈加频繁。

三、非物质文化遗产传承发展水平不断提高

1. 非物质文化遗产传承发展体制机制逐步完善

改革开放后,党和国家高度重视民族民间文化的法制工作,颁布了《传统工艺美术保护条例》等规范性文件,并起草了《民族民间传统文化保护法(草案)》,为非物质文化遗产的法制化建设奠定了良好的工作基础。21世纪加入《保护非物质文化遗产公约》后,非物质文化遗产保护法制工作全面推进,相继颁布了《国务院办公厅关于加强我国非物质文化遗产保护工作的意见》《国家级非物质文化遗产保护与管理暂行办法》《国家级非物质文化遗产项目代表性传承人认定与管理暂行办法》和《国家非物质文化遗产保护专项资金管理暂行办法》等一系列政策法规,明确了"保护为主、抢救第一、合理利用、传承发展"的指导方针和相关工作办法,为非物质文化遗产的传承发展提供了有力保障。2011年,在多次修改完善和广泛征求意见的基础上,《非物质文化遗产法》正式颁布实施,各地方政府也积极响应,截至2015年底,已有浙江、江苏、西藏、山西、河南等22个省(区、市)相继颁布出台了本地区的非物质文化遗产保护条例或民族民间传统文化保护条例,我国非物质文化遗产保护法规政策体系逐步完善。

2. 非物质文化遗产普查制度与名录体系初步建立

普查工作是非物质文化遗产保护的一项基础性工作,为全面了解和掌握各地各民族非物质文化遗产的种类数量、分布状况与保护现状等情况,2005年,文化部部署开展了我国第一次全面、大规模的非物质文化遗产普查工作。经过4年的努力,共调查非物质文化遗产资源87万项,并整理形成了大量的文字、音像和汇编资料,取得了阶段性的成果。随着普查工作的展开,各级非物质文化遗产名录体系也不断完善。自2005年国家级非物质文化遗产名录申报和评审工作开展以来,截至2014年7月,国务院已批准公布了四批共1372项非物质文化遗产项目,各省(区、市)也相继公布了11042项省级非遗代表性项目,国家、省、市、县四级名录体系已初步建立起来。为进一步加强国家级非物质文化遗产名录项目保护和管理

工作，从 2011 年起，文化部开始着手建立自查、监督和警告、退出机制，截至 2015 年底，已对 885 家项目保护单位进行了调整和重新认定，初步建立了国家级非物质文化遗产项目动态管理机制。

3. 代表性传承人保护机制不断健全

传承人是非物质文化遗产保护工作的关键，为加强对传承人的保护，自 2005 年起，文化部开始实施国家级非物质文化遗产项目代表性传承人的认定与命名工作，各省（区、市）也陆续开展了本级非物质文化遗产项目代表性传承人的认定与命名工作。为了加强对代表性传承人的认定与管理，2008 年 5 月，文化部印发了《国家级非物质文化遗产项目代表性传承人认定与管理暂行办法》，并从 2008 年起按每人每年 8000 元的标准专门资助国家级非物质文化遗产项目代表性传承人开展传习活动，[①] 2016 年资助标准提升至 2 万元。近年来，文化部还启动了"中国非物质文化遗产传承人群研修研习培训计划"，委托高校等相关单位开展研修、研习和培训，不断扩大非物质文化遗产传承人群，振兴传统工艺，从而全面提高非物质文化遗产传承发展水平。

4. 非物质文化遗产传承发展机构与人才队伍建设日益加强

2008 年 7 月，国务院批准在文化部设立非物质文化遗产司，专事非物质文化遗产保护工作，随后，各省（区、市）文化部门也相继成立了本级非物质文化遗产保护中心或职能处室，逐步形成国家、省、市、县四级保护机构和队伍，非物质文化遗产保护工作得以顺利开展。随着体制机制的不断完善，非物质文化遗产传承发展机构的建设也稳步推进，各地不断加强非物质文化遗产保护基础设施及其标准化建设，专题博物馆、民俗博物馆和传习所等不同类型的传承发展机构逐渐建立并完善，工作队伍的业务素质和工作能力得到了较大提高。社会各界也积极参与到非物质文化遗产的保护与传承中来，一些高校通过设立相关学科，不断加强对高层次、应用型的非遗传承发展人才的培养，相关企业也深入非物质文化遗产技艺传承一线进行保护性开发，为非物质文化遗产事业的可持续发展提供了有力的社会支持。

---

① 谌强：《非遗：大力建设中国特色保护体系》，《光明日报》，2012 年 10 月 31 日第 10 版。

5. 非物质文化遗产数字化建设成效显著

数字化保护标准建设、资源数据库搭建以及相关试点工作都取得了阶段性成果。在数字化保护标准建设方面，文化部于2010年10月启动"中国非物质文化遗产数字化保护工程"，截至2011年底，一期工程已完成包括《术语和图符》《数字资源信息分类与编码》《数字资源核心元数据》等3项基础类标准和《普查信息数字化采集》《采集方案编写规范》《数字资源采集实施规范》《数字资源著录规则》等4项业务类标准及工作规范等在内的7项非物质文化遗产数字化保护工程标准和工作规范草案，加上2013年底完成的《六大门类数字化保护标准（草案）》，我国非物质文化遗产数字化保护标准体系基本建成。资源数据库建设方面，截至2013年10月，已完成非遗普查资源数据库、非遗项目资源数据库、非遗专题资源数据库和非遗数字化保护管理系统等数据库的建设，基本形成涵盖普查、登记、整理以及保护管理等多项工作的数据库体系。随着技术条件和相关标准的不断完善，非物质文化遗产数字化保护试点工作也有序推进，从2013年6月开始，辽宁、江苏、福建、湖南、湖北等多个省市相继开展了试点工作，推动了我国非物质文化遗产数字化保护水平的全面提高。

6. 非物质文化遗产传承发展科学模式不断健全

21世纪以来，我国在非物质文化遗产传承发展工作实践中，根据非物质文化遗产的丰富性和独特性，逐渐探索出了包括立法性保护、抢救性保护、生产性保护和整体性保护等多种模式在内的具有中国特色的保护体系，为我国非物质文化遗产的科学保护与活态传承提供了有力的支撑。

（1）立法性保护有序推进。21世纪以来，国家层面相继颁布了一系列促进非物质文化遗产保护的政策法规，在这些政策法规的基础上，2011年6月，《非物质文化遗产法》正式颁布实施，第一次以法律形式明确了我国非物质文化遗产的内涵、范围、保护制度和相关法律责任等内容，标志着我国的非物质文化遗产保护工作开始进入依法保护的新阶段。随着《非物质文化遗产法》的出台和实施，一些配套性法规政策也陆续出台，将法律规定的调查制度、代表性项目名录制度、传承与传播制度等进行细化，转化为各项具体的政策措施，并根据法律的要求不断调整和完善我国非物质文化遗产保护事业的发展规划和相关工作，进一步廓清了非物质文化遗产保护工作的思路，为非物质文化遗产的立法性保护提供了坚实的法律政策保障。

（2）抢救性保护进展顺利。近年来，各级政府部门和相关工作者以传承人保护为核心，以普查和建立名录体系为基础，对我国非物质文化遗产进行了全面、深入的抢救性保护，取得了显著成效。在具体的普查工作和代表性传承人抢救性记录工作中，采取优先抢救和科学保护的原则，记录、扶持了一批濒危项目的代表性传承人，并对其口述史、作品等有关资料进行了记录、采集和建档，使一大批濒危的非物质文化遗产项目得到有效的抢救与保护。国家层面也十分重视抢救性保护工作，将代表性传承人的抢救性记录工程列入国家文化发展规划，2015年，文化部还下发了《文化部关于开展国家级非物质文化遗产代表性传承人抢救性记录工作的通知》，有效地促进了代表性传承人的抢救性保护及其珍贵技艺、技能和知识的传承发展。此外，"中国非物质文化遗产数字化保护工程"等项目的实施也为濒危非物质文化遗产的抢救性保护提供了坚实的数字信息技术支撑。

（3）生产性保护深入开展。2012年2月，文化部印发《文化部关于加强非物质文化遗产生产性保护的指导意见》，对生产性保护的重要意义、方针原则、工作机制和科学方法进行了明确指示，同时开始启动国家级非物质文化遗产生产性保护示范基地建设，并通过财政投入等措施对其进行重点培育。2012年元宵节期间，文化部还联合14部委举办了"中国非物质文化遗产生产性保护成果大展"，集中展示近年来生产性保护工作取得的丰硕成果，进一步增强了民众的传承发展意识。各地还积极推动生产性保护培训工作，"非物质文化遗产传统技艺类项目生产性保护培训班"等生产性保护相关专题培训班在全国范围内有序开展，有效地增强了生产性保护工作的社会影响力与号召力。2017年3月，国办转发了文化部、工业和信息化部、财政部联合制定的《中国传统工艺振兴计划》，进一步推进了非物质文化遗产的生产性保护工作。

（4）整体性保护扎实推进。2007年，文化部开始启动国家级民族民间文化生态保护区建设工作，截至2015年底，共批准设立了包括闽南文化生态保护实验区、徽州文化生态保护实验区、羌族文化生态保护实验区等在内的18个文化生态保护区。同时，为了加大对文化生态保护区建设的指导与扶持力度，文化部还相继出台了《文化部关于加强国家级文化生态保护区建设的指导意见》《文化部办公厅关于加强国家级文化生态保护区总体规划编制工作的通知》等规范性与扶持性文件，对国家级文化生态保护区建设的原则方针、基本措施、设立条件和基本程序等提出了明确的思路和要求，并要求地方将文化生态保护区建设纳入当地经济社会发展总体规划，有效地推动了文化生态保护区的建设与发展。

7. 非物质文化遗产传承发展宣传教育与对外交流不断加强

近年来，文化部和各级文化部门利用"文化遗产日"和春节、端午节、中秋节等中华民族传统节日，大力开展非物质文化遗产宣传展示活动，精心策划组织了中国非物质文化遗产传统技艺大展、非物质文化遗产珍稀剧种展演、少数民族传统音乐舞蹈展演等一系列适应人民群众审美情趣、接受能力和心理特点的展览、展演、论坛、讲座等活动，在丰富人民精神文化生活的同时，也为非物质文化遗产的传承发展营造了良好的社会氛围。报纸杂志、广播电台、网络等媒体也积极发挥能动性，通过新闻发布、开辟专栏、领导访谈、专家解读等各种形式对非物质文化遗产保护知识、典型案例与代表性传承人进行宣传普及，有效地促进了非物质文化遗产保护知识的普及推广与公众保护意识的提高。①

8. 教育普及工作成效明显

近年来，各级政府不断加大对非物质文化遗产的宣传教育力度，积极出台相关文件，推动非物质文化遗产进课堂、进教材、进校园。如将地方非物质文化遗产纳入乡土教材，将民歌、民乐、剪纸、年画等纳入中小学课程，组织非物质文化遗产走进大学校园，推动非物质文化遗产成为对青少年进行传统文化教育和爱国主义教育的重要载体。各高校和相关研究机构也不断加强保护意识，将非物质文化遗产保护纳入大学教育体系，如中央美术学院、中央民族大学、南京大学等高校就相继设立了民族民间艺术和非物质文化遗产的相关专业或课程，为非物质文化遗产保护培养不同层次的专业人才。

---

① 谌强：《非遗：大力建设中国特色保护体系》，《光明日报》，2012年10月31日第10版。

9. 对外交流合作不断扩大

2004年加入《保护非物质文化遗产公约》后，为履行作为缔约国的职责，我国积极开展国际交流与合作，不断增强在国际舞台上的话语权。2007年5月，我国成功承办了保护非物质文化遗产政府间委员会特别会议。2010年5月18日，联合国教科文组织和我国政府在中国艺术研究院设立了"亚太地区非物质文化遗产国际培训中心"，成为我国参与国际非物质文化遗产保护工作的重要基地，推动我国与韩、日、蒙等国家建立了良好的工作联系。各类非物质文化遗产展示、展演等对外交流活动也积极开展，如在法国举办"中国非物质文化遗产艺术节"、在成都举办多届"中国成都国际非物质文化遗产节"等，有效地提升了中华文化的国际影响力。此外，非物质文化遗产申遗工作也取得重要进展。

第四节
对传承发展中华优秀传统文化的展望

展望中华优秀传统文化传承发展的前景，一要从既有实践的经验体系中寻找镜鉴，以过去照见未来；二要深刻领会中央最新有关文件精神，把握其总体精神和具体布局。

一、在中华优秀传统文化传承发展的经验体系中找到镜鉴

改革开放以来，中华优秀传统文化传承发展事业在探索中不断前进，逐步建立起一套适合我国国情和优秀传统文化特点的传承发展机制，并在传承发展实践中积累了一系列宝贵的经验，对促进优秀传统文化的传承发展具有深远的启迪作用与重要的指导意义。

1. 坚持党的领导与政府主导，切实贯彻中华优秀传统文化传承发展的方针政策

中国共产党是中华优秀传统文化的忠实继承者和弘扬者，中国共产党领导下的人民政府是中华优秀传统文化传承发展的坚定践行者。改革开放近四十年来的实践

证明，只有坚持党的领导和政府主导，坚持围绕经济建设这一中心和党中央、国务院的重大决策部署，在大局下思考、在大局下谋划、在大局下行动，才能从中国特色社会主义事业总体布局中把握中华优秀传统文化传承发展事业的历史方位。改革开放后，尤其是本世纪以来，党和政府根据时代发展的需要和优秀传统文化自身的特征，出台了《文物保护法》《非物质文化遗产法》等一系列规范性、指导性的法律法规与政策意见，提出了一系列具有时代特征和现实指导意义的传承发展方针，如针对文物保护的"保护为主、抢救第一、合理利用、加强管理"方针，针对非物质文化遗产传承发展的"保护为主、抢救第一、合理利用、传承发展"等方针，为中华优秀传统文化传承发展工作的开展明确了原则与方向，对正确处理传承发展中的各项关系、规范传承发展工作、提高传承发展工作的社会影响都起到了十分重要的促进作用。同时，文物保护、非物质文化遗产传承发展等各项工作也逐渐被纳入地方各级政府经济社会发展规划、文化发展纲要、财政预算和重要议事日程之中，为传承发展事业提供了有力的经费支持与长效保障，有效地促进了中华优秀传统文化传承发展融入经济建设与城市发展。总之，优秀传统文化的传承发展是国家公共事业，必须始终坚持党的领导、坚持以政府为主导，充分发挥国家方针政策的引导与规范作用，为优秀传统文化的保护与传承提供良好的体制机制与政策环境。

2. 坚持以人为本，把最广大人民的根本利益作为传承发展事业的出发点和落脚点

中华优秀传统文化传承发展事业是全国人民的共同事业，与广大人民群众的利益息息相关。人民群众作为优秀传统文化的创造者、使用者和守护者，是优秀传统文化传承发展事业的源头活水与真正动力。因而，在保护与传承工作中，要始终坚持以人为本，充分发挥人民的主体作用，把最广大人民的根本利益作为传承发展事业的出发点和落脚点。改革开放以来，我们始终把发展为人民、发展依靠人民、发展成果由人民共享作为中华优秀传统文化传承发展事业发展的基本理念，在具体工作中，积极发挥人民群众在传承发展中的能动作用，不断拓展社会参与中华优秀传统文化传承发展事业的渠道，使传承发展成果更多地惠及人民群众。如把传承人作为非物质文化遗产传承发展的核心，不断加强对传承人的保护扶持；深入推进博物馆免费开放，使更多公众有机会走进博物馆；将优秀传统文化纳入学校教育体系，

满足公共教育的需要；开展优秀传统文化展示展览活动，丰富人民群众的文化生活，等等，使人民群众切实享受到中华优秀传统文化传承发展的成果，提高全社会的传承发展意识与积极性，从而形成全民参与传承发展的良好格局。

3. 坚持实事求是、遵循客观规律，促进传承发展事业的全面协调可持续发展

优秀传统文化具有丰富的内涵与外延，对于不同形态的传统文化，应坚持实事求是的原则，深入研究、理解并遵循其客观规律，探索与传统文化形态相适应的、科学的传承发展模式，促进传承发展事业的全面协调可持续发展。改革开放以来，随着全球化趋势的增强和现代化进程的加快，优秀传统文化所赖以生存的社会环境与文化生态不断发生着变化。面对不断改变的新形势，国家根据不同形态优秀传统文化的发展规律和各地传承发展的实际情况，积极探索各种行之有效的传承发展模式、方法与途径，有效地促进了优秀传统文化的传承发展与现代化发展。如针对非物质文化遗产的丰富性和独特性，不断探索形成了包括立法性保护、抢救性保护、生产性保护和整体性保护等多种模式在内的保护体系；针对文物的可移动性与不可移动性，采取不同形式的普查、整理与保护方法；根据考古对象的不同，采取地上考古与水下考古两种模式；等等。这些从客观规律出发探索总结的科学方法与模式，有力地推动了我国优秀传统文化的整体性保护与传承，对于不同形态的优秀传统文化协调、均衡与可持续发展起到了积极的促进作用。

4. 坚持解放思想、开拓创新，增强中华优秀传统文化传承发展事业的生机与活力

开拓创新是中华优秀传统文化传承发展事业焕发生机与活力的不竭动力。改革开放以来的实践证明，中华优秀传统文化传承发展事业的每一次进步都是解放思想、开拓创新的结果。1978年关于真理标准的大讨论，推进了我国文物事业指导思想、保护理念和法制建设的进程；社会主义市场经济体制的建立，推动了我们对文物工作规律认识的不断突破，逐步形成了"保护为主、抢救第一、合理利用、加强管理"的文物工作原则；进入21世纪后，文化遗产概念的内涵与外延实现重要突破，传承发展的工作领域得到进一步拓展，促进中华优秀传统文化传承发展的要素、类型、空间尺度、时间尺度、性质和形态等都呈现出新的发展趋势。同时，随着现代科技与信息技术的发展，国家还不断加大对传承发展事业的科技创新投入力

度，吸收借鉴国际上文化遗产保护科技发展的最新成果，推动了一批科研数据库、信息平台和科研基地的开发建设，极大地提高了我国中华优秀传统文化传承发展的科研能力和信息化水平。只有按照建设创新型国家的要求，努力提升中华优秀传统文化传承发展事业的自主创新能力，才能实现优秀传统文化的现代转化与创新发展。

5. 坚持改革开放、与时俱进，推动中华优秀传统文化传承发展事业对外交流与合作

中华优秀传统文化传承发展事业的发展始终是与国家现代化建设和改革开放的过程相伴随的。改革开放近四十年来，随着社会主义现代化建设的深入推进，传承发展工作所依存的经济基础、体制环境和社会条件都不断发生着变化，而当前中华优秀传统文化传承发展事业所取得的成就，正是在坚持改革开放、不断适应社会主义市场经济和现代化建设要求中逐步实现的。因而，只有坚持深化改革，努力适应社会主义现代化建设的要求，与时俱进，不断创新体制机制，才能保证中华优秀传统文化传承发展事业的发展不偏离国家与社会发展的轨道。同时，中华优秀传统文化传承发展事业的发展也离不开对外开放，国际交流合作与学习借鉴是中华优秀传统文化传承发展事业发展的必要条件。改革开放后我国相关外事工作取得了一系列重大突破，与诸多外国政府、国际组织进行了深度的交流与合作，为我国引进了一系列国外的先进理论与实践经验，并进一步拓宽了国际视野，扩大了中华优秀传统文化及其传承发展事业在国际上的影响力，增强了我国在国际传统文化传承发展领域的话语权。因而，实现中华优秀传统文化传承发展工作的与时俱进，必须要立足于国际舞台，坚持"引进来"与"走出去"相结合，不断拓宽国际交流与合作的渠道，推动中华优秀传统文化走向世界。

二、中央最新有关文件明确了中华优秀传统文化传承发展的未来格局

2017年1月25日，中办、国办印发了《关于实施中华优秀传统文化传承发展工程的意见》，并发出通知，要求各地区各部门结合实际认真贯彻落实。这是对中华优秀传统文化传承发展工作作出顶层设计的具有里程碑意义的事件。

意见强调，实施中华优秀传统文化传承发展工程的总体目标是：到2025年，中华优秀传统文化传承发展体系基本形成，研究阐发、教育普及、传承发展、创新

发展、传播交流等方面协同推进并取得重要成果，具有中国特色、中国风格、中国气派的文化产品更加丰富，文化自觉和文化自信显著增强，国家文化软实力的根基更为坚实，中华文化的国际影响力明显提升。

鉴于传承发展中华优秀传统文化是一项复杂的系统工程，涉及党中央治国理政新理念新思想新战略的贯彻落实，也同各地区各部门的工作实际紧密相关，与社会生产生活、人民群众日常行为密切相连，该意见坚持虚实结合、宏观论述与具体项目相统一，既提出原则要求，阐明从总体上需要把握的重要问题，又提出具体任务举措，设计实施一系列具有引领性的重点项目。

意见分七个方面，明确了推动中华优秀传统文化传承发展的重点任务：

1. 深入阐发文化精髓

加强中华文化研究阐释工作，深入研究阐释中华文化的历史渊源、发展脉络、基本走向，深刻阐明中华优秀传统文化是发展当代中国马克思主义的丰厚滋养，深刻阐明传承发展中华优秀传统文化是建设中国特色社会主义事业的实践之需，深刻阐明丰富多彩的多民族文化是中华文化的基本构成，深刻阐明中华文明是在与其他文明不断交流互鉴中丰富发展的，着力构建有中国底蕴、中国特色的思想体系、学术体系和话语体系。加强党史国史及相关档案编修，做好地方史志编纂工作，巩固中华文明探源成果，正确反映中华民族文明史，推出一批研究成果。实施中华文化资源普查工程，构建准确权威、开放共享的中华文化资源公共数据平台。建立国家文物登录制度。建设国家文献战略储备库、革命文物资源目录和大数据库。实施国家古籍保护工程，完善国家珍贵古籍名录和全国古籍重点保护单位评定制度，加强中华文化典籍整理编纂出版工作。完善非物质文化遗产、馆藏革命文物普查建档制度。

2. 贯穿国民教育始终

围绕立德树人根本任务，遵循学生认知规律和教育教学规律，按照一体化、分学段、有序推进的原则，把中华优秀传统文化全方位融入思想道德教育、文化知识教育、艺术体育教育、社会实践教育各环节，贯穿于启蒙教育、基础教育、职业教育、高等教育、继续教育各领域。以幼儿、小学、中学教材为重点，构建中华文化课程和教材体系。编写中华文化幼儿读物，开展"少年传承中华传统美德"系列教育活动，创作系列绘本、童谣、儿歌、动画等。修订中小学道德与法治、语文、历史等课程教材。推动高校开设中华优秀传统文化必修课，在哲学社会科学及相关学科专业和课程中增加中华优秀传统文化的内容。加强中华优秀传统文化相关学科建设，重视保护和发展具有重要文化价值和传承意义的"绝学"、冷门学科。推进职业院校民族文化传承与创新示范专业点建设。丰富拓展校园文化，推进戏曲、书法、高雅艺术、传统体育等进校园，实施中华经典诵读工程，开设中华文化公开课，抓好传统文化教育成果展示活动。研究制定国民语言教育大纲，开展好国民语言教育。加强面向全体教师的中华文化教育培训，全面提升师资队伍水平。

3. 传承发展文化遗产

坚持保护为主、抢救第一、合理利用、加强管理的方针，做好文物保护工作，抢救保护濒危文物，实施馆藏文物修复计划，加强新型城镇化和新农村建设中的文物保护。加强历史文化名城名镇名村、历史文化街区、名人故居保护和城市特色风貌管理，实施中国传统村落保护工程，做好传统民居、历史建筑、革命文化纪念地、农业遗产、工业遗产保护工作。规划建设一批国家文化公园，成为中华文化重要标识。推进地名文化遗产保护。实施非物质文化遗产传承发展工程，进一步完善非物质文化遗产保护制度。实施传统工艺振兴计划。大力推广和规范使用国家通用语言文字，传承发展方言文化。开展少数民族特色文化保护工作，加强少数民族语言文字和经典文献的保护和传播，做好少数民族经典文献和汉族经典文献互译出版工作。实施中华民族音乐传承出版工程、中国民间文学大系出版工程。推动民族传统体育项目的整理研究和传承发展。

4. 滋养文艺创作

善于从中华文化资源宝库中提炼题材、获取灵感、汲取养分，把中华优秀传统文化的有益思想、艺术价值与时代特点和要求相结合，运用丰富多样的艺术形式进行当代表达，推出一大批底蕴深厚、涵育人心的优秀文艺作品。科学编制重大革命和历史题材、现实题材、爱国主义题材、青少年题材等专项创作规划，提高创作生产组织化程度，彰显中华文化的精神内涵和审美风范。加强对中华诗词、音乐舞蹈、书法绘画、曲艺杂技和历史文化纪录片、动画片、出版物等的扶持。实施戏曲振兴工程，做好戏曲"像音像"工作，挖掘整理优秀传统剧目，推进数字化保存和传播。实施网络文艺创作传播计划，推动网络文学、网络音乐、网络剧、微电影等传承发展中华优秀传统文化。实施中国经典民间故事动漫创作工程、中华文化电视传播工程，组织创作生产一批传承中华文化基因、具有大众亲和力的动画片、纪录片和节目栏目。大力加强文艺评论，改革完善文艺评奖，建立有中国特色的文艺研究评论体系，倡导中华美学精神，推动美学、美德、美文相结合。

5. 融入生产生活

注重实践与养成、需求与供给、形式与内容相结合，把中华优秀传统文化内涵更好更多地融入生产生活各方面。深入挖掘城市历史文化价值，提炼精选一批凸显文化特色的经典性元素和标志性符号，纳入城镇化建设、城市规划设计，合理应用于城市雕塑、广场园林等公共空间，避免千篇一律、千城一面。挖掘整理传统建筑文化，鼓励建筑设计继承创新，推进城市修补、生态修复工作，延续城市文脉。加强"美丽乡村"文化建设，发掘和保护一批处处有历史、步步有文化的小镇和村庄。用中华优秀传统文化的精髓涵养企业精神，培育现代企业文化。实施中华老字号保护发展工程，支持一批文化特色浓、品牌信誉高、有市场竞争力的中华老字号做精做强。深入开展"我们的节日"主题活动，实施中国传统节日振兴工程，丰富春节、元宵、清明、端午、七夕、中秋、重阳等传统节日文化内涵，形成新的节日习俗。加强对传统历法、节气、生肖和饮食、医药等的研究阐释、活态利用，使其有益的文化价值深度嵌入百姓生活。实施中华节庆礼仪服装服饰计划，设计制作展现中华民族独特文化魅力的系列服装服饰。大力发展文化旅游，充分利用历史文化资源优势，规划设计推出一批专题研学旅游线路，引导游客在文化旅游中感知中华文化。推动休闲生活与传统文化融合发展，培育符合现代人需求的传统休闲文化。发展传统体育，抢救濒危传统体育项目，把传统体育项目纳入全民健身工程。

6. 加大宣传教育力度

综合运用报纸、书刊、电台、电视台、互联网站等各类载体，融通多媒体资源，统筹宣传、文化、文物等各方力量，创新表达方式，大力彰显中华文化魅力。实施中华文化新媒体传播工程。充分发挥图书馆、文化馆、博物馆、群艺馆、美术馆等公共文化机构在传承发展中华优秀传统文化中的作用。编纂出版系列文化经典。加强革命文物工作,实施革命文物保护利用工程,做好革命遗址、遗迹、烈士纪念设施的保护和利用。推动红色旅游持续健康发展。深入开展"爱我中华"主题教育活动,充分利用重大历史事件和中华历史名人纪念活动、国家公祭仪式、烈士纪念日,充分利用各类爱国主义教育基地、历史遗迹等,展示爱国主义深刻内涵,培育爱国主义精神。加强国民礼仪教育。加大对国家重要礼仪的普及教育与宣传力度,在国家重大节庆活动中体现仪式感、庄重感、荣誉感,彰显中华传统礼仪文化的时代价值,树立文明古国、礼仪之邦的良好形象。研究提出承接传统习俗、符合现代文明要求的社会礼仪、服装服饰、文明用语规范,建立健全各类公共场所和网络公共空间的礼仪、礼节、礼貌规范,推动形成良好的言行举止和礼让宽容的社会风尚。把优秀传统文化思想理念体现在社会规范中,与制定市民公约、乡规民约、学生守则、行业规章、团体章程相结合。弘扬孝敬文化、慈善文化、诚信文化等,开展节俭养德全民行动和学雷锋志愿服务。广泛开展文明家庭创建活动,挖掘和整理家训、家书文化,用优良的家风家教培育青少年。挖掘和保护乡土文化资源,建设新乡贤文化,培育和扶持乡村文化骨干,提升乡土文化内涵,形成良性乡村文化生态,让子孙后代记得住乡愁。加强港澳台中华文化普及和交流,积极举办以中华文化为主题的青少年夏令营、冬令营以及诵读和书写中华经典等交流活动,鼓励港澳台艺术家参与国家在海外举办的感知中国、中国文化年(节)、欢乐春节等品牌活动,增强国家认同、民族认同、文化认同。

7. 推动中外文化交流互鉴

加强对外文化交流合作,创新人文交流方式,丰富文化交流内容,不断提高文化交流水平。充分运用海外中国文化中心、孔子学院,文化节展、文物展览、博览会、书展、电影节、体育活动、旅游推介和各类品牌活动,助推中华优秀传统文化的国际传播。支持中华医药、中华烹饪、中华武术、中华典籍、中国文物、中国园林、中国节日等中华传统文化代表性项目"走出去"。积极宣传推介戏曲、民乐、书法、国画等我国优秀传统文化艺术,让国外民众在审美过程中获得愉悦、感受魅力。加强"一带一路"沿线国家文化交流合作。鼓励发展对外文化贸易,让更多体现中华文化特色、具有较强竞争力的文化产品走向国际市场。探索中华文化国际传播与交流新模式，综合运用大众传播、群体传播、人际传播等方式，构建全方位、多层次、宽领域的中华文化传播格局。推进国际汉学交流和中外智库合作，加强中国出版物国际推广与传播，扶持汉学家和海外出版机构翻译出版中国图书，通过华侨华人、文化体育名人、各方面出境人员，依托我国驻外机构、中资企业、与我友好合作机构和世界各地的中餐馆等，讲好中国故事、传播好中国声音、阐释好中国特色、展示好中国形象。

此次以中办、国办文件形式对中华优秀文化传承发展作出顶层设计，体现出新的时代精神。有关工作的开展，要在坚持以下原则的前提下进行：

——牢牢把握社会主义先进文化前进方向。坚持中国特色社会主义文化发展道路，立足于巩固马克思主义在意识形态领域的指导地位、巩固全党全国人民团结奋斗的共同思想基础，弘扬社会主义核心价值观，培育民族精神和时代精神，解决现实问题、助推社会发展。

——坚持以人民为中心的工作导向。坚持为了人民、依靠人民、共建共享，注重文化熏陶和实践养成，把跨越时空的思想理念、价值标准、审美风范转化为人们的精神追求和行为习惯，不断增强人民群众的文化参与感、获得感和认同感，形成向上向善的社会风尚。

——坚持创造性转化和创新性发展。坚持辩证唯物主义和历史唯物主义，秉持客观、科学、礼敬的态度，取其精华、去其糟粕，扬弃继承、转化创新，不复古泥古，不简单否定，不断赋予新的时代内涵和现代表达形式，不断补充、拓展、完善，使中华民族最基本的文化基因与当代文化相适应、与现代社会相协调。

——坚持交流互鉴、开放包容。以我为主、为我所用，取长补短、择善而从，既不简单拿来，也不盲目排外，吸收借鉴国外优秀文明成果，积极参与世界文化的对话交流，不断丰富和发展中华文化。

——坚持统筹协调、形成合力。加强党的领导，充分发挥政府主导作用和市场积极作用，鼓励和引导社会力量广泛参与，推动形成有利于传承发展中华优秀传统文化的体制机制和社会环境。

第九章
推动中华文化"走出去"

推动中华文化"走出去"是文化体制改革的重要内容,在树立良好国家形象、扩大中华文化国际影响力、营造我国和平发展的国际环境、发展文化产业等方面发挥着重要作用。改革开放以来,推动中华文化"走出去"的工作经历了起步和探索(1978—2002年)、全面发展(2003—2012年)、持续深化(2013年至今)等阶段。2003—2012年,各地各有关部门着力在构建多渠道多形式多层次文化交流格局、发挥市场积极作用促进文化"走出去"、加强文化出口平台和海外营销渠道建设、加强重点媒体国际传播能力建设、提升文化传播的数字化网络化水平等方面下大力气,我国文化"走出去"取得积极进展和明显成效,全方位、多层次、宽领域的文化"走出去"格局逐步形成。党的十八大以来,中华文化和价值理念国际影响继续扩大,国家文化软实力日益增强,在多个方面取得了新的重要突破。面对新形势、新任务,做好推动中华文化"走出去"有关工作,一要借鉴吸收既往成功经验,二要切实领会有关规划中对重大趋势的判断。

第一节
推动中华文化"走出去"的重要意义

推动中华文化"走出去",是深入实施我国改革开放战略的必然要求,也是深化文化体制改革、繁荣发展社会主义先进文化的战略举措。展开看,至少包括以下几个方面重要意义。

一、提升国家文化软实力,树立良好国家形象

改革开放以来,我国文化领域的对外开放逐步推进,文化产品和服务出口的规模逐渐扩大,但是文化"走出去"的实际情况与我国在世界上的经济地位相比,与我国在国际政治体系中所发挥的作用相比,与中华文化的悠久历史和巨大影响相比还不相称,还存在明显的差距。① 进入本世纪以来,文化作为国家综合国力重要组成部分的基本特质越来越鲜明,以价值理念、发展道路、民族精神、国家形象等为核心内涵的文化软实力竞争越来越激烈。加快推动文化"走出去",尽快形成与我国国际地位相适应的文化软实力,改变长期以来我国在国际舆论和文化市场竞争中被动防守、疲于应付的境地,主动参与国际文化分工和国际文化利益格局重建,推动中国优秀文化和主流价值观念走向全球,向世界展示中国改革开放辉煌成就、绚烂多姿的民族风情、昂扬向上的国家形象、充满活力的人民精神风貌,具有重要的现实意义和深远的历史意义。

二、保护和弘扬中华民族优秀文化,扩大中华文化的国际影响力

文化是一个民族的血脉和灵魂,是国家发展和民族振兴的强大力量。中华民族文化源远流长、博大精深,在世界各民族文化中具有不可或缺的重要地位。大力弘扬中华民族文化,推动中华民族文化走向世界,让中华民族文化在当今世界充分展示、再现辉煌,对于增强民族自信心、自豪感和凝聚力,对于推动社会主义文化大繁荣大发展具有重大意义。加快推动文化"走出去",全方位向世界展示我国优秀民族文化,使异彩纷呈、独特魅力的文化资源优势转化为世界文化领域的产品优势、国际文化市场的竞争优势,对加快推进我国从文化资源大国向文化强国迈进具有重要的和直接的作用。

---

① 中宣部文化体制改革和发展办公室:《探索与跨越——文化改革发展十年巡礼》,学习出版社,2013年版,第229页。

三、维护国家文化安全,营造我国和平发展的国际环境

在开放的国际环境中,各种思想文化交流交融交锋日益频繁,维护国家文化主权和文化安全形势日益复杂,抵御思想渗透、文化冲击和舆论施压日益迫切。文化必须在开放条件下经受住考验,才能实现真正意义上的"文化安全"。推动文化"走出去"是在复杂的国际环境中化解难题、应对挑战、争取主动的正确选择,是科学构建国家外交工作大局的重要支撑,也是提高文化自觉、增强文化自信的必要举措。加快实施文化"走出去"战略,大力传播平等交往、和谐共赢、存异求同、兼容并蓄的正确理念,让世界更加真切地感知中国、了解中国、认同中国特色社会主义,对于在更大范围、更深层次推动文化外交,营造更为有利的国际环境具有十分重要的意义。

四、促进对外文化贸易,发展文化产业

开展对外文化贸易,拓展文化产业发展的国际空间,增强文化产品和服务在国际市场的竞争力,是推动文化产业成为国民经济支柱产业的重要途径。随着文化产业的逐步成长和产业结构的不断升级,充分利用国内国际两个市场、两种资源,在把国内优秀文化成果持续有效地介绍给世界的同时,充分吸收、借鉴和利用世界各国发展文化的形式、技术、手段、业态、模式和经验,不断创新和丰富我国的文化,以利在深度和广度上参与国际文化合作和竞争,十分必要和迫切。加快推动文化"走出去",推进我国国际贸易结构合理调整,提升文化产业在我国出口总量中的份额,既扩大文化产品和服务在国际市场上的影响,又激发和增强文化产业发展的内生动力,有利于尽快实现文化产业跨越式发展,培育形成转变经济发展方式、调整产业结构的重要战略性支点。

第二节
推动中华文化"走出去"的基本历程

改革开放以来,推动中华文化"走出去"的基本历程可以大致作以下划分:

一、起步和探索阶段(1978—2002年)

党的十一届三中全会开启了改革开放的新时代,我国对外文化工作进入起步和探索阶段。1978年9月,国务院下发《关于对外文化交流工作由文化部归口管理》的文件。1982年《宪法》把发展同各国文化交流的内容列入其中,从法律上为我国扩展对外文化交流提供了保障。

1983年,邓小平同志在党的十二届二中全会上指出:"经济上实行对外开放的方针,是正确的,要长期坚持。对外文化交流也要长期发展。"在这一理念指引下,我国对外文化关系和交流范围以较快的速度发展。到1986年,对外文化交流从1979年的194起、3035人次发展到当年的1075起、9499人次,分别是"文革"前年平均数的16倍和40多倍。交流范围从传统友好国家扩展至包括美国在内的西方国家和周边国家。

随着改革开放的深化,我国的综合国力与国际影响力明显增强,对外文化工作的领域不断扩大,对外文化交流的形式日趋多样。1996年,全国对外文化工作会议确定了新形势下对外文化工作的原则,即"把握方向,服从大局,以我为主,择精取优,扩大影响,促进友谊"。1997年,党的十五大报告指出:"要坚持以我为主、为我所用的原则,开展多种形式的对外文化交流,博采各国文化之长,向世界展示中国文化建设的成就。坚决抵制各种腐朽思想文化的侵蚀。"文化交流成为国家总体外交战略的重要部分。

二、全面发展阶段（2003—2012 年）

在 2003—2012 年的十年间，中央对中华文化"走出去"工作做了系统部署，使中华文化"走出去"工作力度空前、成效空前。

2005 年，中央专门下发文件，要求进一步加强和改进文化产品和服务出口工作，推动更多优秀文化产品和服务走向国际市场。2006 年，国办转发财政部等 8 部门《关于鼓励和支持文化产品和服务出口的若干政策》，要求推动文化企业参与国际竞争；此后又转发财政部等 10 部门《关于推动我国动漫产业发展的若干意见》，要求支持动漫产品"走出去"，拓展动漫产业发展空间。2009 年，中央要求进一步加强我国重点媒体国际传播能力建设，要求形成与我国经济社会发展水平和国际地位相称的媒体国际传播能力。《国家"十一五"时期文化发展规划纲要》《国家"十二五"时期文化改革发展规划纲要》强调，要在加强对外文化交流的同时，推动文化产品和服务出口，扩大文化企业对外投资和跨国经营。2011 年，党的十七届六中全会突出强调了推动中华文化走向世界的重要意义，将其作为进一步深化改革开放、加快构建有利于文化繁荣发展的体制机制的重要举措之一，要求"开展多渠道多形式多层次对外文化交流，广泛参与世界文明对话，促进文化相互借鉴，增强中华文化在世界上的感召力和影响力，共同维护文化多样性"。

按照中央有关部署，各地各部门积极探索、扎实工作，各负其责、相互配合，增强工作的针对性和实效性，探索出一条具有中国特色的文化产品和服务出口工作新路。中央文化体制改革和发展工作领导小组加大组织协调力度，统筹协调推动文化产品和服务出口工作的主要政策和重大事项。商务部牵头建立 10 个部门组成的文化出口重点企业和项目部际联系机制，先后三次修订《文化产品和服务出口指导目录》，并会同有关部门制定《关于进一步推进国家文化出口重点企业和项目目录相关工作的指导意见》《关于金融支持文化出口的指导意见》。中国人民银行会同有关部门制定《关于金融支持文化产业振兴和发展繁荣的指导意见》，在外汇管理、出口信用保险等方面对文化出口提供支持。文化部牵头建立由 12 家单位组成的对外文化交流部际联席会议机制，先后制定《国家商业演出展览文化产品出口指导目录》《关于促进文化产品和服务"走出去"2011—2015年总体规划》，并会同保监会下发《关于保险业支持文化产业发展有关工作的通知》。海关总署颁发《中华人民共和国海关进出口印刷品及音像制品监管办法》，加强有关文化产品进出口管理，着力维护国家文化安全。国家广电总局先后要求各地进一步加强广播影视文化产品和服务出口工作。新闻出版总署专门制定下发《新闻出版业"十二五"时期"走出去"发展规划》《关于加快我国新闻出版业"走出去"的若干意见》。

三、持续深化阶段（2013年至今）

党的十八大明确提出了"提高国家文化软实力"的战略目标。十八届三中全会进一步明确了扩大文化领域对外开放，积极吸收借鉴国外优秀文化成果，提高国家文化软实力的战略方向。2013年12月30日，习近平总书记在主持中共中央政治局第十二次集体学习时指出，提高国家文化软实力，关系"两个一百年"奋斗目标和中华民族伟大复兴中国梦的实现，并提出要综合运用大众传播、群体传播、人际传播等多种方式展示中华文化魅力。十八届五中全会进一步明确了"创新对外传播、文化交流、文化贸易方式，推动中华文化'走出去'"的战略目标。

2014年，国务院颁布了《关于加快发展对外文化贸易的意见》，中办、国办印发《关于进一步加强对外和对港澳台文化工作的意见》。2016年11月1日，习近平总书记主持召开中央全面深化改革领导小组第二十九次会议并发表重要讲话。会议审议通过了《关于进一步加强和改进中华文化"走出去"工作的指导意见》。会议强调，加强和改进中华文化"走出去"工作，要坚定中国特色社会主义道路自信、理论自信、制度自信、文化自信，加强顶层设计和统筹协调，创新内容形式和体制机制，拓展渠道平台，创新方法手段，增强中华文化亲和力、感染力、吸引力、竞争力，向世界阐释推介更多具有中国特色、体现中国精神、蕴藏中国智慧的优秀文化，提高国家文化软实力。

这些重要部署的不断出台，标志着推动中华文化"走出去"进入持续深化的阶段。

第三节
2003—2012年推动中华文化"走出去"的主要成就

在中央坚强领导、有关部门的有力支持和各地积极努力下，2003—2012年我国文化"走出去"取得积极进展和明显成效，文化产品和服务出口规模不断扩大、进出口逆差逐步减少，全方位、多层次、宽领域的文化"走出去"格局逐步形成。

一、构建多渠道多形式多层次文化交流格局

文化是世界各民族之间心灵沟通和情感交流的桥梁，是世界范围内国与国之间加深理解和信任的纽带。中国始终坚持独立自主的和平外交政策，始终坚持把平等、友好的对外文化交流作为增进世界各国人民了解中国、沟通感情的重要渠道，始终坚持向世界真诚地展示一个有着悠久历史和灿烂文化、充满勃勃生机和开放自信、改革发展取得辉煌成就并积极倡导建设和谐世界的中国。十年间，我国对外文化交流内容丰富、形式活跃、平台扩展、主体多元，取得了丰硕的成绩。

1. 扩大国际文化合作

建立了中俄、中美、中英、中德、中欧、中阿、中非、上合等双边或多边人文合作机制。中国与欧美、周边和广大发展中国家合作举办了数十场高峰对话活动，如中欧文化高峰论坛等，进一步推动了文化思想领域的国际对话与高端交流，为我国在世界舞台上赢得了更多的理解、信任和尊重。我国与联合国教科文组织等国际机构加深合作，不断加强对我国世界自然文化遗产、非物质文化遗产、文化多样性的保护和传播。

2. 加强文化交流平台建设

随着海外中国文化中心、孔子学院等机构的建设和发展，对外文化传播平台不断扩展。到2012年，已建成运营9个海外文化中心，在建10个，与22个国家签

署成立协定、备忘录或声明，开展文化活动、教学培训和信息服务。海外中国文化中心以友好、合作的姿态和优质、普及的服务，赢得所在国的接受和认同，在我国对外关系中的作用和影响日益彰显，据不完全统计，2007—2011 年，9 个文化中心举办的重要活动达 2500 多次，参加汉语、武术、舞蹈等各类教学培训的学员达 2.6 万人，参加活动的公众达 56 万人。孔子学院以教授汉语和传播中国文化为目的，提供规范、主流的汉语教学，2004 年第一所孔子学院在韩国建立，截至 2011 年底，350 多所孔子学院和 500 多个孔子学堂、一系列网络孔子学院和广播孔子学院在 106 个国家和地区开办，全世界学习汉语的人数超过 4000 万，使孔子学院成为展示和体验中华文化的综合平台、推动中华文化"走出去"的重要场所。与此同时，欢乐春节、相约北京、亚洲艺术节、中非文化聚焦、阿拉伯艺术节等一批重点文化交流活动不断推出，辐射到世界 100 多个国家和地区，吸引了数千万海外民众和华人华侨参与，成为对外文化交流的标志性品牌。

3. 增进民间文化交流

政党间、政府间的对话交流客观上具有一定的官方背景和刚性色彩，而企业和社会组织的国际文化交流和民间自发的国际交往则更为宽松、更容易让人接受。十年间，越来越多的人民团体、社会组织走出国门，越来越多的中资企业投资海外，越来越多的公民个人出国留学或旅游，成为中外文化交流的新使者。2010 年，中国银行纽约分行利用纽约林肯中心董事会成员的身份，帮助国内演艺机构走进美国主流艺术舞台；2011 年，支持新华社在纽约时报广场租用 240 平方米的大型户外液晶显示屏，滚动播出新华社宣传片和中国城市、企业的形象宣传片，产生了很好的国际反响。

二、发挥市场积极作用促进中华文化"走出去"

构建以文化企业为主体、以文化产品为载体、以市场化运作为主要方式的文化"走出去"模式，是经济全球化条件下和国际市场环境中传播国家文化理念和价值最直接、最有效的手段。十年间，中央及各地各部门探索和创新政策扶持、项目带动、平台支撑相结合的文化"走出去"运行机制，注重培育骨干企业，积极发挥平台支撑作用和品牌带动作用，努力构建政府推动、企业为主、市场运作的文化

"走出去"新格局,取得明显成效。

1. 打造对外文化贸易骨干企业

随着国际文化贸易的空前活跃和文化市场竞争的日趋激烈,市场主体的质量、规模和实力成为决定一个国家和地区在国际文化市场格局中所处地位的核心要素。十年间,中央及各地各部门按照社会主义市场经济运行规律,推进国有经营性文化单位转企改制、建立现代企业制度,鼓励民营文化企业参与文化产品和服务出口,充分调动各类文化企业参与国际市场竞争的主动性、积极性,增强了"走出去"的内在动力,建立起以国有文化企业为主体、非公有制文化企业积极参与的文化产品和服务出口新格局。从2007年开始,中央每两年调整并发布一次《国家文化出口重点企业和重点项目目录》,先后评选出3批共840家(次)文化出口重点企业和451个(次)重点项目,形成了以重点企业和重点项目为抓手,支持文化出口的常态机制。出版、影视制作、演艺等领域国有经营性文化单位抓住转企改制的契机,在认真分析国内外市场环境的基础上,制定开拓国际文化市场的发展战略与规划,建立健全适应国际市场竞争的生产体制和经营机制,积极开拓国际文化市场,活力实力不断增强。中国外文局组建中国国际出版传媒集团,整合所属数十家报刊、网站、电子出版物和翻译相关资源,形成中国对外传播领域的大型企业。上海百视通新媒体股份有限公司与海外电信运营商开展IPTV、互联网电视、直播卫星等新媒体领域的联合运营,先后进入法国、印尼、马来西亚等国市场,以对外提供新媒体技术及综合运营解决方案为切入点,创造出文化与科技、金融多元融合推动文化"走出去"的新路径、新模式。民营文化企业在良好的政策环境和公平的法治环境支持下,积极参与文化产品和服务出口,成为我国对外文化贸易的重要力量。众多符合条件的民营文化企业依法获得了文化产品和服务出口经营资格,从事书刊、影视音像制品、艺术品、文艺演出等文化产品和服务的出口业务,一批发展方向正确、经营机制灵活、市场前景广阔、管理运营规范的民营文化出口企业快速成长。

2. 擦亮对外文化贸易品牌

文化产品和服务在国际市场竞争中既要有产品的吸引力和感染力,更要有品牌的知名度和美誉度。没有品牌的文化产品和服务难以持续有效地留在国际市场。为了培育在国际市场上叫得响的文化产品和服务品牌,中央及各地各部门坚持不懈地实施文化精品战略,持之以恒地发现、培育、推介、传播中国知名文化品牌,想方设法地提高中国文化品牌的国际知名度和市场占有率。经过努力,逐步打造出一批具有鲜明中国文化特色、核心竞争力强、附加值高、国际社会广泛认可的品牌企业和产品,推动形成中国特色的国家文化品牌群,如"龙狮""时空之旅""武林时空"等体现中华风韵的品牌产品直接进入欧美、大洋洲及日本等主流文化市场。天津北方电影集团历时3年创作完成的3D动画电影《兔侠传奇》融入武术、杂技等中国传统文化元素,与近70个国家签订海外发行协议。中国国际电视总公司的《故宫》译制成6种语言,销往全球100多个国家和地区。《喜羊羊与灰太狼》系列电视动画片登陆美国迪士尼国际频道,在海外52个国家和地区使用英语等17种当地语言播出。水晶石数字科技有限公司加强三维图像数字媒体技术的研究开发和品牌打造,在完成北京奥运会开幕式的影像服务后,成为伦敦奥运会及残奥会官方数字图像服务提供商。中国出版集团公司针对国外受众消费需求的关注点、兴趣点、共鸣点,深入挖掘民族文化资源,《于丹〈论语〉心得》共输出28个语种的版权、33个版本,海外总销量达30.4万册,其中法语版累计销售超20万册,连续25周登上法国翻译类图书销售排行榜。湖北长江出版传媒集团出版的《狼图腾》向全球输出25个语种的版权,全球销量15万册。

3. 完善支持文化出口的政策体系

针对文化产品和服务出口起步晚、基础弱的实际情况,各部门不断建立健全各项政策,充分发挥政策的引导、激励和支撑作用。文化、广电、新闻出版等部门加大向文化出口重点企业倾斜力度。新闻出版总署实施的经典中国国际出版工程、中国图书对外推广计划、中国出版物国际营销渠道拓展工程、重点新闻出版企业海外发展扶持工程等一系列"走出去"重点工程,目标明确、扶持到位,有效调动了新闻出版企业"走出去"的积极性。财政部通过贷款贴息、项目补助、奖励、保费补助等多种方式支持文化出口,用好文化产业发展专项资金支持文化企业扩大出口、开拓国际市场、境外投资,中央文化企业资本预算支出支持具有竞争优势、品牌优势和经营管理能力的中央文化企业与国外有实力的文化机构进行项目合作，建设文化产品国际营销网络，对外投资兴办文化企业。财政部、国家税务总局要求各地，出口图书、报纸、期刊、音像制品、电子出版物、电影和电视完成片按规定享受增值税出口退税政策，文化企业在境外演出从境外取得的收入免征营业税。商务部利用"中国服务贸易指南网"介绍我国文化产品和服务出口信息，利用服务贸易和货物贸易统计渠道，参照联合国教科文组织的有关界定，探索建立文化进出口统计体系，每月定期编发统计快报。国家开发银行、中国进出口银行等把文化产品和服务出口纳入业务范围，对列入《文化产品和服务出口指导目录》的出口项目和企业按规定积极给予贷款支持。国家外汇管理局提高文化产业贸易投资便利程度，满足文化企业对外贸易、跨境融资和投资等合理用汇需求，改进出口收汇核销方式，简化优化外汇管理业务流程、出口核销手续，加快企业出口收汇资金结算速度，为文化企业出口收汇开辟"绿色通道"，促进文化企业提高外汇资金使用效率，降低财务成本。中国出口信用保险公司对符合条件、重点扶持的文化出口企业和项目给予积极支持，加快出口信用保险和海外投资保险服务创新，推动文化产业出口和海外投资业务的信用保险承保，促进文化企业海外投融资业务发展，2006年与北京华谊兄弟影业投资有限公司进行了我国影视产品海外发行和政策性出口信用保险的首次合作，为华谊海外发行的《夜宴》提供"出口信用保险+担保"的保障。海关总署为境内文化企业出境演出、进行影视节目摄制和后期加工提供通关便利。对从事文化出口的销售人员、演出人员，简化因公出境审批手续，实行一次审批、全年有效的办法。各地有针对性地加强版权贸易、翻译、外向型经营管理等人才培养，帮助文化企业了解涉外文化政策，熟悉国际文化市场和国际文化贸易规则，切实增强企业开拓国际文化市场的能力和水平。

三、加强文化出口平台和海外营销渠道建设

加强文化出口平台建设，构建文化产品和服务的海外营销渠道，是推动文化"走出去"的重要举措。十年间，各地各部门不断强化市场意识、营销意识，充分运用世贸组织规则，探索和实践符合国际惯例和市场运作规律的营销方式，着力构

建面向国际市场的文化服务贸易平台和海外营销渠道，不断拓展和深化国际文化贸易网络。

1. 建好用好各种国际文化产品交易平台

各地各部门围绕扩大文化产品和服务出口，自主创办大型国际会展，主动参与国际会展，积极构建文化服务贸易平台，为各类文化出口企业提供支持。

一是自办会展的层级、水平和成效不断提高。深圳文博会作为我国唯一的国家级、国际化、综合性文化产业博览交易会，自2004年创办以来，至2012年成功举办八届，累计总成交额超过6500亿元，出口额超过730亿美元，建立起举办单位、轮值单位、承办单位相互配合、高效运转的办会机制，加大海外推介和招商力度，不断改善软硬件服务，实现海内外招商、宣传推荐、市场开发、客户服务精细管理，成为展示我国文化发展的重要窗口和国际文化交流的重要平台。中国国际广播影视博览会加大我国广播影视节目、技术和产品的国际推广力度，专门设置"走出去"工程展台和出口重点企业联合展区，助推民族广播影视品牌"走出去"。北京国际图书博览会经过多年发展成为世界四大书展之一，2012年博览会期间实现版权输出1867项，版权引进与输出之比为1∶1.3，实现我国图书版权输出的重大突破。中国国际动漫节逐步发展成为中外动漫企业展示、交流、交易的重要平台。

二是积极利用国际文化会展"走出去"。2005年以来，我国每年组织参加40多个国家和地区的书展、书市，版权输出和实物出口逐年增加，先后在法国、俄罗斯、韩国、德国、希腊、埃及、英国等国家举办了国际书展中国主宾国活动。2009年德国法兰克福国际书展中国主宾国活动举办期间，我国参展团共签署版权输出合同2417项，为2008年的5倍多，超过当年版权输出总量的一半。2011年法兰克福书展我国实现版权输出2424项，再创历史新高。2012年伦敦书展中国主宾国活动实现版权输出1859项，有力地推动了中外出版业的国际交流与合作和"走出去"战略的实施。国家广电总局利用广播影视"走出去"事业经费支持影视企业参加国际四大影视会展，补贴50%的展位费用和联合展台宣传费用，效果显著。

三是利用海关保税区"境内关外"政策优势推动文化"走出去"。上海利用外高桥保税区创新"文化保税区"模式，加强文化出口基地建设，建立首个国家对外文化贸易基地,在较短时期内聚集了上海文化产权交易所等近80家文化企业和机构。

2. 拓展海外营销渠道

为提高我国文化产品和服务对国际市场的渗透力,降低运营成本、提升品牌价值,各地各部门不断加快海外营销渠道拓展。

一是与国外知名文化机构合资合作,推动我国文化产品进入西方发达国家、进入海外主流市场。中国图书对外推广计划实施5年以来共与54个国家、322家出版机构签订了455项资助协议,资助出版1558种图书,涉及33种文字版本,累计资助协议金额达8100多万元。中国出版物国际营销渠道拓展工程推动我国新闻出版产品进入国际知名图书连锁机构,一批优秀外文图书进入法国拉加代尔集团的3100多家国际书店销售网络,近万种图书通过"全球百家华文书店中国图书联展"被推介到数十个国家。中国国际图书贸易集团有限公司和美国亚马逊公司联手启动亚马逊"中国书店"合作项目,已有13万余种中国图书上线至亚马逊网站。外语与教学研究出版社先后与牛津大学出版社等十多家国际著名出版公司合作,出版100多种对外汉语教材,销往全世界100多个国家和地区,应用人数超过1亿人。浙江出版联合集团与内罗毕大学在肯尼亚首都内罗毕合建非洲首个中国文化出版中心,为集团和非洲出版社的版权贸易和合作出版搭建平台,出版面向非洲读者的各类图书。

二是鼓励有条件的文化企业在海外设立分支机构和发行网络,整合相关资源,提高规模和效益。天创国际演艺制作交流有限公司收购美国第三大演艺市场的布兰森市白宫剧场并驻场演出,迈出中国演艺企业境外收购和经营剧场的第一步。中国国际电视总公司在美国等6个国家和地区开播中国电视长城平台中文卫星电视特级套装。万达集团以26亿美元的价格收购北美第二大也是全球第二大电影院线AMC影院公司,获得346家影院,共计5028块屏幕,其中IMAX屏幕120块,3D屏幕2170块,成为全球规模最大的电影院线运营商。俏佳人传媒股份有限公司在美国并购国际卫视,构建ICN国际中国电视联播网,拥有16个频道,5套节目,收视人口达1亿以上。西京文化传媒(北京)股份有限公司全资收购英国普罗派乐电视台,成为目前为止唯一一个进入欧美国家主流播出体系、拥有与BBC同类节目指南的电视播出平台，覆盖了 45 个国家和地区、2300 万观众，有线电视进入英国 1000 万户家庭。四达时代传媒有限公司进入卢旺达等 14 个非洲国家，在 13 个国家获得数字电视和移动多媒体业务运营牌照，用户超过 120 万，服务的国家总人口占非洲的 50%，成为非洲发展最快、影响最大的数字电视运营商，成功将中国广播电视节目、技术和标准引入非洲。中国外文局自 2003 年起实施"走出去"本土化战略，不断探索和总结、完善本土化工作模式，形成了机构、发行、选题、人员本土化的"走出去"模式。

四、加强重点媒体国际传播能力建设

重点新闻媒体是信息发布、文化传播的主渠道，是衡量一个国家国际传播能力的重要标志，是提升国家文化软实力、建设文化强国的重要途径。十年间，中央把重点媒体国际传播能力建设作为构建现代国际传播体系的重要内容，有效整合电视、广播、报刊和互联网、手机等各种媒介资源，打造语种多、受众广、信息量大、影响力强、覆盖全球的国际一流媒体，显著提升了以中央重点新闻媒体为主体的国际文化传播能力。

1. 全面加强基础设施建设

硬件设施建设是打造国际一流媒体的基础和条件。经过多年发展，我国重点媒体基础设施建设成绩显著。一是海外采编网络建设快速推进。中央重点媒体驻外机构数量迅速增长，逐渐延伸到世界各地，报道力量得到增强，采编播发能力大幅提升。新华通讯社有 162 个驻外分社，本土之外的机构数量超过美联社、路透社、法新社，居世界各大通讯社之首。中央电视台建成"7 大区域中心记者站为核心，70 个海外记者站为依托"的覆盖全球的新闻采编播发网络。二是国际视频报道能力得到提升。国际频道、发稿线路、供稿平台、海外落地等方面建设取得积极进展。中央电视台整合资源组建"大外语频道"，实现 6 个语种、8 个国际频道同步播出，成为全球唯一用 6 种联合国工作语言对外传播的电视机构。中国新华新闻电视网（CNC）建成 5 个卫星台和 4 个直属或合作有线台，节目卫星信号实现全球覆盖。三是重点平面媒体迅速拓展。中国日报社建成纽约、伦敦、香港三个海外总部，覆盖40多个主要国家和地区。四是环球广播平台能力增强。中国国际广播电台建成30多个海外记者站和60多个境外整频率电台,使用60多种语言对外播出,覆盖70多个国家和地区。

2. 突出抓好新闻信息内容建设

提升采编、播发综合业务能力,提高新闻信息原创率、首发率、落地率,是重点媒体国际传播能力建设的目标任务。依托覆盖广泛的新闻采编体系,十年间,中央重点媒体大力推进传播内容本土化,增强了传播的针对性、实效性和吸引力、亲和力,在重大国际问题上不断主动发出中国声音。

一是原创率、首发率、落地率提升。新华社国际新闻原创率大幅提高到68%,国际涉华新闻首发率达到50%,一些自采原创外文稿件被驻在国家或地区最有影响力的媒体援引或采用,对外报道首发率和落地率分别达到75%和67%,其中对外英文报道境外媒体采用率达到61%;同时,推出具有自主知识产权的金融信息平台,在全球资本市场的话语权逐步提升。中央电视台不断增强快速反应能力、海外到达能力、现场直播能力、联动报道能力,海外记者日均发稿数量和国际新闻自采率、首发率大幅提升。

二是发出中国声音能力显著提升。中央重点媒体坚持"以我为主"采编播发新闻信息,注意用自己的观察和判断报道事件,体现中国视角、传播中国理念、发出中国声音。新华社在一系列重大事件报道中图片报道时效显著提升,开设《行走中国》和"Around China"栏目,推出一批打入西方主流媒体的英文精品报道。中央电视台在重大国际事件报道中及时向国际社会传播中国立场和声音,中文国际频道百集系列节目《边疆行》,获得海外华人广泛好评。《中国日报》认真做好重大突发事件以及人权、民族、宗教等敏感话题的正面引导。《环球时报》英文版社评受到驻华外交官、商会和跨国企业代表等高端人士密切关注。

三是传播内容本土化明显改善。新华社、中央电视台国际频道、中新社等媒体针对不同国家受众的文化传统、思维方式和审美情趣,加大对于对象国家和地区本土事务的报道力度,大力推进视频节目本土化制作,增强对外传播的贴近性和亲和力,水平不断提升。

五、提升文化传播的数字化、网络化水平

传播力总是伴随着传播技术的改进、创新而不断提升，及时应用先进技术，改进传播方式、提升传播能力，是国际文化传播力竞争的基本手段。当今时代，应用数字网络技术提升文化传播技术发展水平，对于提升国际文化传播能力和效率具有决定性意义，对于发挥后发优势、实现赶超世界先进水平具有重要战略性支撑作用。十年间，中央多次要求各地各部门不断深化文化与科技融合发展，加大对与文化出口相关的共性技术、关键技术研发的扶持，提高文化全领域、全行业特别是重点出口文化企业的技术装备水准，不断丰富文化产品和服务的生产方式、表现形式、传播方式，积极抢占国际文化竞争的制高点。

1. 提升文化传播运用数字化技术的水平

数字化是文化传播中最具活力和潜力的部分，推动数字出版、移动多媒体、动漫游戏等一系列新兴文化业态发展，能够有效拓展文化"走出去"新领域、新空间。在数字出版产品出口领域，先后建立起中国学术期刊网络出版总库、汉文化数据库、民族民间文化遗产数据库、道教文化资料库和中国建筑文化数据库。中国文化数据库体系的建立，促进了数字出版产品大量输出海外，为海外各界了解中国文化提供了新的渠道，一些学术期刊的海外下载量和国际投稿量明显增加。2010年，我国期刊数据库的海外付费下载收入近1000万美元，电子书海外销售收入超过5000万元人民币。截至2010年底，清华同方中文期刊全文数据库海外机构用户数量超过1000家，分布在38个国家和地区，五年累计出口额达3227万美元。汉王电纸书海外销量突破5万台。盛大网络文学在线阅读发展迅速，读者分布于几十个国家。深圳华强方特文化科技集团股份有限公司先后向美国、加拿大等40多个国家和地区输出70余套"环幕4D影院"系统，每年出口体现中华文化元素的配套影片20余部，在国际文化市场上引起广泛关注。完美世界股份有限公司开发的10款民族游戏用户遍布四大洲60多个国家和地区，海外收入超过9000万美元。深圳第七大道科技有限公司的网页游戏四年内覆盖全球128个国家和地区，注册用户数近2亿人，平均每天活跃用户数达700万人。

2. 加强互联网传播能力建设

以互联网为代表的新兴媒体跨越国界、天然落地，是与生俱来的全球传播载体，可以迅速汇聚分散的要素、急剧放大微小的力量，在国际话语权竞争中显示出独特优势。各地各部门积极开设海外本土化网站，增加海外镜像站点，打造自主知识产权搜索引擎，切实增强我国在国际网络空间的话语权和主导力。"中华文化信息网""文化传通网"和"看中国"等对外文化宣传主题网站相继开通，成为国外了解中国优秀文化和民族精神的窗口。人民网先后开通六个外语网站群，每天有来自200多个国家和地区的网民登录人民网，浏览人民网英文新闻的网民达70多万人，境外访问量占总访问量的30%左右。新华网全媒体报道水平稳步提高，首页和30多个主要频道全面改版，实现文字、图片、视频、手机报等报道形态深度融合，推出中文日本频道和英文版、海外中文测试版、手机新华网英文测试版。中国网络电视台搭建20多个专业台和5个外语台，建成4个集成播控平台和亚洲规模最大、以网络视频为核心的多媒体数据库。国际在线网站开办中国国际广播电视网络台，完成互联网电视集成平台和互联网电视节目服务平台建设。中国日报网美国子网不断改进，欧洲子网浏览量不断增加，亚太子网于2011年9月推出。一些地方新闻网站也开辟中国文化专题栏目，及时发布中国文化产品和服务信息。

第四节
党的十八大以来中华文化"走出去"的新发展

在党中央、国务院的坚强领导下，党的十八大后，中华文化和价值理念国际影响继续扩大，国家文化软实力日益增强，在多个方面取得了重要突破。

一、对外文化工作影响逐步覆盖全球

我国已与157个国家签署了文化合作协定，累计签署的文化交流执行计划达

700余个，初步形成了覆盖世界主要国家和地区的政府间文化交流与合作网络。根据中央的外交总体部署，成功举办了首届"东亚文化之都"评选活动，实现了对东北亚文化合作内容的突破。成功举办首届加德满都文化论坛，通过了《加德满都倡议》，充实和完善了与亚洲周边国家的区域文化合作。2015年在福建举办的亚洲艺术节与"一带一路"倡议紧密结合，以鲜明的海上丝绸之路文化印迹推动了与"一带一路"特别是海上丝绸之路沿线国家的文化交流。2016年1月，中埃两国元首出席了中埃文化年开幕式活动，拥有数千年历史的卢克索神庙点亮中国红，两大文明古国的对话在世界范围内产生了巨大影响。"欢乐春节""中国文化年（节）""文化中国·四海同春"等各种文化品牌活动遍及全球，成为向世界各国展示中华文化魅力的重要平台。

二、对外文化工作内涵不断丰富与深化

对外文化交流不断开创新领域，搭建深层次思想对话平台，着力促进中外智库和学界交流。首届"汉学家与中外文化交流"座谈会召开，在国内外产生很大影响，为中外思想文化领域的对话交流提供了新平台。此外，还举办"跨越太平洋——中美文化产业对话""敢于信任——首届中德领袖论坛"等活动，为深化中外文化交流内涵积累了新的成果。在俄罗斯"中国旅游年"闭幕式期间举办的"中俄旅游文化论坛"为中俄思想文化交流搭建了平台。"汉学与当代中国"座谈会、"青年汉学家研修计划"等活动反响热烈，一支对我友好、为我发声的国际"中国学"队伍正在逐渐形成。同时，多边国际文化交流与合作不断深化，提升了国际文化话语权。

三、对外文化工作海外阵地建设加速推进

党和国家领导人对海外中国文化中心建设高度重视。仅以2013年为例，习近平主席见证了中国与越南互设文化中心谅解备忘录的签署、李克强总理见证了中国与罗马尼亚互设文化中心协定的签署、张德江委员长为尼日利亚中国文化中心揭牌、刘延东副总理和汪洋副总理分别视察首尔和莫斯科中国文化中心。作为自主海

外文化阵地的中国文化中心在"十二五"期末达到25个,已投入运营的海外中国文化中心日益成为全方位展示中华文化精粹和国家形象的重要平台。文化部在探索部省、部企等多模式共建上积极拓宽思路,与上海、北京合作共建布鲁塞尔和卢森堡中国文化中心,还通过了和昆明新知集团共建柬埔寨中国文化中心的计划。

四、对外文化贸易体系初步建立

对外文化贸易的市场主体更加多元,民营资本开始成为推动我国文化产品和服务出口的重要力量。文化系统组织企业和机构参加美国演艺出品人年会、德国科隆国际游戏展等行业知名展会,成立中国文化国际推广联盟。国家对外文化贸易基地相继在上海、北京、深圳建立,成为在文化贸易领域先行先试、探索发展新模式的重要抓手。2016年,我国文化产品出口额786.7亿元,文化体育和娱乐业对外直接投资39.2亿美元,较2012年增长18.6倍;图书版权输出13种,输出和引用品种比例由2012年的1:1.9提高到2016年的1:1.6。

第五节
对推动中华文化"走出去"的展望

展望推动中华文化"走出去"的前景,一要从既往实践经验中找到基本遵循,二要切实领会有关规划中对重大趋势的判断。

一、从推动中华文化"走出去"的实践经验中找到基本遵循

文化是沟通心灵的桥梁,推动中华文化走向世界是提升我国文化软实力的有效手段,必须深刻把握当前国际文化软实力竞争的规律和特点,使文化"走出去"始终坚持正确方向、服务大局,为提升国家软实力、树立良好国家形象提供强大助力。经过数十年实践,文化工作者认识到,在推动中华文化"走出去"的实际工

作中，必须把握以下重大方向和原则。

1. 坚持文化自主性与尊重世界文化多样性相结合

在人类历史上，各种文明都以自己的方式为人类文明进步做出了积极贡献。存在差异，各种文明才能相互借鉴，共同提高；强求一律，只会导致人类文明失去动力、僵化衰落。在对外文化交流的过程中，要坚持平等对话，尊重差异，在竞争比较中取长补短，在求同存异中共同发展。既要对本国文化充满自信，又要尊重别国的文化，努力维护世界文化的多样性，促进世界和谐和文化共同繁荣。

2. 坚持全方位、多层次传播中华优秀文化

对外文化交流的一个重要任务就是不断传播中华文化，增进中华文化的影响力。要通过多层次、多渠道、全方位的文化交流，让中国的优秀文化走向世界，展示中华文化的独特魅力和中国和平、发展、文明、民主、开放的良好形象，让世界更好地了解中国，扩大中华文化在国际社会的影响力。要积极促进对外文化贸易，大力推动文化企业、文化产品和服务"走出去"，提高中华文化的国际竞争力。

3. 坚持对世界优秀文化成果兼收并蓄

文化只有在交流交融中才能不断发展。我们必须以开放的视野、博大的胸襟对待外来文化。要坚持以我为主、为我所用，从我国国情出发，引进、吸收、借鉴国外的优秀文化成果，不断丰富和发展中华文化。

4. 坚持维护国家文化主权和文化安全

20世纪90年代以来，国际形势发生了深刻变化，各种思想文化相互激荡，各种矛盾错综复杂。西方敌对势力对我继续实施西化、分化，给我国的文化安全带来了严峻的挑战。在开展对外文化交流的过程中，我们必须绷紧文化安全这根弦，增强国家安全意识，以国家和民族的利益为重，既要积极借鉴各国优秀文明成果，又要维护国家文化主权，确保国家文化安全。

5. 坚持官民并举、政企并举

在对外文化工作中，政府主导的官方文化交流固然很重要，但是从可持续发展和对国外主流社会产生广泛影响的角度看，通过商业化、市场化的运作方式推动文化产品和服务进入国际市场所产生的影响，是更可持续和影响更广泛的。推动中华

文化"走出去",要注重调动官方和民间两个体系,用好政府和市场这两只手,实现两个轮子走路。

二、在有关规划中掌握大势

《文化部"十三五"时期文化发展改革规划》在"提高文化开放水平"部分,提出"坚持政府统筹、社会参与、官民并举、市场运作,统筹对外文化交流、传播和贸易,创新方式方法,有效传播当代中国价值观念,讲述好中国故事,阐释好中国特色,展示中华文化独特魅力,提升国际话语权,全面提高国家文化软实力"的总体任务,并就以下方面作出规划。

1. 积极开展文化外交

大力发展与世界各国和国际组织的政府间文化交流,构建畅通的政府间文化交流合作机制。以重要外事活动为契机,积极开展对外文化交流,充分展示中华文化精粹。按照品牌化、本土化、市场化的发展方向,支持在各大洲举办中国文化年(节)等大型文化交流活动,持续提升"欢乐春节"等品牌的影响力。加大商签防止盗窃、盗掘和非法进出境文化财产政府间双边协定的工作力度,构建稳定、多维的政府间文物合作网络。推出一批具有中国内涵、国际表达、创意融合的对外文物展览,拓展文物出展国家和地区,引进一批高水平文物展览。加大对发展中国家尤其是周边国家的文化援助力度,统筹开展文物援外工程。

2. 加强国际汉学交流和中外智库合作

促进中外智库交流与合作,大力推动国际汉学和中国研究的发展,培养一批具有发展潜力的青年汉学家、翻译家。举办高端国际文化论坛,畅通中华文化和价值理念的传播渠道。积极参与国际文化事务,建立国际文化专家队伍,支持民间智库和社会组织在文化类公约框架下为政府间委员会提供咨询。推进对外文化传播网络和新媒体平台建设。积极借鉴国外优秀文化成果。

3. 加强与"一带一路"沿线国家文化交流与合作

制定实施文化部"一带一路"文化发展行动计划。围绕"一带一路"建设,积极搭建各类文化交流平台。推进与"一带一路"沿线国家的项目援助和专业交流，鼓励丰富多样的民间文化交流，发挥妈祖文化等民间文化的积极作用，促进民心相通，夯实民意基础。推进动漫游戏产业"一带一路"国际合作。拓展与"一带一路"沿线国家的文物保护与考古合作，建设"一带一路"文化遗产长廊。

4. 推进海外中国文化中心建设与发展

继续加快推进海外中国文化中心建设。鼓励地方政府、中资机构等参与中国文化中心建设，多模式建设布局科学、功能完善、规模适宜的海外中国文化中心，筹建中国文化中心总部。为中国文化中心提供高质量的项目资源，开展国情宣介、思想交流、文化展示、信息服务等活动，使中国文化中心成为中华文化传播的综合服务平台。

5. 大力发展对外文化贸易

构建国际文化贸易合作体系，建立健全双边、多边政府间文化贸易对话与合作机制。积极参与国际文化贸易规则制定。搭建国家文化贸易服务平台，发挥国家对外文化贸易基地示范作用。引导文化企业和社会资本境外投资，拓展海外文化市场，扩大境外优质文化资产规模。提升民族文化品牌内涵，突出"中国创造"理念，建设核心文化产品资源库。

6. 深化对港澳台地区文化工作

以传承和弘扬中华优秀传统文化为重心，搭建形式多样的文化交流平台，提升与港澳台地区文化交流水平。加强面向港澳台青少年的文化交流，促进民族认同、文化认同、国家认同。加强与港澳台地区文物交流，推动港澳台同胞共享中华优秀文化遗产。与港澳特区政府定期签署内地与港澳特区文化合作执行计划，将港澳文化活动纳入国家文化交流平台。把握大势，稳妥推进两岸文化交流合作，推动两岸文化交流机制化进程。

规划就对外文化交流与贸易的重点工程列出了专栏：

专 栏

对外文化交流与贸易

对外文化交流机制化合作网络建设工程：积极参与中俄、中美、中英、中欧、中法、中印尼人文交流机制，完善高级别政府间文化政策对话及文化机构间合作机制，与全球600家重点文化艺术机构、国际知名艺术节建立长期合作关系。

中外思想交流与传播能力建设工程：举办"汉学与当代中国"座谈会、青年汉学家研修计划、中外文化翻译合作研修计划。建设对外传播云平台和中华文化译研网，完成涵盖世界各主要语言的译介平台建设，实现中国文化网浏览量突破10亿人次。

对外文化交流品牌拓展工程："欢乐春节"形成10个子品牌，与30个重点国家和地区的相关机构建立长期合作机制，文化援助品牌项目与各国社会公益项目有机结合。

"一带一路"文化交流与合作工程：推动陕西西安丝绸之路国际艺术节、福建泉州海上丝绸之路国际艺术节、丝绸之路（敦煌）国际文化博览会、中国新疆国际民族舞蹈节等品牌活动建设，创建丝绸之路剧院联盟，建设福建泉州海上丝绸之路艺术公园、宁夏银川中阿友谊雕塑艺术园等文化交流基地。

海外中国文化中心建设与发展工程：海外中国文化中心全球布局达到50个，建设包含300~500个项目的中国文化中心动态资源库。加强中国文化中心多模式发展力度，鼓励和引导地方政府、中资机构等参与建设和管理。

对外文化贸易促进工程：培育一批具有国际竞争力的外向型文化企业，形成一批具有核心竞争力的文化产品，打造一批具有国际影响力的文化品牌，搭建具有较强辐射力的国际文化交易平台。

港澳台中华文化弘扬工程：加强与港澳台思想文化界的深度交流，打造港澳台青少年艺术节、青年文化论坛、青年文化产业交流营，推动优秀文化产品进入港澳台基层社区。

《文化部"十三五"时期文化发展改革规划》专栏7

当前，国际社会正处在新一轮格局重塑期中，全球治理体制变革正处在新的历史转折点上。综合分析上述规划，"十三五"时期以及今后更长一段时期，推动中华文化"走出去"的有关工作将呈现以下特点。

一是更加注重加强顶层设计和统筹规划。做好对外文化工作，离不开清晰的顶层设计和系统的政策规划。2009年12月28日，对外文化工作部际联席会议第一次全体会议在文化部召开。中央防范处理邪教办、外交部、教育部、国家民委、商务部、文化部、国家广电总局、新闻出版总署、国家体育总局、国家旅游局、国务院侨办、国家文物局等12个部级联席会议成员单位的代表参加会议并做了发言。会议一致表决通过了《对外文化工作部际联席会议工作制度》，并一致同意财政部作为新成员加入联席会议。多年来，联席会议着力加强战略规划和法规建设，共同做大做强对外文化交流的重点品牌，同时带动其他配套机制建设，初步确立了以"部省（区市）合作、部际合作、部直（文化部直属单位）合作、国内和国外合作"四个机制为基轴的对外文化工作统筹合作机制，逐渐形成平台丰富、手段多样、任务明确、目标一致的对外文化工作制度网络。建立对外文化工作部际联席会议制度，是加强顶层设计的一个切实举措。下一步有关方面将继续完善这一机制，更好地凝聚各部门合力，力争在对外及对港澳台文化工作中有更大作为。

二是更加注重提升中外思想文化交流水平和对外文化传播能力。思想交流是文化交流的核心和灵魂，要在交流中促进合作、在交融中实现发展。有关方面将大力扶持国际汉学和中国研究领域知华友华力量，把国际上的汉学家团结在周围。"汉学与当代中国"座谈会、"青年汉学家研修计划"、中外文学出版翻译研修班、中外影视译制合作研修班等将进一步得到重视。为不断提升在国际文化事务中的话语权，有关方面将大力推进网络和新媒体传播平台的建设，逐步建立全方位、数字化的现代对外文化传播体系。

三是更加注重打造对外文化交流品牌。重大品牌文化活动能够有效增强文化交流的影响力，是中华文化"走出去"的重要依托。"欢乐春节"等品牌活动近年来不断发展壮大，成为对外文化交流的重要平台。有关方面将继续按照品牌化、本土化、市场化的发展方向，不断扩大"欢乐春节"的国际影响，使春节成为国际化节日。其他重要品牌活动的建设，也将更加受到重视。

四是更加注重深化与"一带一路"沿线国家文化交流与合作。为落实"一带一路"倡议，有关方面将深化与沿线国家和地区的文化交流与合作，努力形成政府交流与民间往来相互促进、相得益彰的良好局面。

第十章
文化体制改革的启示与展望

　　改革开放以来的文化体制改革实践，开辟了中国特色社会主义文化发展道路，极大地激发了蕴藏在全体人民中的文化活力，促进了精神财富的充分涌流。从中总结提炼规律性认识，并前瞻文化体制改革的未来走向，具有重要的理论意义和鲜明的实践意义。改革开放以来的文化体制改革实践，逐步彰显文化生产力特征，经由不断深化实践和解放思想，文化领域实现一系列重要的理论创新。党的十七届六中全会提出的"建设社会主义文化强国"从文化体制改革实践中来，又从更高的层面界定文化体制改革的历史地位。展望文化体制改革的走向，最重要的是要在中国特色社会主义文化自信语境下提高对当代中国先进文化属性的认识，从而把握深化文化体制改革的正确方向。同时，我们还要以强烈的问题意识，看到当前文化建设仍存在的不足，找准深化文化体制改革的发力点。

第一节
文化体制改革实践形成的理论成果

　　改革开放以来持续推进的文化体制改革，本质上是变在计划经济和封闭条件下搞文化建设为在市场经济和对外开放条件下搞文化建设。经由对文化生产力特征的认识不断深化，我们在文化建设方略上形成了一系列认识突破，并在此基础上提出了"建设社会主义文化强国"的战略思想。概括提炼文化体制改革的理论启示，这应该是一条主线。

第十章
文化体制改革的启示与展望

一、改革开放以来的文化体制改革实践，逐步彰显文化生产力特征

40年前，当工业化、市场化、信息化、国际化在世界范围内深入发展的时候，我们面临的是"文革"浩劫带来的严峻政治、经济形势。1978年底，以党的十一届三中全会召开为标志，中国共产党实现了中华人民共和国成立以来具有深远意义的伟大转折，进入了改革开放和社会主义现代化建设的新时期。作为"文革"的重灾区，文化领域也逐步实现了以阶级斗争为纲的范式向以经济建设为中心的新范式的转变。经过"文革"后短暂的徘徊期，伴随着经济体制改革的展开，文化行业获得了飞跃式发展的机遇。

新时期文化改革发展的一大特点，就是在市场需求的强劲拉动下，自增量改革突破，向存量改革渗透。市场取向的改革从需求端为文化发展提供了巨大的空间。改革开放以来报业两次大发展，是这一特点的生动写照：第一次办报高潮，发生于1984年《中共中央关于经济体制改革的决定》公布后至1986年。报纸总数由1978年的186家增加到1984年的1041家、1985年的1445家、1986年的1574家，其中经济类报纸增加最快，1979年为5家，1986年发展到112家。第二次办报高潮发生于1992年10月党的十四大确立社会主义市场经济体制的改革目标后至1993年底。两年间共净增报纸439种，其突出特点是各级党政机关报比例下降，投资、金融、房地产、证券、高科技等行业报增长较快，在全国报纸中的占比直线上升。

随着实践的发展，文化的商品属性逐渐为人们所认识、所肯定，文化行业在市场竞争中通过发展获得了合法地位。1988年2月，文化部、国家工商行政管理局联合发布《关于加强文化市场管理工作的通知》，明确使用了"文化市场"的概念，规定了文化市场的管理范围、任务、原则和方针。在1992年出版的《重大战略决策——加快发展第三产业》（罗干主编，国办综合司编著）一书中，"文化产业"的概念被提了出来。2000年10月，党的十五届五中全会通过的《中共中央关于制定国民经济和社会发展第十个五年计划的建议》，第一次在党的中央文件中使用了"文化产业"概念，要求"完善文化产业政策，加强文化市场建设和管理，推动有关文化产业发展"。

对市场经济的适应性变革，使文化融入社会生产力发展之中，也使文化的生产力特征不断昭显，而逐步为人们所认识并进入政策话语体系。

党的十六大报告强调："发展文化产业是市场经济条件下繁荣社会主义文化、满足人民群众精神文化需求的重要途径"，要求"完善文化产业政策，支持文化产业发展，增强我国文化产业的整体实力和竞争力"。"文化产业"写入党的全国代表大会报告，表明中国共产党对文化发展规律的认识有了一个新的飞跃。

党的十六大以后，党中央深刻总结国内外发展经验，提出了树立和贯彻落实科学发展观的重大战略思想。宣传思想文化战线承担着唱响时代主旋律、为深入学习实践科学发展观提供有力支持的重大使命，同时，着力解决制约文化科学发展的突出问题，推动文化大发展大繁荣。实践的深化促进了认识的深化。党的十六届四中全会通过的《中共中央关于加强党的执政能力建设的决定》在党的正式文献中首次提出："深化文化体制改革，解放和发展文化生产力。"这是对十六大报告有关表述的继承和发展，其实践基础是改革开放以来文化领域近三十年对体制机制创新的探索。

"解放和发展文化生产力"课题的提出，具有重要的理论意义：

1. "解放和发展文化生产力"，使文化上升为社会发展最终决定力量的组成部分

马克思在人类思想史上第一次提出了"生产力是生产关系变化的原动力和基础"的重要原理，从而正确地确立了生产力在社会历史发展中的地位。1992年，邓小平同志对社会主义本质这一重大问题做了总结性的理论概括："社会主义的本质，是解放生产力，发展生产力，消灭剥削，消除两极分化，最终达到共同富裕。""解放和发展文化生产力"这一时代课题的提出，将文化上升为社会发展最终决定力量的组成部分，使其成为社会主义本质的基本内容，有力改变了人们对文化地位和作用长期重视不足的局面。

2. "解放和发展文化生产力"，凸显了深化文化体制改革的历史必然性

马克思将极其复杂的社会现象概括为生产力决定生产关系、经济基础决定上层建筑，即社会的物质生产力发展到一定阶段，便同它们一直在其中活动的现存生产

关系发生冲突，随着经济基础的变更，全部庞大的上层建筑也或快或慢地发生变革。"解放和发展文化生产力"，凸显了深化改革的历史必然性。当文化发展的体制机制因素成为文化生产力发展的阻力时，势必要被历史革除。

3. "解放和发展文化生产力"，为提升文化科学发展的内涵、层次和水平开辟道路

建设中国特色社会主义的根本目的，在于促进社会全面进步和人的全面发展。党的十六届四中全会在提出"文化生产力"概念的同时，突出强调："把文化发展的着力点放在满足人民群众精神文化需求和促进人的全面发展上。"当今社会，人们在解决了基本的物质生存问题之后，更加追求精神生活丰富、充实和精神文化素质的提高，精神生活在人们社会生活中的地位越来越突出。物质财富的丰富并不能自然而然地实现人的全面发展，而文化生产力的高度发展，则能够为人的全面发展提供直接的现实的条件。人的全面发展的空间和舞台越大，人类社会科学发展的内涵、层次和水平也就越高。

二、经由不断深化实践和解放思想，文化领域实现一系列重要的理论创新

解放思想是发展中国特色主义社会的一大法宝，也是探索和开拓中国特色社会主义文化发展道路的源头活水，始终贯穿于文化体制改革的历程。在文化体制改革的实践中，中国共产党推动解放思想、转变观念，实现文化建设理论上的突破，不断以思想的新解放、理论的新发展，推动文化改革发展实践的新创造。这些重要的理论创新，初步回答了新世纪新阶段我国社会主义文化发展的一系列重大问题，是新的历史条件下文化发展规律的客观反映。概括起来主要有十个方面。

1. 明确了文化建设是中国特色社会主义事业总体布局的重要组成部分

改革开放以来，全党乃至全社会对文化地位的认识不断提高。早在2002年，党的十六大报告就用专门章节论述"文化建设和文化体制改革"，指出："当今世界，文化与经济和政治相互交融，在综合国力竞争中的地位和作用越来越突出。文化的力量，深深熔铸在民族的生命力、创造力和凝聚力之中。"2007年，党的十七大明确把文化建设列入"四位一体"的建设中国特色社会主义事业总体布局，强调要"全面推进经济建设、政治建设、文化建设、社会建设，促进现代化建设各个

环节、各个方面相协调,促进生产关系与生产力、上层建筑与经济基础相协调"。2012年,党的十八大召开,把总体布局由经济建设、政治建设、文化建设、社会建设"四位一体"拓展为包括生态文明建设的"五位一体",这是从全面建成小康社会、实现中华民族伟大复兴的高度作出的战略部署。中华民族伟大复兴,是经济、政治、文化、社会、生态文明"五位一体"的复兴,不仅仅要有经济的发展、政治的文明、社会的和谐、生态的美丽,还要有文化的复兴,而且文化复兴及其所达到的高度和成就,较之经济和政治更具竞争力、生命力。明确文化建设是中国特色社会主义事业总体布局的重要组成部分,标志着我们党的文化自觉、文化自信达到了前所未有的新高度。

2. 明确了要坚持走中国特色社会主义文化发展道路

2011年,党的十七届六中全会通过的《中共中央关于深化文化体制改革推动社会主义文化大发展大繁荣若干重大问题的决定》,提出了"坚持中国特色社会主义文化发展道路,把我国建设成为社会主义文化强国"的重要命题。党的十八大报告再次重申了这一命题:"建设社会主义文化强国,必须走中国特色社会主义文化发展道路"。党的十八届三中全会通过的《中共中央关于全面深化改革若干重大问题的决定》也指出:"建设社会主义文化强国,增强中国文化软实力必须坚持社会主义先进文化前进方向,坚持中国特色社会主义文化发展道路",并提出完善文化管理体制、建立健全现代文化市场体系、构建现代公共文化服务体系、提高文化开放水平,进一步深化文化体制改革,这是坚持和发展中国特色社会主义在文化领域的具体表现。

3. 明确了文化"魂"与"体"的关系

社会主义核心价值观是社会主义意识形态的本质体现,体现着社会主义先进文化的精神价值,蕴含着中华民族优良传统文化和人类文明的有益成果,是决定文化性质和方向的最深层次要素。国民教育体系、公共文化服务体系、文化产业和各种形式的文化产品,是承载文化精神价值的"体",担负着弘扬社会主义核心价值观的重要责任,是传播先进文化的有效途径。"魂"与"体"相互依存、相辅相成,统一于精神生产和文化建设的实践中。离开了"魂","体"就失去了精神价值的支撑，就会空洞无物，失去思想性和生命力，甚至偏离正确的方向；离开了"体"，"魂"就无所依附、难以传播，文化的精神价值就难以实现，就难以发挥教育引领的作用。

4．明确了文化"两种属性"的认识

文化产品和服务一方面具有意识形态的属性，具有作为价值载体的属性；另一方面，在市场经济条件下，还具有商品的属性。在两种属性中，意识形态属性是文化产品和服务的特殊性，商品属性是文化产品和服务的普遍性。文化的两种属性是互相依存的，不能因为文化产品和服务具有商品的一般属性，就忽视其特殊属性；也不能因为文化产品和服务具有意识形态的特殊属性，就排斥其一般属性，而是要把两者统一起来。随着社会主义市场经济体制的不断完善，文化与经济的融合日益密切，文化的商品属性日益显现出来。准确认识和承认文化产品和服务所具有的商品属性，是我们对文化属性认识的一大飞跃，同时，我们要牢记文化具有很强的意识形态属性，我们在坚定不移地推进文化改革发展的过程中，要确保导向不变、阵地不丢。正确把握两种属性，又要求我们必须正确认识和处理文化发展中的两个效益，即社会效益与经济效益的关系，要始终坚持把社会效益放在首位，努力实现社会效益与经济效益相统一。

5．明确了"双轮驱动"的文化发展思路

2002年，党的十六大报告第一次在党的文化中正式区分了"文化事业"和"文化产业"。十六大以来，我们党努力探索中国特色社会主义文化建设的内在规律，提出了"双轮驱动"的发展思路，即坚持一手抓公益性文化事业，一手抓经营性文化产业，两手抓、两手都要硬。这是中国特色社会主义文化理论的重大突破和创新，其重大意义在于，廓清了过去长期以我们在文化建设上的思想迷雾，厘清了文化建设中政府职责和市场功能的科学定位，厘清了公益性文化单位和经营性文化单位的不同功能，推动了"双轮驱动""两翼齐飞"，既最大限度地保障人民基本文化权益，又最大限度地释放出社会进行文化创造、文化生产的活力，为新时代新阶段文化改革发展找到了现实的路径。

6. 明确了要进一步发挥市场在文化资源配置中的积极作用

党的十七届六中全会明确提出"发挥市场在文化资源配置中的积极作用"。党的十八届三中全会强调要"使市场在资源配置中起决定性作用和更好发挥政府作用",并指出要"建立健全现代文化市场体系"。市场在文化资源配置中之所以是"积极作用",而不是"决定性作用",主要是考虑到文化产品和服务具有双重属性,特别是具有意识形态属性,这是它与其他领域所不同的一个基本点。进一步发挥市场在文化资源配置中的积极作用,一方面,政府要减少行政审批,不要过度干预市场行为,同时要加强法治建设,健全文化市场法规体系,完善文化市场运行基本规则;另一方面,市场竞争环境必须公平、宽松,要降低门槛、放宽市场准入条件,对国有和民营一视同仁,公平竞争,要给市场主体松绑,实行优胜劣汰。

7. 明确了要保障人民群众的基本文化权益

我国的社会主义性质和所处的社会主义初级阶段的基本国情决定了文化建设必须以满足人民群众的基本文化需求为出发点和落脚点,保障人民的基本文化权益。在文化体制改革的过程中,党和政府强调要以人为本,让发展成果惠及全体人民,较多使用"文化权益"概念。党的十七大正式确认这一提法,将之列入文化发展"三个使"目标之一,强调"要坚持社会主义先进文化前进方向,兴起社会主义文化建设新高潮,激发全民族文化创造活力,提高国家文化软实力,使人民基本文化权益得到更好保障,使社会文化生活更加丰富多彩,使人民精神风貌更加昂扬向上"。保障人民群众基本文化权益理念的提出,明确了文化权益与政治权益、经济权益一样,属于人民群众的基本权益。

8. 明确了要建设优秀传统文化传承体系

党的十七届六中全会通过的《中共中央关于深化文化体制改革推动社会主义文化大发展大繁荣若干重大问题的决定》,用专门段落阐述"建设优秀传统文化传承体系"。"传承体系"理念的提出,说明我们党更加注重文化遗产保护传承的系统化、规范化。从优秀传统文化的外延来看,涵盖了文物、非物质文化遗产、文化典籍、语言文字、少数民族文化等方面,从而更加周延。从方针原则来看,在过去取其精华、去其糟粕、古为今用、推陈出新、保护利用等原则的基础上,提出了"普及弘扬并重"的原则，从而更加全面。从具体任务来看，在加强文化保护、非物质文化遗产保护传承、典籍保护的基础上，提出了"加强对优秀传统文化思想价值的挖掘和阐发"。建设优秀传统文化传承体系的提出，是保护中华民族赖以生存发展的文化根本的要求，是立足时代实践、顺应时代潮流、不断进行新的文化创造的需求，是吸纳融汇外来优秀文化成果、在与世界文化对话交流中丰富发展中华文化的需求。党的十八大以来，习近平总书记多次论述继承和弘扬中华优秀传统文化的态度和原则，强调弘扬中华优秀传统文化要处理好继承和发展的关系，实现中华文化的创造性转化和创新性发展。

9. 明确了要推动文明交流互鉴

党的十七届六中全会通过的上述决定，要求努力推动中华文化走向世界，积极吸收借鉴国外优秀文化的成果，开展全方位、多领域、深层次的对外文化交流，广泛参与世界文明对话，增强中华文化在世界上的感召力和影响力，共同维护文化多样性。党的十八届三中全会也要求："积极吸收借鉴国外一切优秀文化成果，引进有利于我国文化发展的人才、艺术、经营管理经验。切实维护国家文化安全。"习近平同志2014年3月27日在巴黎联合国教科文组织总部发表重要演讲，全面深刻阐述对文明交流互鉴的看法和主张，强调应该推动不同文明互相尊重、和谐共处，让文明交流互鉴成为增进各国人民友谊的桥梁、推动人类社会进步的动力、维护世界和平的纽带。推动文明交流互鉴，反映出我们对文化、文明交流规律的把握，是对外开放理论的重大发展，充分彰显了中华民族海纳百川、开放包容的特征，将使我们的对外文化交流更加全面科学，更加富有成效。

10. 明确了文化工作要把握好"度"

文化工作是意识形态工作的重要组成部分，有其自身的特点和规律，具有一定的复杂性。这就要求我们讲究领导文化工作的艺术，善于把握和利用客观规律。在加强领导、统一思想、制定政策中，要始终把握好"度"。文化建设"左"不得、右不得，快不得、慢不得，松不得、紧不得，急不得、缓不得。只有始终保持清醒头脑，一切从实际出发，既坚持解放思想、改革创新，又时刻保持头脑清醒，才能使文化建设不背离客观规律，既不走老路，也不走邪路。如何把握好这个"度"，是对我们能力水平的最大考验。把握好"度",需要用全面的、发展的、辩证的眼光看问题,着力破解文化改革发展的难点热点,统筹兼顾,区分轻重缓急,处理好点与面、当前与长远的关系。把握好"度",需要加强调研,把握新形势、了解新情况、发展新问题、提出新思路、采取新举措,不断创新文化事务管理方式。把握好"度",更需要我们有担当的勇气,心无旁骛,心静气正,排除来自各方面的杂音、噪音、干扰,保护文化发展的良好环境,抓住文化发展的大好机遇。只有这样,才能更好地贯彻落实党中央关于文化体制改革的战略部署,才能真正形成新的文化自觉和文化自信。

三、"建设社会主义文化强国"从文化体制改革实践中来,又从更高的层面界定文化体制改革的历史地位

经过多年推进文化体制改革的实践,党的十七届六中全会通过的《中共中央关于深化文化体制改革推动社会主义文化大发展大繁荣若干重大问题的决定》指出:"坚持中国特色社会主义文化发展道路,深化文化体制改革,推动社会主义文化大发展大繁荣,必须全面贯彻党的十七大精神,高举中国特色社会主义伟大旗帜,以马克思列宁主义、毛泽东思想、邓小平理论和'三个代表'重要思想为指导,深入贯彻落实科学发展观,坚持社会主义先进文化前进方向,以科学发展为主题,以建设社会主义核心价值体系为根本任务,以满足人民精神文化需求为出发点和落脚点,以改革创新为动力,发展面向现代化、面向世界、面向未来的,民族的科学的大众的社会主义文化,培养高度的文化自觉和文化自信,提高全民族文明素质,增强国家文化软实力,弘扬中华文化,努力建设社会主义文化强国。"这实际上是对"中国特色社会主义文化发展道路"给出了理论定义。该决定在此基础上,顺势描述了"建设社会主义文化强国"的奋斗目标:"建设社会主义文化强国,就是要着力推动社会主义先进文化更加深入人心,推动社会主义精神文明和物质文明全面发展,不断开创全民族文化创造活力持续迸发、社会文化生活更加丰富多彩、人民基本文化权益得到更好保障、人民思想道德素质和科学文化素质全面提高的新局面,建设中华民族共有精神家园,为人类文明进步作出更大贡献。"这标志着在中国特

色社会主义道路上建设文化强国，成为党的宏观战略决策。

2012年11月，党的十八大号召全党和全国人民"要坚持社会主义先进文化前进方向，树立高度的文化自觉和文化自信，向着建设社会主义文化强国宏伟目标阔步前进"。

2013年12月，习近平总书记在中央政治局第十二次集体学习时强调：要弘扬社会主义先进文化，深化文化体制改革，推动社会主义文化大发展大繁荣，增强全民族文化创造活力，推动文化事业全面繁荣、文化产业快速发展，不断丰富人民精神世界、增强人民精神力量，不断增强文化整体实力和竞争力，朝着建设社会主义文化强国的目标不断前进。

建设社会主义文化强国这一战略目标，充分表明了中国共产党对当今时代发展趋势和我国文化发展方位的科学把握，是我党文化发展的"新自觉"，既体现了十一届三中全会以来党的文化建设指导思想合乎历史与逻辑的发展，同时又是依据时代和实践的新发展、新趋势、新要求作出的战略部署。这一重大战略思想的提出，与深化文化体制改革密不可分。

1. "建设社会主义文化强国"目标的提出和重申，具有改革创新的时代特征和深远的历史意义

习近平总书记指出，实现中华民族伟大复兴，就是中华民族近代以来最伟大的梦想。这个梦想，凝聚了几代中国人的夙愿，体现了中华民族和中国人民的整体利益，是每一个中华儿女的共同期盼。走过"雄关漫道真如铁"的昨天，跨越"人间正道是沧桑"的今天，"中国梦"正指引当代中国向着"长风破浪会有时"的明天迈进。"中国梦"，深刻道出了中国近代以来历史发展的主题主线，而践行这一梦想，文化的建设和强大不可或缺。可以说，文化强国梦正是中国梦的内在组成部分。

对于有着世界上独一无二的5000年连续文明发展史的国家来说，在没有成为一个现代文化强国之前，就根本谈不上民族的伟大复兴。中华民族要以全新的姿态重新傲立于世界民族之林，必须以开放的胸怀吸纳借鉴人类历史上一切优秀文明成果，把坚持和发展、继承和创新统一起来，把中华文化精华与时代精神统一起来，

建设具有中国特色、中国风格、中国气派的社会主义文化强国,以文化的繁荣兴盛作为民族复兴的坚强支撑。

历史发展的经验证明,民族崛起、民族复兴与文化的繁荣有着密切的正相关。一个国家、一个民族的强盛,总是以文化兴盛为支撑的,中华民族伟大复兴需要以中华文化发展繁荣为条件。一个社会在快速发展过程中会出现很多新现象、新问题,需要思想文化界予以思考和解决,这样就增加了文化观察、思考和表达的对象;与此同时,一个民族国家的发展需要凝聚共识,需要理论和智慧支撑,需要社会缓冲与冲突协调,这些都与文化提供的价值整合、规范整合、结构整合息息相关。一个国家的文化发展强盛了,就能够成为他国效仿和追随的核心文化、主流文化,从而增强民族魅力、国家凝聚力。因此,从全球的维度上看,文化繁荣是民族崛起、民族复兴的不可或缺的条件,也是民族崛起、民族复兴的内在要求。文化的繁荣与发展以国家的政治、经济、社会整体强盛为依托,反过来,文化的发展繁荣又会提升国家的实力。进而,一个国家强大起来,就有可能为其文化的进一步发展提供客观的环境和条件。

近代以来中华民族曾经饱受欺凌,山河破碎、民生凋敝,但"中国梦"在无数矢志于民族复兴的仁人志士心中从未泯灭过。当代中国正处于大国崛起和民族复兴的进程之中,践行"中国梦"必然要求文化的繁荣与发展,必然要求出现一批成就卓越的文化巨人,必然要求呈现出一些具有历史丰碑意义的文化成就。

反观现实,中国在经济规模上具有很大的总量,在政治上占据受人关注的位置,虽然还存在多方面的问题,但是确实已经达到了170余年来从未有过的高度。这种经济、政治方面的初步强大,构成了建设文化、发展文化、成为文化强国的前提,而中国社会所固有的文化基础、文化规模、文化向往,则构成了文化发展与繁荣的初步环境。尽管受各种因素影响,中国要真正成为世界上的文化强国还有很长的路要走,但中华文化兴盛的势头不可阻挡。我们要把文化建设放在世界发展和民族复兴的大背景下来审视和推进,牢牢把握世界发展大势,不断展示新优势、创造新天地,以改革创新的时代精神,努力不懈建设社会主义文化强国。

2. 建设社会主义文化强国，要牢牢把握增强全社会文化创造活力这个关键

党的十八大报告指出："建设社会主义文化强国，关键是增强全民族文化创造活力。要深化文化体制改革，解放和发展文化生产力，发扬学术民主、艺术民主，为人民提供广阔文化舞台，让一切文化创造源泉充分涌流，开创全民族文化创造活力持续迸发、社会文化生活更加丰富多彩、人民基本文化权益得到更好保障、人民思想道德素质和科学文化素质全面提高、中华文化国际影响力不断增强的新局面。"党的十八届三中全会重申："以激发全民族文化创造活力为中心环节，进一步深化文化体制改革。"文化创造活力，是指一个国家或民族的文化所具有的旺盛的生命力和创造力，是一定文化主体的文化创造能力、创造热情和创造精神的集中体现和反映。以激发全民族文化创造活力为中心环节，既是以往文化建设的经验总结，也是未来文化改革发展的方向指针，具有重大理论意义和实践价值，为在新的起点上加快文化改革发展指明了前进方向。全民族文化创造活力的激发，必将进一步解放思想、解放和发展社会生产力、解放和增强社会活力，进一步增强中国特色社会主义道路自信、理论自信、制度自信、文化自信。

从全面深化改革总目标的角度看，这里的核心问题就是最大限度地激活和发挥人民群众在国家文化治理中的主体性，在文化的创造活动中参与国家的文化治理。要坚持以人为本，实现好、维护好、发展好人民群众的文化权益，突出解决公共文化服务体系不完善、不均衡、不协调、不可持续的问题，突出解决公共文化产品和服务与老百姓的实际需求相脱节的问题，努力做到公共资源配置的公平化、公共文化产品和服务提供的有效化和参与主体的多元化；要更加注重保障公平竞争、加强市场监管、维护市场秩序，构建统一开放竞争有序的现代文化市场体系，让市场主体释放更多活力，不断满足人民日益增长的多样化文化需求。要牢固树立人民群众是文化创造和建设主体的观念，把人民是否满意作为衡量文化工作的重要尺度，把群众评价、专家评价和市场检验统一起来，形成科学的文化产品评价体系，真正做到文化建设依靠人民、为了人民，文化成果由人民共享。

此外，要处理好政府与市场的关系、政府与企业的关系、政府与社会组织的关

系。着力推动文化行政部门的职能转变,继续下放审批项目,更加注重对事中、事后的管理,做到放权和监管、服务并重。加强调查研究和政策调节,促进调研的制度化、常态化。深化经营性文化单位改革,推动已转制的国有文化企业建立现代企业制度,加快公司制、股份制改造,促进资源整合和战略性重组,增强面向市场、参与竞争的能力。推动文化事业单位的分类改革,进一步明确文化事业单位的功能定位,完善内部人事管理、收入分配、绩效考核机制,突出公益属性,强化服务功能,增强发展活力。推动文化馆、图书馆、博物馆、美术馆等组建理事会试点工作,吸纳有关方面代表、专业人士、各界群众参与管理。进一步加大投入力度,充分发挥国家艺术基金和财政专项资金的杠杆作用,鼓励社会力量参与文艺创作和非物质文化遗产保护。加强文化行业组织和中介机构建设,积极发展文化类行业协会、学会、基金会等非政府组织,引导行业自我管理。总之,把政府管不了也管不好的事情,或者应该由社会、企业管的事情交给社会和企业,把政府应该管的事情牢牢抓在手里管好,发挥好市场和政府两方面的作用。

3. 建设社会主义文化强国,要不断增强改革创新的自觉性和坚定性

文化体制改革的过程,既是社会主义文化大发展大繁荣的过程,也是不断突破束缚文化发展的传统观念的过程。思想不解放,我们就很难看清各种利益固化的症结所在,很难找准突破的方向和着力点,很难拿出创造性的改革举措。因此,坚持以改革创新为强大动力推动文化科学发展,最根本的是要进一步解放思想、转变观念。在文化建设和发展的实践中要全面贯彻党的思想路线,始终坚持解放思想、实事求是、与时俱进,自觉地把思想认识从不符合文化科学发展的思想观念和思维定式的桎梏中解放出来,从不符合文化科学发展的做法和规定的限制中解放出来,从不符合文化科学发展的传统体制的束缚中解放出来,敢于突破陈规陋习,勇于用改革的办法破解难题,不断增强改革创新的意识和本领。

首先,要树立"改革只有进行时,没有完成时"的观念。实践发展永无止境,解放思想也永无止境。十八大以来党中央的一系列部署,赋予文化建设新的使命、新的要求。实现"两个一百年"的奋斗目标,文化既是重要内容,又是重要支撑;实现中华民族伟大复兴的中国梦,需要文化的引领凝聚,需要强大的精神力量;满

足文化需求、改善文化民生,成为实现人民群众对美好生活新期待的重要方面。事业在发展,形势在变化,有些方法过去有效,现在未必有效;有些过去不合时宜,现在却势在必行;有些过去是不可逾越的,现在则需要大胆突破。所有这些,都迫切要求我们有耐心、有韧劲地推动文化体制改革迈出新的步伐。

其次,要树立"跳出文化看文化"的观念。党的十八届三中全会把文化体制改革作为全面深化改革的有机组成部分。而不少同志还是习惯从微观和具体工作层面去梳理文化体制改革,对全面深化改革的认识还有待提高,表现在实际工作中,常常习惯用过去传统的思维来考虑工作、部署工作,用传统方法推进工作,对将要进行的改革还缺乏深度的思考,甚至还很不适应。要把文化改革发展放在全面建成小康社会目标要求中来考虑,放在全面深化改革的背景下来谋划。推进文化体制改革,既要借鉴经济体制改革的经验,与经济、政治、社会、生态文明等领域的改革相衔接,实现各领域改革的相互促进和协调发展;又要注重文化领域的特点,不照搬照抄。

最后,要树立"知难而进"的观念。现在,文化体制改革中比较容易改的环节都已经改得差不多了,剩下来的是一些难改的、涉及深层利益格局变动的改革。改革已进入攻坚期和深水区,新老问题相互叠加,有待完成的任务相互交织,国内外因素互相影响,工作难度加大、任务加重。这迫切需要我们进一步解放思想,以更大决心冲破思想观念束缚,破除妨碍改革发展的思维认识,以自我革新的勇气和胸怀,跳出条条框框限制,以积极主动的精神研究和提出改革举措。改革的过程就是不断解决问题的过程。问题和矛盾往往蕴含着突破的契机,预示着发展的机遇。有问题并不可怕,关键是要勇于和善于通过改革破解难题、解决问题。"行百里者半九十",要以踏石留印、抓铁有痕的劲头,敢于担当、敢啃硬骨头、敢闯难关,推动改革不断实现新的突破。

第二节
文化体制改革展望

展望文化体制改革的走向,最重要的是要在坚定中国特色社会主义文化自信的基础上提高对当代中国先进文化属性的认识,从而把握深化文化体制改革的正确方向。同时,还要以强烈的问题意识,看到当前文化建设仍然存在的不足,在此基础上找准深化文化体制改革的发力点。

一、中国特色社会主义文化自信,基于文化体制改革、指引文化体制改革

党的十八大以来,习近平总书记曾在多个场合提到文化自信。2014年2月24日在中央政治局第十三次集体学习时,习近平总书记提出要"增强文化自信和价值观自信"。2014年3月7日在参加十二届全国人大二次会议贵州团审议时,习近平总书记指出:"我们要坚定理论自信、道路自信、制度自信,最根本的还要加一个文化自信。"2014年10月15日,习近平总书记在文艺工作座谈会上的讲话中指出:"增强文化自觉和文化自信,是坚定道路自信、理论自信、制度自信的题中应有之义。"2014年12月20日,他在和澳门大学学生座谈时指出:"建立制度自信、理论自信、道路自信,还有文化自信。文化自信是基础。"2016年5月17日,他在哲学社会科学工作座谈会上指出:"我们要坚定中国特色社会主义道路自信、理论自信、制度自信,说到底是要坚持文化自信。"

在建党95周年庆祝大会的重要讲话中,习近平总书记再次强调要坚持文化自信,其语境更为庄严,观点更为鲜明,态度更为坚决。他指出:"文化自信,是更基础、更广泛、更深厚的自信。在5000多年文明发展中孕育的中华优秀传统文化,在党和人民伟大斗争中孕育的革命文化和社会主义先进文化,积淀着中华民族最深层的精神追求,代表着中华民族独特的精神标识。我们要弘扬社会主义核心价值

观,弘扬以爱国主义为核心的民族精神和以改革创新为核心的时代精神,不断增强全党全国各族人民的精神力量。"他强调:"全党同志必须牢记,我们要建设的是中国特色社会主义,而不是其他什么主义。历史没有终结,也不可能被终结。中国特色社会主义是不是好,要看事实,要看中国人民的判断,而不是看那些戴着有色眼镜的人的主观臆断。中国共产党人和中国人民完全有信心为人类对更好社会制度的探索提供中国方案。"① 习近平总书记的一系列重要讲话,鲜明昭示了文化自信既是中国特色社会主义的文化理念,又是中国当代文化改革发展的重要指引。

1. 文化体制改革的实践成果,为中国特色社会主义文化自信奠定坚实基础

文化自信,是一个国家、一个民族、一个政党对自身文化价值的充分肯定,对自身文化生命力的坚定信念。只有对自己文化有坚定的信心,才能获得坚持坚守的从容,鼓起奋发进取的勇气,焕发创新创造的活力。中华民族素有文化自信的气度,正是有了对民族文化的自信心和自豪感,才在漫长的历史长河中保持自己、吸纳外来,形成了独具特色、辉煌灿烂的中华文明。改革开放以来特别是进入本世纪以来,随着文化体制改革实践的推进,文化的地位和作用更加凸显,越来越成为民族凝聚力和创造力的重要源泉、越来越成为综合国力竞争的重要因素、越来越成为经济社会发展的重要支撑,丰富精神文化生活越来越成为我国人民的热切愿望。党的十八大以来,以习近平总书记为核心的党中央高度重视文化建设,将其作为中国特色社会主义"五位一体"总体布局的重要组成部分,作出了一系列部署。在党中央、国务院的坚强领导下,广大文化工作者始终坚持社会主义先进文化前进方向,坚持以人民为中心的工作导向,紧紧围绕培育和弘扬社会主义核心价值观、社会主义文化强国建设,推动文化改革发展,取得了显著成就。我国文艺创造活力不断迸发,优秀作品和人才不断涌现;现代公共文化服务体系建设不断推进,广大人民群众基本文化权益得到进一步实现;文化遗产保护全面推进,中华优秀传统文化得到进一步弘扬;文化产业蓬勃发展,对国民经济增长的贡献不断上升;对外及对港澳台文化交流向全方位、多领域、深层次发展,中华文化的国际影响力不断扩

---

① 习近平:《在庆祝中国共产党成立95周年大会上的讲话》,《人民日报》,2016年7月2日。

大。文化改革发展的成就,为树立和坚持中国特色社会主义文化自信奠定了坚实基础。

2. 中国特色社会主义文化自信的提出,进一步揭示中国当代先进文化的性质

习近平总书记关于文化自信及文化建设的重要论述,使我们对当代中国先进文化的属性的认识上升到新的境界。

当代中国先进文化具有鲜明的意识形态属性。中国共产党人在带领中国人民长期奋斗的进程中,逐渐确立了中国特色社会主义的发展道路,形成了中国特色社会主义理论体系,建立了比较完整的中国特色社会主义制度体系。中国特色社会主义文化自信来源于对中国特色社会主义道路的正确选择,以及对中国特色社会主义理论体系和制度体系内容的准确把握。同时,当下中国的文化自信作为中国特色社会主义的文化本质和文化理想的集中体现,又是中国特色社会主义道路、理论、制度的基本精神支撑,赋予党和人民伟大事业以魂魄和胆气。只有把握了中国特色社会主义的文化自信本质,我们对中国特色社会主义的道路自信、理论自信和制度自信才能获得更基础、更广泛、更深厚的力量之源。

当代中国先进文化具有鲜明的民族性。民族的才是世界的。在中央政治局就我国历史上的国家治理进行集体学习时,习近平总书记强调,一个国家的治理体系和治理能力是与这个国家的历史传承和文化传统密切相关的。解决中国的问题只能在中国大地上探寻适合自己的道路和办法。在纪念孔子诞辰2565周年国际学术研讨会暨国际儒学联合会第五届会员大会开幕会上,他指出,"中国优秀传统文化可以为治国理政提供有益启示,也可以为道德建设提供有益启发""只有坚持从历史走向未来,从延续民族文化血脉中开拓前进,我们才能做好今天的事业"。我们的文化自信,来源于5000多年文明发展中孕育的中华优秀传统文化。中国共产党人始终是中国优秀传统文化的忠实继承者和弘扬者,95年来,中国共产党人一直致力于马克思主义与中国优秀传统文化相融合,创造马克思主义的民族形式,形成具有中国特色、中国作风、中国气派的马克思主义理论,用中国化的马克思主义领导中国人民实现中华民族由不断衰落到根本扭转命运、持续走向繁荣富强的伟大飞跃。中国革命、建设、改革的伟大实践,创造了人类社会发展史上惊天动地的发展奇

迹，让中华文明在现代化进程中焕发出新的绚丽光彩，使中华民族焕发出新的蓬勃生机。这种伟大实践本身也孕育了绚丽多彩的革命文化和社会主义先进文化，积淀着中华民族最深层的精神追求，代表着中华民族独特的精神标识。①

当代中国先进文化具有鲜明的时代性。任何一个时期的文化都是历史的产物，推进文化建设必须立足于现实的经济社会条件。当代中国文化的建设是与实现中华民族伟大复兴的中国梦相统一的。② 我们用文化发展的最新成果来促进中国梦的实现，中国梦的实践又为中国特色社会主义文化自信增添新的时代内容。对此，习近平总书记曾指出，中国梦的宣传和阐释，要与当代中国价值观念紧密结合起来。中国梦意味着中国人民和中华民族的价值体认和价值追求，意味着全面建成小康社会、实现中华民族伟大复兴，意味着每一个人都能在为中国梦的奋斗中实现自己的梦想，意味着中华民族团结奋斗的最大公约数，意味着中华民族为人类和平与发展作出更大贡献的真诚意愿。在 2016 年 7 月 1 日的重要讲话中，习近平总书记针对如何坚持中国特色社会主义文化自信，突出强调要"弘扬社会主义核心价值观，弘扬以爱国主义为核心的民族精神和以改革创新为核心的时代精神，不断增强全党全国各族人民的精神力量"，阐明了增强文化自信的现实途径。

当代中国先进文化具有鲜明的竞争性。改革开放以来，党领导的社会主义建设各项事业在变幻莫测的国际形势下，历经了东欧剧变、苏联解体，历经了多次全球性的经济危机，历经了自身国际政治经济地位的跃升，始终保持走自己道路的坚定自信，始终保持着旺盛的生机活力，中国的社会主义建设不断取得新局面和新成就。我们的道路、理论、制度，从自我封闭、埋头苦干逐步走向与西方发达资本主义国家全面的竞争和交流，逐步改变了西方国家的认识体系，"北京共识"正在取代"华盛顿共识"，使中国在国际舞台上确立了举足轻重的地位，在国际竞争中建立了中国特色社会主义道路、理论、制度的巨大心理优势，并逐步积累起在全球文

---

① 汪建新：《习总书记"七一讲话"为何强调"文化自信"?》，引自网页：http://opinion.people.com.cn/n1/2016/0704/c1003-28522592.html。

② 孙元君：《习近平的文化自觉与自信》，引自网页：http://dangjian.people.com.cn/n/2015/0526/c117092-27059352.html。

化竞争中的心理优势。但是，我们要清醒地看到，中国还不是一个文化强国。中国已经是世界第二大经济体，但文化与中国目前的经济水平相比还很不相称。我们要像习近平总书记强调的那样，推动文化事业全面繁荣、文化产业快速发展，不断丰富人民精神世界、增强人民精神力量，不断增强文化整体实力和竞争力，朝着建设社会主义文化强国的目标不断前进。只有勇敢投入国际文化竞争并不断开拓前进，藉以不断积累新的优势，我们才能在"为人类对更好社会制度的探索提供中国方案"中有所作为。

3. 坚持中国特色社会主义文化自信，为深化文化体制改革提供指引

对应当代中国先进文化的上述属性，为促进当代中国先进文化健康发展，深化文化体制改革必须坚持以下原则。

深化文化体制改革，要始终坚持以文塑魂。文化的灵魂是什么？就是凝结在文化之中、决定着文化质的规定和方向的最深层的要素，就是核心价值观。有什么样的价值观，就有什么样的文化立场、文化取向、文化选择。讲软实力、文化力，从根本上取决于核心价值观的生命力、凝聚力。习近平总书记曾强调，在推进文化体制改革、繁荣发展文化事业和文化产业的过程中，要把握好意识形态属性和产业属性、社会效益和经济效益的关系，"始终坚持社会主义先进文化前进方向，始终把社会效益放在首位。无论改什么、怎么改，导向不能改，阵地不能丢"。贯彻落实这一重要思想，关键在于始终牢牢把握以社会主义核心价值观作为文化软实力的灵魂、作为文化软实力建设的重点。

深化文化体制改革，要牢牢把握文化发展的根本依靠力量。人民大众的广泛参与、文化工作者的热情创造，是文化兴盛的可靠保证。习近平总书记曾指出，人民既是历史的创造者、也是历史的见证者，既是历史的"剧中人"、也是历史的"剧作者"。我们要充分认识到，人民大众是推动历史进步的主体，不仅是物质财富的创造者，也是精神文化的创造者。要指出的是，我们强调人民群众的主体地位，并不是否认专门人才的作用和贡献。无论是文化元素的升华提炼、文化潮流的引领带动，还是文化艺术的再创造再发展，都离不开专门的文化人才。正如习近平总书记所强调的，"党和人民事业要不断发展，就要把各方面人才更好使用起来，聚天下

英才而用之"。人才强文化才能强，一个人才辈出的时代，必然是一个文化兴盛的时代。

深化文化体制改革，要坚持激活文化发展的动力源泉。改革是解放和发展文化生产力的必由之路，创新是文化繁荣发展的制胜之道。体制机制管根本、管长远。只有不断深化改革，破除阻碍文化发展的体制性障碍，文化才能焕发出勃勃生机。创新是文化的本质特征，一部人类文化发展史，实际上就是一部文化创新史。应当把创新作为一种信念、一种追求，对我国丰富的文化资源和各国优秀文化成果进行创造性的开掘和利用，提高创意含量和竞争优势。要大力营造鼓励创新的社会环境，使一切创新举措得到支持、一切创新才能得到发挥、一切创新成果得到肯定，使创新成为文化领域的主旋律、最强音。

深化文化体制改革，要促进已有文化积累的创造性转化、创新性发展。习近平总书记指出，对历史文化特别是先人传承下来的价值理念和道德规范，要坚持古为今用、推陈出新，有鉴别地加以对待、有扬弃地予以继承，努力用中华民族创造的一切精神财富来以文化人、以文育人。任何一个国家的文化，都有其既有的传统、固有的根本。抛弃传统、丢掉根本，就等于割断了自己的精神命脉，就会丧失文化的特质。对于当代中国来说，在5000多年文明发展中孕育的中华优秀传统文化，在党和人民伟大斗争中孕育的革命文化和社会主义先进文化，积淀着中华民族最深层的精神追求，代表着中华民族独特的精神标识，是我们文化安身立命的根基，必须始终不渝地坚持、千方百计地弘扬，使其惠及当代、恩泽后人。

深化文化体制改革，要促进吸纳、融汇一切外来优秀文化成果。任何一种文化都不可能与世隔绝，都需要从其他文化中汲取养分。以什么样的态度对待外来文化，考验着一个国家的文化自信。越是自信，就越能够以积极的态度对待外来文化，越能够在同外来文化的互动交流中得到丰富发展。同时，开放包容不是盲目崇外，学习借鉴也不是照抄照搬。在对待外来文化上，一定要有分析、有比较、有鉴别，做到辩证取舍、择善而从。吸收外来文化，贵在以我为主、为我所用，重在实现中国化、本土化。

二、在深刻认识当代中国文化发展的不足中找准文化体制改革新着力点

现阶段我国文化发展的不足主要存在于以下方面。

1. 文化发展的整体水平还不能很好地满足人民群众日益增长的精神文化需求

随着经济发展和财政收入的增加，我国公共文化投入得到了较大幅度增长，但由于历史欠账多、底子薄、基数低，与人民群众日益增长的精神文化需求相比，公共文化投入总量仍然不高、比例仍然偏低。同时，一些地方政府重设施建设轻后期的运行管理，造成了设施的"空壳化"，造成人员不足、设施利用率不高、服务效能偏低。另外，人们的文化需求、文化消费能力、文化鉴赏水平在迅速提升。无论是公益性文化事业，还是文化产业，所能提供的文化产品和服务有效供给，都还较缺乏，还不能满足人们的需求。

2. 文化在推动我国经济社会发展中的作用还没有得到充分发挥

文化产业是最具有发展潜力的新兴产业，以其资源消耗低、环境污染小、科技含量高等特点，在转变发展方式、优化经济结构方面显示出了独特的优势。在许多发达国家，文化产业已是国民经济支柱性产业。我国北京、上海、云南、湖南等省市的文化产业产值超过当地生产总值的5%，但从全国范围看，文化产业还没能成为支柱性产业，与发达国家存在较大差距。进一步简政放权，改革审批制度，完善产业政策体系，加快我国文化产业发展的任务十分紧迫。从文化发挥价值观引领作用的环境看，当前我国进入社会转型期和矛盾凸显期，面临的两难选择越来越多，不同利益群体发出的声音也多元多样，利益调整难度越来越大。社会热点难点问题集中涌现、持续升温，思想认识问题和现实利益问题互相交织，巩固壮大主流思想舆论的任务更加艰巨。社会转型过程中出现社会诚信缺失、造假欺诈、见利忘义，社会道德底线下滑。部分人群出现信仰危机、道德困惑，人生观、价值观扭曲。一些文化产品为迎合市场需要，低俗化、娱乐化倾向严重。如何顺利跨过改革的"高风险区"，不落入"中等收入陷阱"，对发挥文化引领作用、最大限度凝聚共识提出更高的要求。

3. 文化体制机制有待进一步健全

长期以来，我国文化资源配置不合理，公益性文化事业与经营性文化产业性质相互混淆。本应由政府主导的公益文化事业，投入不足，长期低于财政经常性收入增长幅度。公益性文化单位内部机制不活，效率低下，公共文化产品缺乏吸引力、感染力，公共服务能力和服务水平不高。本应由市场主导的经营性文化产业，长期依赖政府，文化企业过小、过弱、过散，缺乏竞争力。区域之间、城乡之间的文化发展很不平衡，行业壁垒、条块分割，极大地制约生产要素合理流动和配置。文化管理部门以行政管理为主，运用法律、经济、科技手段管理文化事务手段不够充分，没有真正实现从"办"到"管"的转变。全球科学技术迅猛发展带来社会生产方式的变化、生产力的提高，深刻影响着人们的思维方式和生活方式，深刻改变着文化的内容、载体、表现方式、业态以及传播方式，对政府部门实现从文化管理到文化治理提出新的要求。

4. 我国文化软实力有待进一步提升

改革开放以来，我国坚持奉行独立自主的和平外交政策，维护世界和平、促进共同发展，积极参与多边事务，承担相应国际义务，全方位外交取得重大成就，我国国际地位和国际影响显著上升，在国际事务中发挥了重要的建设性作用。随着全球化进程的加快，世界各国综合国力竞争的一个显著特点是文化地位和作用更加凸现，越来越多的国家把提高文化软实力作为发展战略的重要内容。软实力相对经济、军事、科技等硬实力而言，是一个国家通过政治制度、发展模式、文化价值观念、国家形象、外交理念等体现出来的综合影响力。从一定意义上说，谁占领文化发展制高点，谁就能在激烈的国际竞争中赢得主动。相对于我国不断增强的政治经济影响和我国五千年文明所积累的文化资源而言，我国的文化软实力还比较弱，文化产业满足日益增长的市场需求的能力还不强，文化产品和服务的传播能力和社会影响力都还较弱，文化资源转化为文化业态、文化产品的水平有限，文化贸易逆差依然严重，中华文化的影响还不够深远。因此，提升我国文化软实力的任务还相当艰巨。

为着力解决这些问题，2015年10月，党的十八届五中全会通过的《中共中央关于制定国民经济和社会发展第十三个五年规划的建议》,要求"坚持'两手抓、两手都要硬',坚持社会主义先进文化前进方向,坚持以人民为中心的工作导向,坚持把社会效益放在首位、社会效益和经济效益相统一,坚定文化自信,增强文化自觉,加快文化改革发展,加强社会主义精神文明建设,建设社会主义文化强国。"2016年3月,第十二届全国人大第四次会议通过的《中华人民共和国国民经济和社会发展第十三个五年规划纲要》重申了党的十八届五中全会建议的总要求,具体提出了以下12个方面的重点任务,为制定《国家"十三五"时期文化发展改革规划纲要》提供了指引、奠定了基础。

(1) 培育和践行社会主义核心价值观。用中国梦和社会主义核心价值观凝聚共识、汇聚力量,增强国家意识、法治意识、道德意识、社会责任意识、生态文明意识。加强理想信念教育,深化中国特色社会主义理论体系的学习研究宣传,把社会主义核心价值观贯穿融入经济社会发展各领域和社会生活各方面。通过教育引导、舆论宣传、文化熏陶、行为实践、制度保障,使社会主义核心价值观内化为人们的坚定信念,外化为人们的自觉行动,增强全社会的道路自信、理论自信、制度自信。加强和改进基层宣传思想文化工作。推进公民道德建设,培育正确的道德判断和道德责任。

(2) 推进哲学社会科学创新。实施哲学社会科学创新工程,构建哲学社会科学创新体系。加强思想理论工作平台和学科建设,深入实施马克思主义理论研究和建设工程。深化治国理政新理念新思想新战略的研究阐释。发展中国特色社会主义政治经济学。重点建设50~100家国家高端智库。

(3) 传承发展优秀传统文化。构建中华优秀传统文化传承体系,实现传统文化创造性转化和创新性发展。广泛开展优秀传统文化普及活动并纳入国民教育,继承五四运动以来的革命文化传统。大力推行和规范使用国家语言文字。加强文物保护利用,杜绝破坏性开发和不当经营。加强非物质文化遗产保护与传承,振兴传统工艺,传承发展传统戏曲。发展民族民间文化,扶持民间文化社团组织发展。

(4) 深化群众性精神文明创建活动。广泛开展文明城市、文明村镇、文明单位、文明家庭、文明校园等群众性精神文明创建活动,深化学雷锋志愿服务活动。

发挥重要传统节日、重大礼仪活动、公益广告的思想熏陶和文化教育功能。普及科学知识，推动全民阅读，公民具备科学素质的比例超过10%。深入开展惠民演出、艺术普及等活动。培育良好家风、乡风、校风、行风，营造现代文明风尚。

（5）繁荣发展社会主义文艺。扶持优秀文化作品创作生产，推出更多传播当代中国价值观念、体现中华文化精神、反映中国人审美追求的精品力作。更好发挥政府投入和各类基金作用，鼓励内容和形式创新，支持文艺院团发展，加强排演场所建设。加强文艺理论和评论工作。建设德艺双馨的文艺队伍。

（6）构建现代公共文化服务体系。推进基本公共文化服务标准化、均等化。完善公共文化设施网络，加强基层文化服务能力建设。加大对老少边穷地区文化建设帮扶力度。加快公共数字文化建设。加强文化产品、惠民服务与群众文化需求对接。鼓励社会力量参与公共文化服务。继续推进公共文化设施免费开放。繁荣发展文学艺术、新闻出版、广播影视和体育事业。加强老年人、未成年人、农民工、残疾人等群体的文化权益保障。

（7）加快发展现代文化产业。加快发展网络视听、移动多媒体、数字出版、动漫游戏等新兴产业，推动出版发行、影视制作、工艺美术等传统产业转型升级。推进文化业态创新，大力发展创意文化产业，促进文化与科技、信息、旅游、体育、金融等产业融合发展。推动文化企业兼并重组，扶持中小微文化企业发展。加快全国有线电视网络整合和智能化建设。扩大和引导文化消费。

（8）建设现代传媒体系。加强主流媒体建设，提高舆论引导水平，增强传播力、公信力、影响力。以先进技术为支撑、内容建设为根本，推动传统媒体和新兴媒体在内容、渠道、平台、经营、管理等方面深度融合，建设"内容＋平台＋终端"的新型传播体系，打造一批新型主流媒体和传播载体。优化媒体结构，规范传播秩序。

（9）加强网络文化建设。实施网络内容建设工程，丰富网络文化内涵，鼓励推出优秀网络原创作品，大力发展网络文艺，发展积极向上的网络文化。创新符合网络传播规律的网上宣传方式，提升网络舆情分析和引导能力。加强互联网分类管理，强化运营主体的社会责任。推进文明办网、文明上网，引导广大青年争当"中国好网民",倡导网络公益活动,净化网络环境。

(10) 深化文化体制改革。健全党委领导、政府管理、行业自律、社会监督、企事业单位依法运营的文化管理体制。深化公益性文化单位改革。推动文化企业建立有文化特色的现代企业制度。健全国有文化资产管理体制。降低社会资本进入门槛,鼓励非公有制文化企业发展。开展新闻出版传媒企业特殊管理股试点。健全现代文化市场体系,落实完善文化经济政策。深入开展"扫黄打非",加强市场监管,提升综合执法能力。

(11) 拓展文化交流与合作空间。推动政府合作和民间交流互促共进,增进文化互信和人文交流。推进国际汉学交流。完善海外中国文化中心建设运营机制。支持海外侨胞开展中外人文交流。鼓励文化企业对外投资合作,推进文化产品和服务出口,努力开拓国际文化市场。积极吸收借鉴国外优秀文化成果、先进文化经营管理理念,鼓励外资企业在华进行文化科技研发和服务外包。维护国家文化安全。

(12) 加强国际传播能力建设。拓展海外传播网络,丰富传播渠道和手段。打造旗舰媒体,推进合作传播,加强与国际大型传媒集团的合资合作,发挥各类信息网络设施的文化传播作用。打造符合国际惯例和国别特征、具有我国文化特色的话语体系,运用生动多样的表达方式,增强文化传播亲和力。

党的十八届五中全会通过的建议和全国人大通过的纲要,具有鲜明的问题意识和施政指向。要着重把握的要义有以下几个方面。

1. 双效统一是文化改革发展的基本前提

文化发展不仅仅是产值的提高、数量的增多和门类的丰富,还应为广大人民群众提供更多的精神食粮,这体现了文化产业具有社会和经济双重属性的特征。在今后相当长的一个历史时期中,我们要始终如一地坚持这个基本原则和底线,这在国际发展当中也是有例可循的。建议强调的"推动物质文明和精神文明协调发展;坚持'两手抓、两手都要硬',坚持社会主义先进文化前进方向;坚持把社会效益放在首位、社会效益和经济效益相统一"是对这一原则的最好体现。

2. 市场作用不可忽视

"十三五"规划中的重要目标要求之一是"文化产业成为国民经济支柱性产

业"。这表明发挥市场在文化资源配置中的积极作用做强当代中国文化,依然是共识。我们在完善现代文化市场体系和发展文化产业上已经取得长足进步,但基础还很薄弱,气可鼓而不可泄,劲可加而不可减。

3. 网络文化建设十分重要

互联网的发展给文化建设带来了机遇,也带来了挑战,网络文化传播的新形态、新内容,是"十三五"时期文化建设需要予以重点关注的问题。2015年10月公布的《中共中央关于繁荣发展社会主义文艺的意见》中,专门提到大力发展网络文艺,推动网络文学、网络音乐、网络剧、微电影、网络演出、网络动漫等新兴文艺类型繁荣有序发展。上文所述建议,突出强调"加强网上思想文化阵地建设,实施网络内容建设工程,发展积极向上的网络文化,净化网络环境"。由此可见,网络文化是"十三五"期间文化建设的重要内容。

4. 多个体系建设系统推进

和"十三五"规划相应的建议和纲要,对文化建设提出了多个"体系"建设任务。其中,除了公共文化服务体系外,其他"体系"如中华优秀传统文化传承体系、文化产业体系、文化市场体系等都是"十二五"规划中所没有的。体系的建立,最大的好处就是有利于可持续发展。在文化发展到一定程度后,进行全方位的统筹显得十分必要。体系的构建是长期性、系统性的工作,需要从宏观和微观两个角度系统布局和筹划。从社会环境到人才培育,从流通体系、金融支撑到国际贸易等,这些要素都是"体系"中缺一不可的。

中办、国办于2017年印发的《国家"十三五"时期文化发展改革规划纲要》对国家"十三五"规划中关于文化建设的重大任务作了进一步细化和具体化。同时,纲要明确了"十三五"时期文化发展改革的指导思想,其核心内容概括起来是:高举"一面旗帜",即高举中国特色社会主义伟大旗帜,坚持以马克思列宁主义、毛泽东思想、邓小平理论、"三个代表"重要思想、科学发展观为指导,深入学习贯彻习近平总书记系列重要讲话精神和治国理政新理念新思想新战略;围绕"两个布局",即紧紧围绕统筹推进"五位一体"总体布局和协调推进"四个全面"战略布局;增强"四个意识",即切实增强政治意识、大局意识、核心意识、看齐意识；明确"六个坚持"，即坚持以社会主义核心价值观为引领、坚持社会主义先进文化前进方向、坚持中国特色社会主义文化发展道路、坚持依法治国和以德治国相结合、坚持以人民为中心的发展思想和工作导向、坚持把社会效益放在首位社会效益和经济效益相统一；服务"两个百年目标"，即构筑中国精神、中国价值、中国力量、中国贡献，为实现"两个一百年"奋斗目标、实现中华民族伟大复兴的"中国梦"奠定更加坚实的思想文化基础。应该说，这个指导思想既是对十八大以来以习近平同志为核心的党中央领导文化发展改革的经验总结，也是未来几年文化发展改革的根本指南，为展望文化体制改革提供了最为重要的指引。学习好、贯彻落实好纲要，时不我待。

延伸阅读

中办国办印发《国家"十三五"时期文化发展改革规划纲要》[①]

近日，中共中央办公厅、国务院办公厅印发了《国家"十三五"时期文化发展改革规划纲要》，并发出通知，要求各地区各部门结合实际认真贯彻落实。

《国家"十三五"时期文化发展改革规划纲要》主要内容如下。

为深入贯彻落实党的十八大和十八届三中、四中、五中、六中全会精神，加快文化发展改革，建设社会主义文化强国，根据《中共中央关于制定国民经济和社会发展第十三个五年规划的建议》和《中华人民共和国国民经济和社会发展第十三个五年规划纲要》，编制本规划纲要。

序　言

文化是民族的血脉，是人民的精神家园，是国家强盛的重要支撑。坚持"两手抓、两手都要硬"，推动物质文明和精神文明协调发展，繁荣发展社会主义先进文化，是党和国家的战略方针。

[①] 节选自《中办国办印发〈国家"十三五"时期文化发展改革规划纲要〉》，《人民日报》，2017年5月8日。

"十二五"时期我国文化建设取得显著成就,《国家"十二五"时期文化改革发展规划纲要》确定的各项任务顺利完成。特别是党的十八大以来,以习近平同志为核心的党中央团结带领全党全国各族人民,开辟了治国理政新境界,开创了中国特色社会主义事业新局面,社会主义文化建设进一步呈现出繁荣发展的生动景象。中国特色社会主义理论体系最新成果的学习宣传教育不断加强,中华民族伟大复兴的"中国梦"和社会主义核心价值观深入人心,主旋律更响亮、正能量更强劲。文化体制改革进一步深化,文化事业文化产业持续健康发展,文艺创作日益繁荣,中华优秀传统文化广为弘扬,人民群众精神文化生活更加丰富多彩。文化"走出去"步伐加快,国际传播能力大幅提高,中华文化国际影响力进一步提升。我们比历史上任何时期都更接近实现中华民族伟大复兴的目标,更有信心和能力铸就中华文化新的辉煌。

"十三五"时期是全面建成小康社会决胜阶段,也是促进文化繁荣发展关键时期。在新的历史起点上,夺取中国特色社会主义新胜利,赢得具有许多新的历史特点的伟大斗争,必须充分发挥文化引领风尚、教育人民、服务社会、推动发展的作用。全面建成小康社会,迫切需要补齐文化发展短板、实现文化小康,丰富人们精神文化生活,提高国民素质和社会文明程度。适应把握引领经济发展新常态,推动改革全面深化,促进社会和谐稳定,迫切需要牢固树立和贯彻落实创新、协调、绿色、开放、共享的发展理念,增进社会共识、营造良好氛围,激发全民族创造活力。高新技术发展日新月异,社会信息化持续推进,互联网影响广泛而深刻,迫切需要拓展文化发展新领域,发展壮大网上主流舆论阵地,更好运用先进技术发展和传播先进文化。世界多极化、经济全球化、文化多样化、社会信息化深入发展,综合国力竞争日趋激烈,迫切需要提高文化开放水平,广泛参与世界文明对话,增强国际话语权,展示中华文化独特魅力,增强国家文化软实力。面对新形势新要求,要进一步坚定文化自信,增强文化自觉,奋力开创中国特色社会主义文化建设新局面,为做好党和国家各项工作提供强大的价值引领力、文化凝聚力和精神推动力。

一、总体要求

1. 牢牢把握文化发展改革的指导思想

高举中国特色社会主义伟大旗帜,全面贯彻党的十八大和十八届三中、四中、五中、六中全会精神,以马克思列宁主义、毛泽东思想、邓小平理论、"三个代表"重要思想、科学发展观为指导,深入学习贯彻习近平总书记系列重要讲话精神和治国理政新理念新思想新战略,切实增强政治意识、大局意识、核心意识、看齐意识,紧紧围绕统筹推进"五位一体"总体布局和协调推进"四个全面"战略布局，坚持以社会主义核心价值观为引领，坚持社会主义先进文化前进方向，坚持中国特色社会主义文化发展道路，坚持依法治国和以德治国相结合，坚持以人民为中心的发展思想和工作导向，坚持把社会效益放在首位、社会效益和经济效益相统一，全面推进文化发展改革，全面完成文化小康建设各项任务，建设社会主义文化强国，更好地构筑中国精神、中国价值、中国力量、中国贡献，为实现"两个一百年"奋斗目标、实现中华民族伟大复兴的"中国梦"奠定更加坚实的思想文化基础。

2. 把新发展理念贯穿于文化发展改革全过程

——坚持创新发展。适应社会主义市场经济和高新技术发展要求，体现文化例外要求，加大改革力度，全面推进文化内容形式、方法手段、载体渠道、体制机制、政策法规等创新，激发动力、增强活力、释放潜力，推动出精品出人才出效益。

——坚持协调发展。统筹城乡、区域文化发展，统筹文化发展、改革和管理，正确处理政府与市场、国有与民营、对内与对外等重要关系，促进文化事业全面繁荣、文化产业更好发展、优秀传统文化传承弘扬。

——坚持绿色发展。尊重规律，增加优秀精神文化产品和优质文化服务供给，净化社会文化环境，提升文化产业发展质量和效益，推动形成绿色发展方式和生活方式。

——坚持开放发展。推动中华文化"走出去"，提高国际传播能力，更好发出中国声音、展现中国精神、提出中国主张，借鉴吸收世界有益文化成果，深化不同文明交流互鉴。

——坚持共享发展。面向基层，贴近群众、依靠群众、服务群众，保障人民基本文化权益，满足人民群众日益增长的精神文化需求，提高群众文化参与度和获得感。

3. 全面实现文化发展改革的目标任务

——马克思主义中国化最新成果广泛普及，"中国梦"引领凝聚作用进一步增强，富强民主文明和谐、自由平等公正法治、爱国敬业诚信友善的社会主义核心价值观更加深入人心，国民思想道德素质、科学文化素质和社会文明程度显著提高。

——精神文化产品创作生产更加活跃繁荣，哲学社会科学创新发展能力不断提升，文化精品不断涌现，网络文化健康发展，社会精神文化生活丰富多彩。

——现代传播体系逐步建立，传统媒体与新兴媒体融合发展取得阶段性成果，形成一批新型主流媒体和主流媒体集团，网络空间更加清朗，社会舆论积极向上。

——现代公共文化服务体系基本建成，基本公共文化服务标准化、均等化水平稳步提高，体现地方和民族特色的文化设施网络基本形成，公共文化供给与群众文化需求有效匹配。

——现代文化产业体系和现代文化市场体系更加完善,文化市场的积极作用进一步发挥,做优做强做大一批文化企业和文化品牌,文化整体实力和竞争力明显增强,"十三五"末文化产业成为国民经济支柱性产业。

——中华优秀传统文化传承体系基本形成,中华民族文化基因与当代文化相适应、与现代社会相协调,实现传统文化创造性转化和创新性发展。

——文化开放格局日益完善,中华文化影响力持续扩大,中国故事、中国声音广泛传播,良好国家形象全面展示,国家文化软实力和国际话语权进一步增强,促进世界文化多样化发展。

——文化宏观管理体制改革不断深化,微观运行机制进一步健全,文化法治建设深入推进,中国特色社会主义文化制度更加成熟更加定型。

二、加强思想理论建设

坚持用马克思列宁主义、毛泽东思想、邓小平理论、"三个代表"重要思想、科学发展观和习近平总书记系列重要讲话精神武装全党、教育人民、推动实践,不断巩固马克思主义在意识形态领域的指导地位,增强广大干部群众中国特色社会主义道路自信、理论自信、制度自信、文化自信。

(1)深化中国特色社会主义理论体系的学习研究宣传。把深入学习宣传贯彻习近平总书记系列重要讲话精神和治国理政新理念新思想新战略作为重中之重,深化中国特色社会主义和中国梦的学习宣传教育。继续编辑出版《习近平谈治国理政》、修订出版《习近平总书记系列重要讲话读本》等。结合"学党章党规、学系列讲话,做合格党员"学习教育深化理论宣传。深入实施马克思主义理论研究和建设工程规划纲要。抓好马克思主义哲学和党史国史、社会主义发展史的学习研究。发展中国特色社会主义政治经济学。坚持和创新党内学习制度,制定党委(党组)中心组学习规则。组织开展面向基层群众的对象化、互动化的理论宣讲。加强对各种社会思潮的辨析和引导,出版一批通俗理论读物。深入实施高校思想政治理论课建设体系创新计划。加强青少年理想信念教育。

(2)繁荣发展哲学社会科学。坚持马克思主义立场观点方法,按照立足中国、借鉴国外,挖掘历史、把握当代,关怀人类、面向未来的思路,着力构建中国特色哲学社会科学。建立健全哲学社会科学管理体制,加强哲学社会科学创新平台、研究基地、传播中心建设。加强话语体系建设,注重以我为主设置议题,积极开展中国哲学社会科学国际学术研讨活动。举办当代中国马克思主义论坛系列理论研讨会。加强对各类讲座论坛、社科机构的引导和管理。发挥国家哲学社会科学基金示范引导作用,强化考核评价工作。充分发挥中国特色新型智库作用,形成定位明晰、特色鲜明、规模适度、布局合理、能进能出的中国特色新型智库体系。扶持哲学社会科学优秀著作出版。编写哲学社会科学普及读本。

(3) 加强意识形态领域管理。落实党委(党组)意识形态工作责任制,建立健全考核、督查、问责机制。推动各级党校、行政学院和干部学院开设意识形态工作课程和讲座。坚持党管宣传、党管意识形态、党管媒体,落实属地管理、分级负责和谁主管谁负责的原则,加强意识形态阵地管理,建立健全网络意识形态工作机制,维护国家意识形态安全。

三、提高舆论引导水平

牢牢坚持党性原则、坚持马克思主义新闻观、坚持正确舆论导向、坚持正面宣传为主,把政治方向摆在第一位,高举旗帜、引领导向,围绕中心、服务大局,团结人民、鼓舞士气,成风化人、凝心聚力,澄清谬误、明辨是非,联接中外、沟通世界,加快构建现代传播体系,健全舆情引导机制,强化媒体社会责任,发展壮大主流媒体,切实提高新闻舆论传播力、引导力、影响力、公信力。

(1) 做强做大主流舆论。适应分众化、差异化传播趋势,加快构建主流舆论矩阵。加强党报党刊、通讯社、电台电视台等重点新闻媒体建设,提高宣传报道专业化水平。加强和改进正面宣传,做亮党中央治国理政新理念新思想新战略重大主题宣传,做活经济宣传,做好热点引导。综合运用微博、微信、移动新闻客户端等传播方式,拓展主流舆论传播空间。建立和完善民意调查等制度。做好重大突发事件新闻报道和权威信息发布,把握舆论引导的时度效。加强和改进舆论监督,发挥舆论监督建设性作用。

(2) 推动媒体融合发展。扶持重点主流媒体创新思路,推动融合发展尽快从相"加"迈向相"融",形成新型传播模式。支持党报党刊、通讯社、电台电视台建设统一指挥调度的融媒体中心、全媒体采编平台等"中央厨房",重构新闻采编生产流程,生产全媒体产品。明确不同类型、不同层级媒体定位,统筹推进媒体结构调整和融合发展,打造一批新型主流媒体和媒体集团。

(3) 发展壮大网上舆论阵地。遵循网络传播规律,强化互联网思维,加快网络媒体发展。加强重点新闻网站和政府网站建设。加强移动互联网建设和生态治理。强化网站主体责任,健全网站分级分层管理体制。加强教育引导,进一步提升网民网络文明素养。将新闻网站采编人员纳入新闻记者证制度统一管理,纳入新闻采编人员职业资格制度,健全职称评价体系。统筹推进网络舆论引导、网络文化建设、网络文明传播、网络公益活动,增亮网络底色、激发网络正气。

(4)规范传播秩序。规范地方媒体、行业媒体管理。规范推进电台电视台实质性合并,健全节目退出机制。建设视听新媒体集成播控平台。开展视听类智能终端设备入网认证工作。制定互联网分类管理办法。完善互联网法律法规,将现行新闻出版法律法规延伸覆盖到网络媒体管理。完善网站新闻来源许可机制,加强新闻信息采编转载资质管理,规范商业网站转载行为和网络转载版权秩序。建立完善网络版权使用机制。实行新闻采编专业人员职业资格制度,加强职务行为信息管理。加强互联网信息搜索引擎、即时通信工具、移动新闻客户端等管理,明确微博、微信等的运营主体对所传播内容的主体责任。加大对新闻界突出问题治理力度。严厉打击网络谣言、有害信息、虚假新闻、新闻敲诈和假媒体假记者。

四、培育和践行社会主义核心价值观

把社会主义核心价值观融入经济社会发展各领域、贯穿社会生活全过程,加强教育引导、舆论宣传、文化熏陶、实践养成和制度保障,注重通过法律和政策向社会传导正确价值取向,推动社会主义核心价值观宣传教育落细落小落实,不断增强价值观自信,巩固全党全国各族人民团结奋斗的共同思想基础。

(1)推进社会主义核心价值观学习实践具体化系统化。加强对社会主义核心价值观的研究阐释和宣传普及,充分运用各类媒体、文艺作品、公益广告和群众性文化活动等开展主题宣传。强化实践养成,注重典型示范,开展文化培育,精心设计开展多样化的人民群众喜闻乐见的活动。修订和实施爱国主义教育实施纲要,丰富教育内容、创新教育载体,增强中华民族归属感、认同感、尊严感、荣誉感和命运共同体意识。把社会主义核心价值观纳入国民教育体系,增强学生爱国精神、社会责任感和实践创新能力。发扬红色传统、传承红色基因,用好革命历史类纪念设施、遗址和各类爱国主义教育示范基地等红色资源。弘扬社会主义法治精神,把社会主义核心价值观融入法治建设,推动公正文明执法司法,彰显社会主流价值。推动社会治理体现社会主义核心价值观要求,强化公共政策的价值导向,探索建立重大公共政策道德风险评估和纠偏机制。

(2)加强和改进群众性思想政治工作。加强对社会热点难点问题的应对解读,合理引导社会预期,组织开展理论宣讲和形势政策教育,设计有特色有实效的活动载体。

推动基层党组织、基层单位、城乡社区有针对性地加强思想政治工作,创新新经济组织和新社会组织的思想政治工作方式。加强青少年思想政治工作。加强高校思想政治建设。持续深入推进"基层工作加强年"活动。健全人文关怀和心理疏导机制,培育自尊自信、理性平和、积极向上的社会心态。

(3) 深入推进公民道德建设。加强社会公德、职业道德、家庭美德、个人品德教育。发挥党员干部的模范带头作用。举办中国公民道德论坛。礼敬英雄人物,加强对全国重大典型和道德模范、时代楷模的学习宣传,广泛推出"最美人物"、善行义举和身边好人。建立健全先进模范发挥作用的长效机制。弘扬中华传统美德,创新发展乡贤文化,开展孝敬教育、勤劳节俭教育、文明礼仪教育。加强社会诚信建设,推进诚信建设制度化。弘扬劳动最光荣、劳动者最伟大的观念,加强企业文化建设,培育创新创业精神。

(4) 深化拓展群众性精神文明创建活动。广泛开展群众性精神文明创建活动,修订完善各类创建测评体系。加强和改进文明城市创建管理,培育城市精神。加强农村精神文明建设。加强文明行业文明单位创建。培育优良家风家教,传承优良校风校训。针对群众反映强烈的突出问题,开展专项文明行动。完善文化科技卫生"三下乡"长效机制。倡导文明健康生活方式。制定国家礼仪规程。实施全民文明礼仪教育养成行动,培育文明行为习惯。规范升国旗仪式、成人仪式、入党入团入队仪式等礼仪制度。广泛开展军民警民共建精神文明活动。落实党和国家有关政策规定,加强对各类评比活动的规范管理。

五、繁荣文化产品创作生产

深入贯彻《中共中央关于繁荣发展社会主义文艺的意见》,着力扶持优秀文化产品创作生产,推出更多传播当代中国价值观念、体现中华文化精神、反映中国人审美追求的精品力作。

(1) 把握正确创作导向。牢固树立以人民为中心的创作导向,坚持"二为"方向和"双百"方针,努力为人民抒写、抒情、抒怀。抓好中国梦和爱国主义主题文艺创作,讲好国家民族宏大故事,讲好百姓身边日常故事。建立支持文艺工作者长期深入生活扎根基层的长效保障机制。

(2) 推动文化内容形式创新。加强规划指导,加大对具有示范性、引领性作用原创精品的扶持力度。抓好文学、剧本、作曲等基础性环节,支持戏剧、电影、电视、音乐、舞蹈、美术、摄影、书法、曲艺、杂技等艺术门类创新发展,鼓励戏曲流派创新,推动交响乐、歌剧、芭蕾舞等艺术品种的中国化、民族化。推进高雅艺术进校园活动。发挥国家艺术基金、国家出版基金的积极作用。

(3) 发展网络文艺。加强网络文化产品创作生产,推动网络文学、网络剧、微电影等新兴文艺类型繁荣有序发展。推动传统文艺与网络文艺创新性融合,促进优秀作品多渠道传输、多平台展示、多终端推送。培养优秀的网络文艺创作、生产、传播和评论人才。健全网络文艺思潮研究分析机制,加大对网络文艺引导力度。

(4) 完善评价激励机制。建立健全科学合理的文化产品评价体系,把价值取向、艺术水准、受众反应、社会影响等作为主要指标,合理设置反映市场接受程度的量化指标。建立健全中国特色的收视率调查系统。深化全国性文艺评奖制度改革。引导和规范出版物推荐活动。加强马克思主义文艺理论与评论建设,培养高素质评论队伍。

(5) 加强版权保护。全面实施国家知识产权战略,以版权保护促进文化创新。完善版权相关法律法规、行政执法体制和社会服务体系,推进国家版权监管平台建设,依法打击侵权盗版行为,保护版权权利人利益。建立健全信息网络传播权长效保护机制,推进软件正版化工作。推进原创文化作品的版权保护,规范网络使用。完善版权运用的市场机制,推动版权贸易规范化。发展版权产业,形成全产业链的版权开发经营模式。

六、加快现代公共文化服务体系建设

坚持政府主导、社会参与、重心下移、共建共享,坚持缺什么补什么,注重有用、适用、综合、配套,统筹建设、使用与管理,加快构建普惠性、保基本、均等化、可持续的现代公共文化服务体系。

(1) 完善公共文化服务网络。鼓励各地按照国家基本公共文化服务指导标准,自主制定富有特色的地方实施办法,健全各级各类公共文化基础设施。立足实际,注重实效,做好公共文化馆、图书馆、博物馆、美术馆、乡镇(街道)综合文化站、村(社区)综合性文化服务中心等的规划建设。提高广播电视播出机构的制播能力和发射(监测)台、卫星地球站、直播卫星平台的承载能力。建设国家和地方应急广播体系。探索农村电影放映长效机制。鼓励社会力量投资或捐助公共文化设施设备。

(2) 推动基层公共文化设施资源共建共享。统筹公共文化设施网络和重点文化惠民工程,避免重复建设。整合宣传文化、党员教育、科普普法、体育健身等资源,建设乡镇(街道)、村(社区)的综合文化服务设施。合理利用历史街区、民宅村落、闲置厂房等,兴办公共文化项目。以县级图书馆、文化馆为中心推进总分馆制。推进公共文化设施免费开放。

（3）创新公共文化服务运行机制。推动各级政府购买公共文化服务。鼓励社会组织和企业参与公共文化设施运营和产品服务供给。建立"按需制单、百姓点单"模式，明确由基层选定为主的公共文化服务项目，健全配送网络。推进数字图书馆、文化馆、博物馆建设。开发和提供适合老年人、未成年人、农民工、残疾人等群体的基本公共文化产品和服务。完善公共文化考核评价，探索建立第三方评价机制。

（4）推动老少边贫地区公共文化跨越发展。与国家脱贫攻坚战略相结合，实施一批公共文化设施建设项目。加强少数民族语言频率频道和涉农节目建设。为贫困地区配备或更新多功能流动文化服务车。支持少数民族电影事业发展。加大文化扶贫力度，建立健全"结对子、种文化"工作机制。

七、完善现代文化市场体系和现代文化产业体系

加快发展文化产业，促进产业结构优化升级，提高规模化集约化专业化水平，促进文化产品和要素在全国范围内合理流动，促进文化资源与文化产业有机融合，扩大和引导文化消费，提高文化产业发展质量和效益。

（1）发展壮大文化市场主体。发展骨干文化企业，推动产业关联度高、业务相近的国有文化企业联合重组，推动跨所有制并购重组。以党报党刊所属非时政类报刊、实力雄厚的行业报刊为龙头整合报刊资源，对长期经营困难的新闻出版单位实行关停并转。降低社会资本准入门槛，鼓励和引导非公有制文化企业发展。支持"专、精、特、新"中小微文化企业发展。

（2）推进文化市场建设。着力构建统一开放、竞争有序的现代文化市场体系，完善文化市场准入和退出机制。加快文化产品市场建设，发展基于互联网的新型文化市场业态，发展电子票务、电影院线、演出院线、网络书店等现代流通组织形式。健全文化要素市场，完善文化资产评估体系。创新文化投融资体制，推动文化资源与金融资本有效对接。鼓励有条件的国有文化企业利用资本市场发展壮大，推动资产证券化。加强文化消费场所建设，开发新型文化消费金融服务模式。发展文化旅游，扩大休闲娱乐消费。培育和发展农村文化市场。加强城乡出版物发行网点建设。规范出版物市场价格行为。加强文化行业组织建设，发展文化中介服务。规范文化产业统计。加强文化市场管理，深入开展"扫黄打非"。

（3）优化文化产业结构布局。加快发展网络视听、移动多媒体、数字出版、动漫游戏、创意设计、3D和巨幕电影等新兴产业，推动出版发行、影视制作、工艺美术、

印刷复制、广告服务、文化娱乐等传统产业转型升级，鼓励演出、娱乐、艺术品展览等传统业态实现线上线下融合。开发文化创意产品，扩大中高端文化供给，推动现代服务业发展。围绕"一带一路"建设、京津冀协同发展、长江经济带发展等国家战略，加强重点文化产业带建设。发掘城市文化资源，推进城市文化中心建设。支持中西部地区、民族地区、贫困地区发展特色文化产业。

（4）强化文化科技支撑。落实中央财政科技计划管理改革的有关要求，通过优化整合后的科技计划（专项、基金等），支持符合条件的文化科技项目。运用云计算、人工智能、物联网等科技成果，催生新型文化业态。加强虚拟现实技术的研发与运用。推动"三网融合"。制定文化产业领域技术标准，深入推进国家文化科技创新工程。依托国家级文化和科技融合示范基地，加强文化科技企业创新能力建设，提高文化核心技术装备制造水平。加强文化资源的数字化采集、保存和应用。

八、传承弘扬中华优秀传统文化

坚守中华文化立场，坚持客观科学礼敬的态度，扬弃继承、转化创新，推动中华文化现代化，让中华优秀传统文化拥有更多的传承载体、传播渠道和传习人群，增强做中国人的骨气和底气。

（1）加强中华优秀传统文化研究挖掘和创新发展。系统梳理中华文化的历史渊源、发展脉络、时代影响，阐明中华文化的独特创造、价值理念。厘清中华优秀传统文化的内涵，改造陈旧的表现形式，赋予新的时代内涵和现代表达形式。加强中华优秀传统文化典籍整理和出版，推进文化典籍资源数字化。推动文博单位开发相关文化创意产品。

（2）开展中华优秀传统文化普及。完善中华优秀传统文化教育，加强中华文化基因校园传承。推动中华优秀传统文化图书音像版权资源共享。加强戏曲保护与传承。普及中华诗词、音乐舞蹈、书法绘画等，举办经典诵读、国学讲堂、文化讲坛、专题展览等活动。鼓励媒体开办主题专栏、节目。利用互联网，推动中华优秀传统文化网络传播。加强语言文字研究和信息化开发应用，大力推广和规范使用国家通用语言文字，科学保护各民族语言文字。

（3）加强文化遗产保护。大力强化全社会文物保护意识，加强世界文化遗产、文物保护单位、大遗址、国家考古遗址公园、重要工业遗址、历史文化名城名镇名村和非物质文化遗产等珍贵遗产资源保护，推动遗产资源合理利用。加强馆藏文物保护和修复。建立健全国家文物督察制度，完善文物登录制度。规范文物流通市场，加大非法流失海外中国文物追索力度。加强考古发掘和整理研究。健全非物质文化遗产保护制度。加强国家级文化生态保护实验区建设，支持非物质文化遗产展览、展示、传习场所建设。推进非物质文化遗产生产性保护。

（4）传承振兴民族民间文化。加强对民间文学、民俗文化、民间音乐舞蹈戏曲、少数民族史诗的研究整理，对濒危技艺、珍贵实物资料进行抢救性保护。扶持民族民间文化社团组织发展。规范和支持非国有博物馆建设。把民族民间文化元素融入新型城镇化和新农村建设，发展有历史记忆、地域特色、民族特点的美丽城镇、美丽乡村。打造一批民间文化艺术之乡。

（5）保护和发展传统工艺。加强对中国传统工艺的传承保护和开发创新，挖掘技术与文化双重价值。推动传统工艺走进现代生活，运用现代设计改进传统工艺，促进传统工艺提高品质、形成品牌、带动就业。

九、提高文化开放水平

推动中华文化"走出去"，统筹对外文化交流、传播和贸易，创新方式方法，讲述好中国故事，阐释好中国特色，让全世界都能听到听清听懂中国声音，不断增强中国国际话语权，使当代中国形象在世界上不断树立和闪亮起来。

（1）加强国际传播能力建设。提升重点媒体国际传播能力，加强项目实施效果评估。建设国家新闻发布平台。推动理论创新、学术创新和表达创新，把话语体系建设研究成果转化为外宣工作资源，在国际上推动形成正确的中国观。

（2）扩大文化交流合作。用好中外人文交流机制，深化政府间文化交流。加强与"一带一路"沿线国家文化交流合作。推进国际汉学交流和中外智库合作。支持民间力量参与对外文化交流，发挥海外侨胞的积极作用。鼓励社会组织、中资机构等参与海外中国文化中心、孔子学院建设。扩大与海外青少年文化交流。加强与港澳台文化交流合作，共同弘扬中华文化。

（3）发展对外文化贸易和投资。培育对外文化贸易主体，鼓励和引导各种所有制文化企业参与文化产品和服务出口，加大内容创新力度，打造外向型骨干文化企业。稳定传统优势文化产品出口，利用跨境电子商务、市场采购贸易等新兴贸易方式，提高数字文化产品的国际市场竞争力，推动文化装备制造技术标准"走出去"。支持中华医药、中华烹饪、中国园林、中国武术等"走出去"。大力发展文化服务外包。鼓励各类企业在境外开展文化投资合作，建设国际营销网络，扩大境外优质文化资产规模。支持文化企业参加重要国际性文化节展。

(4) 吸收借鉴国外优秀文化成果。统筹"引进来"和"走出去",以我为主、为我所用,积极吸收借鉴国外有益文化成果、先进经营管理理念和有益做法经验。吸引外商投资我国法律法规许可的文化产业领域,推动文化产业领域有序开放,提升引进外资质量和水平。鼓励文化单位同国外有实力的文化机构进行项目合作,学习先进制作技术和管理经验。开展知识产权保护国际合作。

十、推进文化体制改革创新

遵循社会主义精神文明建设规律,把握文化创作生产传播特点,进一步发挥市场在文化资源配置中的积极作用,加强制度创新,构建确保把社会效益放在首位、社会效益和经济效益相统一的体制机制,调动全社会参与文化发展改革的积极性、主动性、创造性。

(1) 全面深化文化体制改革。正确处理党委、政府、市场、社会之间的关系,建立健全党委领导、政府管理、行业自律、社会监督、企事业单位依法运营的文化体制机制。加大供给侧结构性改革力度,增强文化产品和服务有效供给。深化公益性文化事业单位改革,强化社会服务功能。推动国有文化企业加快完善文化生产经营机制,提高市场开发和营销能力。引导非公有资本有序进入、规范经营,鼓励社会各方面参与文化创业。科学区分文化建设项目类型,可以产业化、市场化方式运作的以产业化、市场化方式运作。推广政府和社会资本合作(PPP)模式,允许社会资本参与图书馆、文化馆、博物馆、剧院等公共文化设施建设和运营。加强文化领域重要基础性制度研究和评估,进一步完善体制机制。

(2) 完善文化管理体制。加快文化立法进程,强化文化法治保障,全面推进依法行政。抓好公共文化服务保障法、网络安全法、电影产业促进法等法律的实施。深化文化行政管理体制改革,推动政府职能转变,赋予文化企事业单位更多的法人自主权。健全互联网管理领导体制,加强互联网文化管理法规制度建设,完善有关管理工作联动机制。健全国有文化资产管理体制机制。深化文化市场综合行政执法改革,理顺执法机构与有关行政管理部门之间的关系,全面落实行政执法责任制。推进文化类社会组织和行业自律建设,深化文联、作协、记协改革。

(3) 深化文化事业单位改革。分类推进文化事业单位改革,进一步明确不同单位的功能定位。深化人事、收入分配、社会保障、经费保障等制度改革,加强绩效评估考核。推动公共文化馆、图书馆、博物馆、美术馆等建立事业单位法人治理结构。加大对党报党刊、通讯社、电台电视台、时政类报刊社、公益性出版社等主流媒体扶持力度,加强内部管理,严格实行采编与经营分开,规范经营活动。在坚持出版权、播出权特许经营前提下,允许制作和出版、制作和播出分开。

(4) 建立健全有文化特色的现代企业制度。加快国有文化企业公司制股份制改造,科学设置内部组织结构,强化经营管理。深化内部改革。完善社会效益和经济效益综合考核评价指标体系,建立健全社会效益的具体评价标准,建立考核结果与薪酬分配挂钩的绩效考核制度。推动党政部门逐步与所属文化企业脱钩,理顺主管主办单位与出资人机构关系。

十一、加强文化人才队伍建设

坚持党管干部、党管人才,突出抓好思想政治建设,全面提高能力素质,加快培养造就一支政治坚定、业务精湛、作风优良、党和人民放心的文化人才队伍。

(1) 加强思想政治建设和职业道德建设。选好配强宣传思想文化单位领导班子,做到讲政治、强党性、敢担当、勇创新、严律己。大力加强马克思主义新闻观、文艺观教育,开展分层分类培训。深入开展"深入生活、扎根人民"、"走基层、转作风、改文风"等主题实践活动。

(2) 培养造就高层次人才。加强领军人才建设,建立健全重大文化项目首席专家制度,培养集聚一批有深厚马克思主义理论素养、学贯中西的思想家和理论家,造就一批人民喜爱、有国际影响的学术大家、艺术大师和民族文化代表人物。加强新闻出版传媒领域高层次人才培养。实施中国特色新型智库高端人才培养计划,壮大公共政策研究和决策咨询队伍。加强文化产业投资运营、文化企业管理、媒体融合发展、网络信息服务等方面复合型人才、紧缺人才培养,多渠道引进海外优秀文化人才。

(3) 加强基层宣传文化人才队伍建设。推动解决基层宣传文化单位人员配备、基本待遇、工作条件等方面的实际问题,表彰长期坚守基层、业绩突出的先进工作者,建强基层宣传文化队伍。打造专兼结合的基层工作队伍,扶持民间文艺社团、业余队伍,培养乡土文化能人、民族民间文化传承人和各类文化活动骨干。强化职业院校文化艺术类专业建设,鼓励民间艺人、技艺大师到职业院校兼职任教。深入推进服务农民、服务基层文化建设先进集体创建活动。加强西部及边疆地区基层文化人才队伍建设。大力发展文化志愿者队伍,鼓励社会各方面人士提供公共文化服务、参与基层文化活动。

十二、完善和落实文化经济政策

加大政策创新和执行力度,进一步健全文化经济政策体系,增强针对性、拓展覆盖面，更好地发挥引导激励和兜底保障作用，为坚持把社会效益放在首位、社会效益和经济效益相统一提供强有力的支撑。

（1）加强财政保障。完善公共财政文化投入机制，多渠道筹措资金支持文化发展改革。合理划分各级政府在文化领域的财政事权和支出责任，明确地方主体责任。进一步完善转移支付体制，加大中央和省级财政转移支付力度，重点向革命老区、民族地区、边疆地区、贫困地区倾斜，落实对国家在贫困地区安排的公益性文化建设项目取消县以下（含县）以及西部地区集中连片特困地区地市级配套资金的政策。加大政府性基金与一般公共预算的统筹力度。中央和省级财政继续设立宣传文化发展专项资金，整合设立中央补助地方公共文化服务体系建设专项资金。加大政府向社会力量购买公共文化服务的力度。中央和地方设立文艺创作专项资金或基金。创新文化产业发展专项资金管理模式，提高资金使用效益。加大文化企业国有资本经营预算投入，补充企业资本金。省属重点文化企业，经省级政府批准，2020年年底前可免缴国有资本收益。建立财政文化预算安排与资金绩效评价结果挂钩制度。通过政府购买服务、原创剧目补贴、以奖代补等方式，着力扶持文艺院团发展改革。

（2）落实和完善文化税收政策。落实经营性文化事业单位转制为企业以及支持文化创意和设计服务、电影、动漫、出版发行等文化企业发展的相关政策，落实支持社会组织、机构、个人捐赠和兴办公益性文化事业的相关政策。研究非物质文化遗产项目经营等方面的税收优惠政策。按照财税体制改革的总体要求，结合文化产业发展的实际需要，完善相关政策，加强对政策执行情况的评估督察，推动文化企业把社会效益放在首位、更好实现社会效益和经济效益有机统一。

（3）发展文化金融。鼓励金融机构开发适合文化企业特点的文化金融产品。支持符合条件的文化企业直接融资，支持上市文化企业利用资本市场并购重组。规范引导面向文化领域的互联网金融业务发展。完善文化金融中介服务体系，促进文化金融对接。探索开展无形资产抵押、质押贷款业务。鼓励开发文化消费信贷产品。

（4）健全文化贸易促进政策。简化文化出口行政审批流程，清理规范出口环节经营性服务和收费，推进文化贸易投资外汇管理便利化，提高海关通关便利化。加强对外文化贸易公共信息服务，分领域、分国别发布国外文化市场动态和文化产业政策信息。支持开展涉外知识产权维权工作。

（5）加强文化建设用地保障。将文化用地纳入城乡规划、土地利用总体规划，在国家土地政策许可范围内，优先保证重要公益性文化设施和文化产业设施、项目用地。修改城市用地分类与规划建设用地标准，完善文化设施用地类型，增加建设用地混合使用要求，保障文化事业文化产业发展。新建、改建、扩建居民住宅区，按照国家有关规定规划和建设相应的文化体育设施。鼓励将城市转型中退出的工业用地根据相关规划优先用于发展文化产业。

十三、组织实施

各级党委和政府要从全局和战略高度，充分认识"十三五"时期文化发展改革的重要意义，把本规划纲要提出的目标任务纳入经济社会发展全局，作为评价地区发展水平、衡量发展质量和考核领导干部工作业绩的重要内容，切实加强组织领导，抓好贯彻实施，力戒形式主义。要牢牢把握文化发展改革的正确方向，坚持和完善党委统一领导、党政齐抓共管、宣传部门组织协调、有关部门分工负责、社会力量积极参与的工作体制和工作格局，形成推动文化建设的强大合力。

中央网信办、文化部、新闻出版广电总局要根据本规划纲要，抓紧制定本领域的专项规划，报中央文化体制改革和发展工作领导小组批准后实施。国家发展改革委、财政部、国土资源部、商务部、税务总局等要按照职责分工，切实落实有关政策，做好各项重点工程的实施和保障。中央文史馆、国务院参事室等相关部门要积极发挥作用。各地要结合实际，编制好本地区文化发展改革规划。各地区各有关部门要加强对本规划纲要实施情况的跟踪分析和监督检查，推动各项任务措施落到实处。

主要参考文献

[1] 习近平. 习近平谈治国理政［M］. 北京：外文出版社，2014.

[2] 李长春. 文化强国之路：文化体制改革的探索与实践（上下）［M］. 北京：人民出版社，2013.

[3] 中宣部文化体制改革和发展办公室. 探索与跨越——文化改革发展十年巡礼［M］. 北京：学习出版社，2013.

[4] 蔡武. 改革发展繁荣：改革开放30年中国文化发展报告［M］. 北京：文化艺术出版社，2008.

[5] 蔡武. 文化热点面对面［M］. 北京：人民出版社，2014.

[6] 程恩富. 文化经济学通论［M］. 上海：上海财经大学出版社. 1999.

[7] 陈少峰，朱嘉. 中国文化产业十年（1999—2009）［M］. 北京：金城出版社，2010.

[8] 成思行，李小牧. 文化改革实践观察［M］. 北京：中国商务出版社，2015.

[9] 韩永进. 中国文化体制改革32年历史叙事与理论反思［D］. 北京：中国艺术研究院，2010.

[10] 韩永进. 新的文化发展观［M］. 北京：文化艺术出版社，2006.

[11] 胡惠林. 文化产业发展的中国道路：我国文化产业发展理论与实践研究［M］. 上海：上海人民出版社，2004.

[12] 张晓明，惠鸣. 全面构建现代文化市场体系［M］. 北京：社会文献出版社，2014.

后　记
POSTSCRIPT

　　回顾、总结文化体制改革40年是一件很有意义的事情，本书编写组深为承担这一任务感到光荣。本书主编蔡武同志用了很大精力推进这项工作，亲自确定编写主旨、大纲、体例和风格，多次主持会议研究解决编写工作中遇到的学术问题、技术问题，具体指导各章写作和修改。张维国同志协助蔡武同志做了大量沟通协调工作。

　　在共同讨论的基础上，游祥斌、姜凯、毛政发、蒋璐、叶晓新同志分别承担了第二、三、四、五、六章的编写任务，陈新华同志承担了第十章的编写任务。李红琼、宋薇、占善钦、成思行同志分别为第一、七、八、九章的编写做出重要贡献。

　　本书使用了理论界、新闻界不少同志的研究成果和新闻采访成果，编写者尽可能以页下注和标列参考文献的方式给予注明，以示尊重和致谢。如仍有不周之处，我们希望得到有关同志的谅解。本书关于2003—2012年文化体制改革的回顾，得益于中宣部文化体制改革和发展办公室组织编写的《探索与跨越——文化改革发展十年巡礼》甚多，我们专此对参与该书编写工作的有关领导同志和专家学者表示感谢。

　　文化部有关司局和国家图书馆等单位对本书编写工作给予了大力支持，在此一并表示诚挚谢意。

　　由于我们水平有限，本书不可避免地存在各种疏漏和不当之处，恳请各方面读者给予批评指正。

本书编写组

2017年8月